U0905277

《国际关系研究》总第12辑　　2009年第1辑

National Security and Non-traditional Security

全球金融危机下的国际秩序

上海社会科学院世界经济与政治研究院

时事出版社

图书在版编目（CIP）数据

全球金融危机下的国际秩序/上海社会科学院世界经济与政治研究院编. —北京：时事出版社，2009.5

ISBN 978-7-80232-225-7

Ⅰ.全… Ⅱ.上… Ⅲ.金融危机—影响—国际关系—研究 Ⅳ.F831.59 D81

中国版本图书馆 CIP 数据核字（2009）第 059480 号

出版发行：时事出版社
地　　址：北京市海淀区万寿寺甲 2 号
邮　　编：100081
发行热线：(010) 88547590　88547591
读者服务部：(010) 88547595
传　　真：(010) 68418647
电子邮箱：shishichubanshe@sina.com
网　　址：www.shishishe.com
印　　刷：北京百善印刷厂

开本：787×1092　1/16　印张：24.75　字数：288 千字
2009 年 5 月第 1 版　2009 年 5 月第 1 次印刷
定价：50.00 元

编辑委员会

目 录

金融危机与国际经济秩序

次贷危机及其对世界经济格局的影响………… 金　芳 (3)
让历史真相拆解自由贸易神话…………………… 梅俊杰 (19)
金融危机下的中东经济变局及其影响………… 虞卫东 (35)
全球经济危机中的亚洲经济体………………… 曹　寅 (48)
竞争与危机……………………………………… 王中美 (57)
地中海联盟计划述评…………………………… 罗爱玲 (70)

金融危机冲击下的国际政治

朝鲜半岛和平机制与东北亚安全机制建设：
动力、构想与面临的问题……………………… 刘　鸣 (93)
东亚合作：现状特点与未来趋势……………… 刘阿明 (107)
金融危机与东亚地区合作秩序………………… 焦世新 (123)
欧俄能源矛盾的根源：地缘政治博弈………… 孙敬亭 (141)
国际金融危机与中亚地缘格局的演化………… 张屹峰 (153)

再塑中国的国际角色

体系、国家和人与一战
——兼论中国和平发展的世界影响…… 邹占伟　杨显生（177）
对当前中国角色定位和责任选择的
战略思考………………………………… 孙　霞（195）
和谐世界构建中的发展权问题……………… 刘　杰（211）

金融危机的边际效应

共同安全、合作安全和人类安全概念辨析…… 傅　勇（223）
全球化时代的福利国家：争鸣与探索………… 孙伊然（236）
浅析雅各宾派的恐怖统治：恐怖主义的
意识形态化起源及其演化机制………………… 盛文沁（267）
国际关系的文化研究
——理论史的考察及其对国际关系研究的
重建价值…………………………………… 赵　俊（290）

专题探讨

美国对台政策中的思想库因素
——以卡内基国际和平基金会为例…………… 宋　静（309）
改革开放30年上海对外开放的
回顾与展望………………………………… 赵蓓文（323）
融入·回望·互动
——日本新华侨华人群体跨国关系研究……… 吴前进（337）

会议综述·书评

"国际体系转型与中国的国际责任"研讨会
综述 …………………………………………… 苏　宁（365）
从联盟理论到准联盟理论
——评孙德刚著《多元平衡与"准联盟理论"
研究》 …………………………………… 张全义（379）

Contents

Financial Crisis and International Economic Order

Subprime Mortgage Crisis and Its Impact on the World Economic Structure ………… *Jin Fang* (3)

Deconstructing the Myth of Free Trade with Real Historical Events ………………… *Mei Junjie* (19)

Middle East Economic Changes and its Influences under the Circumstances of Financial Crisis ………………………… *Yu Weidong* (35)

Asian Economies under the Circumstances of Global Financial Crisis ……………………… *Cao Yin* (48)

Competition and Crisis ……………… *Wang Zhongmei* (57)

Comments on Mediterranean Union Plan …… *Luo Ailing* (70)

International Politics under the Circumstances of Financial Crisis

The Establishment of Peace Mechanism on Korean Peninsular and Security Mechanism in Northeast Asia: Motive Power, Conception and Problems ……………………………… *Liu Ming* (93)

Cooperation among East Asian Countries: Current Situation and Prospects ········ *Liu A'ming* (107)

Financial Crisis and East Asian Regional Cooperation ································ *Jiao Shixin* (123)

Main Causes of Energy Conflict between Europe and Russia: Game of Regional Politics ································· *Sun Jingting* (141)

International Financial Crisis and the Evolution of the Geopolitical Patterns in the Central Aisa ······································· *Zhang Yifeng* (153)

Reconstruct China's International Role

System, State and People in the First World War: about the International Impact of China's Peaceful Development ··· *Zou Zhanwei*, *Yang Xiansheng* (177)

Strategic Thinking on China's Role Orientation and Responsibilities ····························· *Sun Xia* (195)

The Right to Development in the Construction of a Harmonious World ······················ *Liu Jie* (211)

Marginal Utility of Financial Crisis

Common Security, Cooperative Security and Human Security ····························· *Fu Yong* (223)

Welfare States under Globalization: Free Views and Exploration ······················ *Sun Yiran* (236)

The Reign of Terror: the Ideological Origins

or Terrorism and its Evolution Mechanism ································ *Sheng Wenqin* (267)
Cultural Studies on International Relations: Studies on the History of International Relations Theory with its Reinstatement Values to the Studies of International Relations ······································ *Zhao Jun* (290)

Discussions

Think Tank's Impact on U. S. Taiwan Policy: The Case of Carnegie Endowment for International Peace ························· *Song Jing* (309)
Review and Prospects of Shanghai's Opening to the Outside World since the Adoption of Reform and Opening Policy ········ *Zhao Beiwen* (323)
Integration • Review • Interaction: Studies on Transnational Relations of "New Overseas Chinese" in Japan ············· *Wu Qianjin* (337)

Symposiums Summaries • Book Review

Symposiums Summaries: The Transformation of the International System and China's International Responsibility ················ *Su Ning* (365)
From Alliance Theory to Quasi-alliance Theory: Comments on Sun Degang's *Multi-facet Balancing and a "Quasi-alliance" Theory* ···································· *Zhang Quanyi* (379)

金融危机与国际经济秩序

次贷危机及其对世界经济格局的影响

金 芳*

内容提要：2007 年爆发于世界头号大国的次贷危机不仅是对以美元为核心的全球信用创造体系的一记重击，更是全球化在经历了近 30 年势如破竹的发展后，所遭遇的最严重的一次系统性冲击。一年多来，次贷危机从最初的次级住房抵押贷款债券领域向信贷市场和美国经济基本面蔓延，并透过全球市场机制波及世界各国，引发了全球金融市场动荡、贸易发展受阻、通胀压力加剧和增长速度回落。次贷危机不仅令美国再难充当世界经济增长的第一引擎，也令近年来日益加剧的全球经济失衡难以持续，并带动全球经济格局出现了一系列变化——全球经济增长格局中的多极化倾向加强，新兴经济体正崛起成为世界经济增长

* 金芳，上海社会科学院世界经济研究所研究员，主要从事世界经济、跨国公司和全球化经济研究。

的重要引擎；国际金融格局中美国的金融强势地位和美元的中心地位均受到削弱，国际货币体系将迎来美元与欧元双元储备结构、人民币国际地位强力上升和国际结算货币多元化的新格局；国际协调方式升级，新兴多边协调体系酝酿产生；全球自由贸易与生产扩张遭遇压力将助推双边和区域层面的贸易投资一体化进程。

美国次贷危机爆发一年多来，已从最初的次级住房抵押贷款债券领域向信贷市场和美国经济基本面蔓延，并透过全球市场机制，波及世界各国，引发了全球金融市场动荡、贸易发展受阻、通胀压力加剧和增长速度回落。次贷危机是如何形成的？其爆发以来对全球经济产生了怎样的冲击？又将对世界经济格局产生何种影响？对这些问题的解答不仅是我们认识和把握当前中国经济发展外部环境的逻辑起点，更决定了中国经济能否积极把握机遇，寻求转型突破，在30年开放成就基础上成功实现从外源性发展向内生性发展升级。本文从考察次贷危机形成与爆发入手，在梳理次贷危机对全球经济的冲击途径与作用机理的基础上，着重分析其对世界经济增长格局、国际协调格局、国际金融格局、国际贸易格局和世界生产格局等的影响。

一、次贷危机的形成与发展

次贷危机源于低利率环境下的快速信贷扩张和有效监管的缺失。次贷产品独特的利率结构设计使得次贷市场在房价下跌和持续加息后出现偿付危机，加之次贷产品的证券化和衍生工具的投资全球化，令次贷有关的金融资产价格下跌风险的传染与冲击波及全球。

（一）次贷产品的证券化

在美国，住房抵押贷款可分为优级贷款（Prime Mortgage）、次优级贷款（Alernative Mortgage）和次级贷款（Subprime Mortgage）。次级抵押贷款对贷款者信用记录和还款能力要求不高，借款者甚至不需要任何抵押和收入证明就能获得贷款，故风险较高，其贷款利率通常比一般抵押贷款高出2%—3%，且多为可调利率，主要实行先低后高的浮动利率还款方式。从事抵押贷款的公司接受借款人的贷款申请后，为提高资金周转率，将抵押贷款出售给商业银行或者投资银行。银行将抵押贷款重新打包成抵押贷款证券（Mortgage Backed Security，简称MBS）后再出售给抵押贷款证券的投资者，以转移风险。同时，银行会与抵押贷款公司签署协议，要求抵押贷款公司在个人贷款者拖欠还贷的情况下，回购抵押贷款。银行还会购买一些信用违约互换合约，相当于购买一种对抗抵押贷款违约率上升的"保险"，形成了优先/次级抵押贷款债券、多级抵押贷款债券和结构性金融担保抵押债权（Collateralized Debt Obligation，简称CDO）等次级抵押贷款衍生产品，这些证券化产品进入市场，由投行承销卖给对冲基金、退休基金、保险基金、教育基金、各种政府托管基金和境内外投资者。2001—2004年美联储连续13次降息，利率水平从6.5%降至1%，在低利率刺激下，美国房地产市场高度繁荣，大量资金进入次级债这一高风险、高收益市场，2001—2006年美国次级债总规模占抵押贷款市场总规模的比率从5.6%上升到21%。[1]

（二）次贷危机的形成与爆发

美国次级贷款市场的存在和发展依赖于宏观经济向好，房价持续上涨，借款人可以按期还贷，抵押物有稳定的收入流。但自2005年下半年以来，美国经济周期发生逆转，第四季度GDP增长率仅为1.1%，2004—2006年底，美国连续17次加息，基准利率的提高导致抵押贷款利率的提高，令购房者还款压力增加。同期，美国住房市场出现低迷，新开量、新建房和存量房的销售开始下降，2006年底美国房地产市场开始衰退，2006年第三季度至2007年第三季度房价下跌超过10%。其结果是一方面贷款人违约率上升，2006年第四季度，美国次级抵押贷款不良率显著恶化至13%，达到4年来的最高水平；另一方面抵押的房产价格出现缩水。双重打压下，直接放贷机构正常资金循环链出现断裂，连锁反应随之而起，次级贷款风险开始暴露。2007年4月2日以美国第二大次级房贷公司——新世纪金融公司（New Century Financial）申请破产保护为标志，美国次贷危机正式爆发。此后，随着次贷风险的逐步暴露，受次贷危机拖累而遭受损失的金融机构开始披露相关损失情况，波及的范围不断增加，危机向全球传染。2007年8月，美国知名投资公司——贝尔斯登关闭其与次贷有关的基金业务导致次贷危机更趋恶化，达到了第一波高峰。

---

① John Kiff and Paul Mills, *Money for Nothing and Checks for Free: Recent Developments in U.S. Subprime Mortgage Markets*. IMF Working Paper 07/188, July 1, 2007.

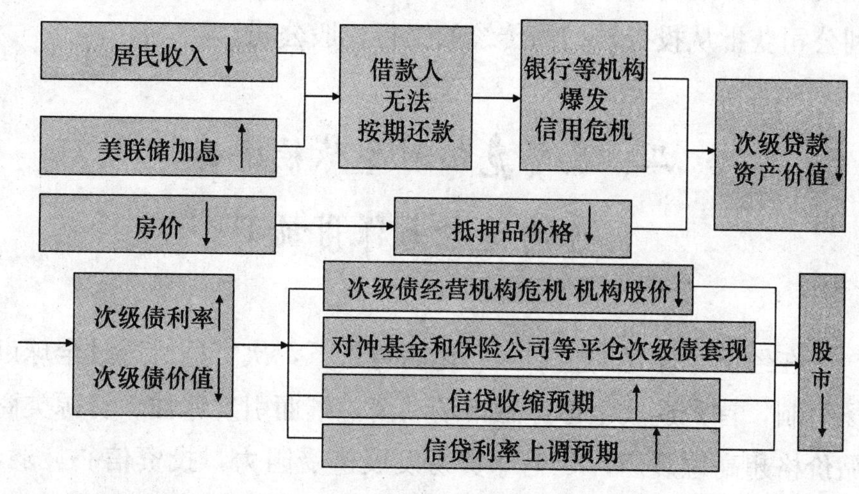

图1　次贷危机的形成

资料来源：张幼文、黄仁伟主编：《2008中国国际地位报告》，人民出版社，2008年版。

（三）向信用体系的蔓延

2008年次贷危机进一步升级。一季度，美国次级债的违约率进一步上升；5月，美国第五大投资银行贝尔斯登公司宣告破产；7月12日，穆迪公司下调美国第一和第二大住房抵押贷款融资机构——联邦国民抵押贷款协会（Fannie Mae，简称房利美）和联邦住房抵押贷款公司（Freddie Mac，简称房地美）的金融实力评级；7月26日，美国参议院批准总额3000亿美元的住房援助议案；9月7日，美国联邦政府宣布接管“两房”。“两房”所涉的次级抵押贷款额高达5.4亿美元，占全美次贷总额的约一半，美国政府此举令持有“两房”债券者信心有所恢复，也令处在次贷阴霾中的市场稍有稳定。但一周后，次贷风暴再度高涨：9月14日，美国第三大投资银行美林证券被收购；15日，已有158年历史的第四大投行雷曼兄弟公司申请破产；16日，美国政府表态将向濒于破产的保险业巨头美国国际集团（AIG）

注资；21 日，华尔街第一、二大投资银行高盛集团和摩根士丹利公司获批从投行转型为传统的银行控股公司。

二、次贷危机对全球经济的冲击途径与作用机制

在经济全球化和金融国际化的背景下，次贷危机透过全球市场机制，首先造成全球金融市场动荡，继而引发原油、资源类商品价格超高位震荡，令全球贸易发展遭受阻力，投资信心疲弱，并最终波及实体经济，使世界经济结束了强劲增长周期，从高位回落。

（一）扰乱金融市场秩序

在全球金融市场动荡中，首当其冲的是全球股市和期市。从出现危机的 3 月 13 日到危机恶化后的 7 月 26 日和 8 月 9 日，2007 年次贷对全球股市产生了三轮重大冲击。3 月 13 日，道琼斯工业股票指数大跌 214 点，跌幅为 1.74%，英国金融时报指数、德国法兰克福指数、法国巴黎工商指数与日本日经指数在连续两个交易日内也分别大跌 3.8%、3.98%、3.77%与 3.56%。截至 2008 年 2 月 15 日，美国标准普尔 500 指数已跌至 2006 年上半年的高点位置，2006 年下半年和 2007 年全年的涨幅消失殆尽。全球主要股票市场的股指上升趋势均遭破坏，股指已明显步入下行通道。全球期货市场也受到金融市场动荡的系统性风险的冲击，在次级债恶化的几个时点，特别是在 2007 年 7、8 月，几个交易日都出现了所有期货品种全线下跌的单边市态。

其次是信用体系的收缩。由于美国次贷产品被证券化后转卖

给全球投资者，所以次贷危机在2008年以后升级为全球信用危机。2008年伊始，花旗和美林两家银行爆出2007年第四季度业绩巨亏和财务“黑洞”，接着英国北岩银行因偿付危机宣告破产，之后法国、德国、日本等国的金融机构也相继陷入巨亏和破产困境。在次贷引发的损失规模尚未明了之时，金融机构都变得异常谨慎，不敢轻易放贷。欧美各国政府向金融市场的第一轮注资也未能产生有效的信用创造作用，从而使得国际金融市场上流动性严重紧缺。次贷危机所造成的全球金融机构损失总计超过1.4万亿美元，几乎是前三次重要金融危机（即1986—1995年美国储蓄和贷款危机、1990—1999年日本银行业危机、1998—1999年亚洲金融风暴）损失的总和。[①]

（二）拖累全球经济增长

次贷危机不仅通过恶化消费现金流、消费能力和消费意愿拖累了美国消费，还通过降低投资者投资能力、融资能力和投资意愿抑制了美国投资，美国经济减速至衰退边缘给世界经济增长带来显著的负面影响，直接拖累全球经济从2003—2006年的历史高位回落。2007年第四季度起，全球经济增长率大幅度下滑，其中美、欧、日发达经济体尤为明显：美国从2007年第三季度的4.8%降至第四季度的0.2%；同期欧元区的经济增长率从2.6%降至1.5%；主要依靠外需市场拉动的日本经济虽然防御了“次贷病毒”，却无法摆脱“次贷瘟疫后遗症”，2008年第二季度经济增长率竟跌落至－2.4%。新兴经济体所受影响相对滞

① 美国银行减计额最大，约占全球银行减计总额的60%，欧洲地区的银行占比超过30%，亚洲银行的损失则不到10%。资料来源：葛奇：“次贷危机的成因、影响及对金融监管的启示”，《国际金融研究》2008年第11期。

后，2007年中国和印度仍分别保持11.9%和9.3%的年增长率，但次贷影响在2008年逐渐加剧。2008年第一季度，“金砖四国”的增长率分别为巴西5.8%、俄罗斯8.5%、印度8.8%、中国10.6%，均呈回落之势，也因此导致2008年全球经济增长速度明显放缓，国际货币基金组织、世界银行和联合国等各大机构不断下调增长预测水平。

（三）抑制国际贸易发展

次贷危机经两大渠道直接对国际贸易产生抑制作用。一方面，通过财富缩水效应影响各国消费能力，导致进口需求减少，出口扩张艰难；另一方面，通过各类双边汇率波动性增大和贸易结算风险增大，对国际贸易造成困难。美国迄今仍是全球规模最大的单一国家市场，2007年美国国内生产总值总额约14万亿美元，消费占比70%，总额在9万亿美元左右，次贷危机爆发后美国需求减少直接引发其主要贸易伙伴出口下滑和企业利润下降。而且由于全球化分散生产格局的作用，贸易抑制作用经全球生产链条，从进出口两个方面向出口导向型国家和地区扩散影响。比如，根据亚洲开发银行的统计，70%的亚洲贸易（包括中国，不包括日本和台湾）为加工制造的零部件贸易，故贸易影响不仅来自于出口减少所引起的外部紧缩，且由于进口多是由加工贸易带动，所以进口也紧缩，从而对全球贸易发展产生双重压力。

（四）加剧全球通胀压力

次贷危机从三个方面助推了全球范围的通胀局面。其一是以美国为首的各发达国家为挽救本国在次贷危机中遭受损失的金融机构，强力注资，增大了全球货币投放量。在危机爆发的第一阶段，从2007年8月9日至9月18日，欧、美、加、澳、日等国央行共向市场注资达 9700 多亿美元，此后随着危机的蔓延，各国还陆续追加注资，向国际金融市场不断输入流动性。其二是从次级债市场移出的资金转向其他可投资市场，推升了包括石油等大宗商品市场价格的上涨。以石油价格为例，2007 年底，国际原油价格逼近 100 美元，2008 年 1 月 12 日、5 月 5 日、5 月 21 日和 6 月 27 日，相继突破 110 美元、120 美元、130 美元和 140 美元，7 月一度接近 150 美元。其三是美元大幅贬值，招致以美元计价的商品价格持续上升。美国 2008 年 6 月的消费者物价指数（CPI）同比增幅达到 5%，创下 17 年来的新高；欧元区 6 月份 CPI 较上年同期上升 4.0%，创下了欧盟统计局自 1997 年开始收集该数据以来的最高纪录；日本的通胀也达到 1.5%，为 15 年来的新高；新兴国家菲律宾的 CPI 达到 11.4%、泰国 8.9%、印度 11.05%、中国也一度突破 8%。

表 1　IMF 全球经济增长预测

	2008	2009
全球经济	3.9	3.0
发达经济体	1.5	0.5
美国	1.6	0.1
欧元区	1.3	0.2
新兴市场和发展中国家	6.9	6.1
亚洲发展中国家	8.4	7.7
中国	9.7	9.3
印度	7.9	6.9
俄罗斯	7.0	5.5
巴西	5.2	3.5
东盟五国	5.5	4.9

资料来源："IMF 对世界经济增长最新预测"，新华网，2008 年 10 月 8 日。

(五) 削弱全球直接投资能力

次贷危机通过三种机制对国际直接投资的规模和结构等产生显著的负面冲击。其一是次贷危机引发汇率波动，决定全球直接投资的流向。危机爆发后美元大幅贬值，带动全球直接投资加速向美国转移，2007 年美国 FDI 流入独领风骚，达 2328 亿美元，占国际投资流量的 12.7%。[①] 其二是次贷危机引发全球银行业信用紧缩，甚至倒闭，企业面临融资困难和融资成本提高的压力，被迫收缩在海外的生产性扩张，一些企业甚至不得不出售海外资产，并大幅裁减全球雇员，如化工业巨头巴斯夫公司在全球关闭了 80 家工厂、福特汽车出售了早年并购的沃尔沃汽车公司、丰田在欧美大幅减低产能目标等。其三是次贷危机后的财富缩水，令近年来成为全球直接投资重要来源的私募股权基金和国家财富基金等的资本实力受到不同程度的影响，导致其参与跨国并购及产业投资的意愿及能力双双降低。2008 年前两个季度的全球跨国并购额较 2007 年后两个季度已显著下降了 29%。[②]

三、次贷危机影响下的全球经济格局变化

次贷危机不仅令美国再难充当世界经济增长的第一引擎，也令近年来日益加剧的全球经济失衡难以持续，并带动全球经济格局出现了一系列变化。

---

① UNCTAD：2008 World Investment Report：Transnational Corporations and the Infrastructure Challenge.

② 同上。

1. 全球增长格局变化：以发达国家为主导的全球化遭遇重挫，多元增长格局强化，新兴经济体崛起为世界经济增长重要引擎。

20 世纪 90 年代，美国新经济繁荣及苏联解体令世界经济进入美国单极超强时期，美国执掌全球金融国际化和生产一体化的势头异常迅猛。新世纪以来，互联网泡沫破灭和“9·11”事件使美国经济遭受打击，美、欧、日的经济周期不完全同步。而在发展中世界，继“金砖四国”（巴西、俄罗斯、印度、中国）崛起后，一批中等发展中国家（NEXT—11）又形成了全球经济增长的第二梯队。近 10 年，发达国家年均增长幅度仅为 2.52%，而发展中国家则为 6.36%，大大超越世界平均水平。近 5 年整体崛起的亚洲对世界经济增长的贡献率按 PPP 计算超过 50%（美国为 13%），按市场汇率计算为 21%（美国为 19%）。2000—2005 年，欧元区对美国出口的比重从 17.2% 降至 14.9%，日本对美国出口的比重从 29.7% 降至 22.5%，亚洲“四小龙”的降幅均在 7 个百分点以上。世界经济的“脱美”倾向开始出现。

次贷危机爆发后，世界范围直接遭受重创的几乎均是发达国家，新兴市场经济体因金融关联度弱，反而成为危机下的缓冲地带。2007 年“金砖四国”的名义国内需求增长超过了老牌经济体的增长总和。2008 年第一季度，美国经济增长跌落至 0.9%，欧洲和日本等其他“老牌经济体”的增长均已走弱，但全球经济仍保持 4.5% 的水平，原因是发展中国家新兴经济体对世界经济增长的边际贡献不断增加，亚洲等新兴市场正在成为全球经济增长的关键引擎，抵消了发达经济体的增长弱势。国际货币基金组织最新一期对世界经济的预测也显示，当本轮全球通胀风险化解后，新兴市场国家有望成为率先推动下一轮世界经济增长的主体。世界银行则预测，2009年中国经济增长将为全球经济增长贡献50％。可以断言，世界经济的多极增长格局日益显著，未来“金砖四国”和新崛起的中等发展中国家将成为与发达国家并驾齐驱、甚至是更主要的全球增长发动机。

2. 国际金融格局变化：美国的国际金融主导地位严重削弱，美元主导的国际货币体系酝酿变革，或将迎来美元与欧元双元储备结构、人民币国际地位强力上升和国际结算货币多元化的新格局。

伴随着次贷危机的扩散蔓延，以美元为本位的国际货币体系显示出明显的弱点，美国以外国家和地区经济政策独立性不同程度受到影响，不得不牺牲国内经济均衡进行被动调整，美国严重赤字靠美元霸权地位支撑、美元地位又靠世界储备支撑的现行格局是否还能维持，令人怀疑。最近5年，由于美元加权汇率贬值超过20％，对欧元贬值达40％，美元在国际货币体系中的绝对领导地位有所降低，一些国家开始调整外汇储备结构，减持美元资产。根据国际货币基金组织的统计，美元资产占全球外汇储备的比重已从1999年的71％下降至2007年的64％；同期，欧元资产占比却从18％上升到24％，而英镑则取代日元成为世界第三大储备货币（参见图2）。究其原因，这一时期，欧元和英镑呈强势，而美元和日元则呈弱势。

同时，一些国家在外贸结算和资产标价中开始与美元“脱钩”，如世界第二大石油出口国伊朗2007年末就宣布不再采用美元标价；南美洲诸国也采取渐进措施，与美元逐步“脱钩”，巴西和阿根廷的双边贸易从2008年8月起，以两国的本国货币进行结算，逐步放弃以美元结算的贸易体系。由于巴西和阿根廷的双边贸易占整个南锥共同市场贸易总额的90％以上，两国决定实行本国货币结算的贸易体系后，乌拉圭和巴拉圭也希望加入这一体系，以促进南共市成员国的贸易。2008 年 5 月俄罗斯宣布，希望卢布成为世界经济的主导货币之一，10 月进一步提议扩大其与中国贸易中的本币结算规模。

考虑到国际基准货币所必须具备的经济基础、市场影响和国际责任，尽管在可见的未来（5—8 年），美元作为世界头号货币、美国作为世界头号金融大国的地位尚难被完全取代，但受危机影响，美国对国际货币体系和国际金融市场的主导地位显著削弱。如美国维持弱势美元政策，此时人民币可自由兑换及国际化进程加速，国际货币体系将会迎来美元与欧元双元储备结构、人民币国际地位强力上升和国际结算货币多元化的新格局。

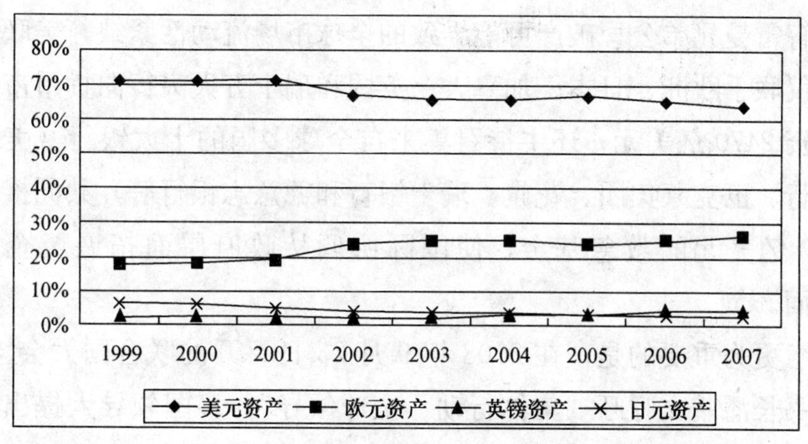

图 2　全球外汇储备的币种结构

资料来源：张明："中国外汇储备投资现状及前景"，中国社会科学院国际金融研究中心，Policy Brief No. 08057。

3. 国际经济协调格局变化：以西方为主导的全球治理模式遭遇重大挑战，国际经济协调升级，新兴经济体将崛起为全球治理结构中的重要参与者。

全球化在经历了前30年势如破竹的发展后，正进入到一个曲折的发展阶段。单纯由西方主导的全球化基本宣告结束，世界经济正迎来发达国家与新兴国家更紧密依存的全球化时代，以西方为主导的全球治理模式亟待调整。

从危机爆发以来国际协调前所未有的密切和升级中，可以看出世界各国强化全球共同应对风险，而非逆全球化的治理趋势。与亚洲金融风暴不同的是，次贷危机不仅爆发于世界经济的中心国家，且在金融一体化背景下其风险的承担者是全球性的。因此，危机爆发后，各国政府不仅各自深度介入救市，而且加强了合作协调。如危机初期，为缓解各地货币市场资金需求，美联储分别与欧洲央行、瑞士央行合作建立200亿美元和40亿美元的货币互换机制，平抑离岸市场的美元拆借利率。危机高潮期，为缓解雷曼兄弟公司破产可能导致的全球市场流动性紧缺，美联储不仅联手欧洲、日本、加拿大、英国和瑞士五大央行向货币市场注资2470亿美元，还主持召集来自全球多国的十大银行（美国银行、巴克莱集团、花旗、瑞士银行和德意志银行等）共同推出700亿美元的救急基金，使国际协调从政府层面拓展至企业层面。

更为重要的是，在2008年9月23日召开的联合国大会上，秘书长潘基文呼吁"集体行动、全球领导"，多国领导人提出了以全球解决方案应对次贷引发的全球性危机。而在10年前的亚洲金融风暴时，发达国家及国际多边组织更多要求亚洲危机国家约束自身行为，或在施加苛刻条件之下才给予金融支持。2008年11月14日在华盛顿召开的20国峰会（G20）则进一步预示着一种新的国际经济协调模式的孕育走向：一方面，就协调参与的主体和协调将影响到的经济范围而言，G20比起G7更符合修复遭到重击的全球经济的要求和代表性；[①] 另一方面，在 G20 平台上，G7 成员与中国、印度、巴西和俄罗斯等新兴发展中国家的地位趋于平等。

4. 国际贸易格局变化：现行多边贸易体制进展停滞，双边和区域自由贸易谈判盛行；开拓“未来市场”将成为国际贸易扩展的战略方向。

多哈回合的无果而终预示着现行多边贸易谈判陷于僵局，发达国家的贸易保护主义明显抬头，次贷危机后这一势头更有扩散之势，比如俄罗斯加征多种产品的进口关税、印度严控钢铁贸易、法国创设了保护国内企业的专门基金、美国对国内汽车业实施强力救助。在此背景下，双边和区域层面的自由贸易区谈判成为维护国际贸易发展的重要制度保障，而进一步开拓新市场无疑将是应对次贷危机冲击下发达国家需求急剧萎缩和保护主义抬头的有效途径。英国贸易投资总署公布了题为《未来市场》的研究报告，称未来经济增长率最高的 10 国分别是越南、墨西哥、阿拉伯联合酋长国、乌克兰、印尼、新加坡、波兰、南非、阿根廷以及沙特阿拉伯，对这些市场的投资升温很可能成为国际贸易扩展的新流向。日本则提出了开拓新贸易目的地的政策主张。

5. 国际生产格局变化：行业主导企业的地位变异将催生新的全球生产网，跨国公司海外布点的回撤将带动外包的萎缩。

次贷危机蔓延到实体经济后，在信贷紧缩、需求减弱和赢利不稳的三重压力下，跨国公司出现了改变原有全球布局战略的动向，行业领先企业的能力增减决定着全球生产网的构造方向。以

---

① G20 集团除了包括 G7 集团以外，还包括阿根廷、澳大利亚、俄罗斯、中国、印尼、沙特、墨西哥等国家，20 国的国内经济总值占世界生产总值的约 90%，国际贸易总量占世界贸易总量的约 80%。

汽车业为例，当美国通用、福特和克莱斯勒三大巨头面临生存难题时，丰田和本田却获得了成为全球最具影响车企的机会；而宝马则雄心勃勃准备占领美系车市场。服务于这些品牌的零部件厂商也将经历相应的整合，从而形成新的全球生产网。与此同时，发达国家巨型跨国公司的投资收缩和向最终消费地的回归，会令跨国外包活动降低，但这一新动向也提供了新兴发展中国家的企业在海外扩张的新空间和新机会。

让历史真相拆解自由贸易神话

梅俊杰*

内容提要：在自由主义经济学的主流话语中，行自由贸易而兴，效保护主义则衰，似乎已成不证自明的公理。然而，这样的命题经不起历史的检验。深入考察三重历史，即英国和美国实现国家富强的历史，自由贸易论成为主流意识形态的历史，以及自由贸易论遭受理论挑战的历史，便可看到真相：有关自由贸易的流行命题不过是一个以讹传讹的神话而已。

在流行的经济发展政策方案中，在自由主义经济学的主流话语中，行自由贸易而兴，效保护主义则衰，似乎已成不证自明的公理，它作为一条经济发展的金科玉律，也早已凝固在众人的头脑中。有人甚至宣称：支持自由贸易抑或支持保护主义，是区别正宗经济学家与冒牌经济学家的一块试金石。于是乎，崇奉自由贸易便意味着占领了科学及道义的高地，而质疑自由贸易理论简直就是学术自杀，是“政治上不正确”的异端言行。

---

* 梅俊杰，上海社会科学院欧亚研究所副研究员。

事实果真如此吗？拙著《自由贸易的神话：英美富强之道考辨》（上海三联书店 2008 年 10 月第一版），通过对数百年中、英、美历史以及贸易学说史的翔实考察，给出的答案是：英美这样的首要发达国家恰恰是依仗严格的保护主义才实现了国家的富强；自由贸易论最初就是作为服务于现实利益的意识形态而被确立起来的；由众多假定前提支撑起来的自由贸易论在现实世界中是一个不足为训的理论。在此愿就有关结论再作概述。

一、关于英美历史上的贸易政策

俗话说，“听其言，观其行”，在经济领域，当然也有言行之别，当前金融危机中美国的所作所为再次让人看到了这种言行之别。假如把西方的经济理论当作“其言”，那么西方历来的实际经济政策毫无疑问就构成了“其行”。不管对于自由贸易问题在理论上的探讨如何聚讼纷纭，只有透过经济说教表面的逻辑，深入到具体的经济实践，特别是历史地考察当今首要发达国家长时段的发展过程，才能真正获得经济政策上的有益启示，也才能够还原经济理论的本来面目。钻研英美历史可知，在其走向富强的长期历程中，恰恰都是依靠了持久且严格的贸易保护而非自由贸易，才确立了产业优势地位。

具体而言，英国在 16—19 世纪上半叶，美国在 18—20 世纪上半叶，都系统地采用了贸易保护和政府干预的方式，借此扶持产业从无到有，从弱到强，最终赢得充分的国际竞争优势。只有当自己的产业优势明显压倒竞争对手时，英美才转而实施自由贸易或者贸易自由化政策，以图使自身利益在更广的市场范围内进一步最大化。而一旦自己的国际竞争力衰退，产业优势地位受到威胁，它们便又退向保护主义，在“公平贸易”等冠冕堂皇的旗号下寻求贸易保护和产业庇护。当然，在这一大趋势之下，不同产业部门的表现会有所不一致，但总体历史真相就是如此。

查究英国历史可知，作为英国“首要产业”的毛纺织业，是在数个世纪中严厉打击原料自由输出和成品自由输入，依靠深入到微观经济活动中的干预和保护之后，才最终确立起来的。英国的麻织业和丝织业都走过了典型的国家主导下的进口替代道路。而英国的棉纺织业更是依靠对比较优势原则的彻底背弃，依靠禁运和高关税等强制性的“人为”手段才兴起的。是严格的贸易保护让英国棉纺织业规避了海外强大竞争者的进口冲击，终于在填补市场空白的过程中激发出技术创新和生产力进步，并进而引发了势不可当的工业革命。①

贸易保护与工业革命之间的此种直接联系一直没有得到人们足够的重视，或许反而还遭到了有意的掩盖。受西方主流舆论所编织和传播的自由主义神话的影响，国内学者也往往误读英国崛起的历史。有人认为，英国是在斯密—李嘉图的自由经济理论的指导下，才走上了自由资本主义道路并顺利完成了工业化。言下之意，英国成为“第一个工业化国家”，应当主要归功于亚当·斯密等人包括自由贸易在内的“自由经济理论”。② 更有学者断言：“英国人把‘自由放任’实行得太彻底了。……‘自由放任’被看作英国工业革命的指导方针……，政府对一切经济问题都袖手旁观，决不干预经济的发展。”③

---

① 详见“贸易保护引发工业革命：以英国纺织业成长为案例”，梅俊杰：《自由贸易的神话：英美富强之道考辨》，上海三联书店，2008 年版，第 51—92 页。

② 参见唐晋（主编）：《大国崛起》，人民出版社，2006 年版，第 156 页；钱乘旦、许洁明：《英国通史》，上海社会科学院出版社，2002 年版，第 222 页。

③ 钱乘旦：《第一个工业化社会》，四川人民出版社，1988 年版，第 94 页。

应当指出，上述观点完全违背了历史的真相，不过是广为流行的自由贸易神话的一部分。走进历史即可发现，英国多个世纪中贸易保护的事实可谓俯拾皆是、不胜枚举，其贸易保护与管制的一贯性、严厉性以及国家对微观经济活动的干预都远远超出一般的想象。例如，14—19世纪上半叶就有规定，不准在海岸线五英里范围内剪羊毛，为的是遏制原料输出；1666年“安葬法”专门对裹尸布作了规定，只能用国产的厚呢绒，不得使用进口的薄棉布；1721年禁令规定，凡使用或展示进口棉布均会被罚款，举报人可获奖，罚款额和举报奖达到当时人均大半年的收入。如此等等，不一而足。

广而言之，英国的全面崛起得益于曾经系统执行的重商主义发展战略。与通行的看法相反，英国不是什么“内生”、“先发”现代化的原型，它实现发展的手段也与自由派惯于标榜的自由贸易或放任自流格格不入。英国之所以能够后来居上，靠的是那一套集贸易保护、财富聚敛、工业扶植、国家干预、强权打造于一体的重商主义。当然，英国也依靠了欧洲列国体系所带来的竞争性互动，包括工业革命前已经发生的技术、设备、技工等先进生产要素的大规模引进；还特别依靠了从荷兰引进的先进金融制度，以及由此造就的国家对于经济活动的强大扶持和干预能力。但所有这些都是在重商主义的战略框架内才得以发生的。[①]

到19世纪上半叶，英国的贸易政策的确出现了自由化转折。以1846年废除“谷物法”、1849年废除“航海法”为标志，英国终于告别长达约三个世纪的重商主义阶段，进入了自由贸易的新阶段。贸易政策为什么到这个时候出现自由化转折？难道这是

---

① 详见“重商主义奠定富强根基：三场革命令英国后来居上”，梅俊杰：《自由贸易的神话：英美富强之道考辨》，上海三联书店，2008年版，第93—145页。

理论启蒙之后的改邪归正？当然不是，根本原因是到转折前夕，英国已达到了工业优势天下无敌、足可统率世界的地步。按照英国的盘算，此时用自由贸易作武器，可以打开并主导他国市场，建立一个以自己垄断优势为核心的国际分工体系，一句话，可以通过构建“自由贸易帝国主义”，达到不战而胜的目的。[①]

意味深长的是，与创造普遍繁荣的承诺相反，英国推动全面自由贸易后不过十几年，到1873年就引发了欧洲经济的大萧条。以后各大国改行贸易保护之后，才摆脱危机并追赶上了英国的发展步伐。正是在此背景下，英国自己到19世纪80年代就不得不开始呼吁所谓“公平贸易”。经由1915年的“产业保护关税”，再到1932年“渥太华协定”的“帝国特惠制”，英国又走回贸易保护的老路。[②] 产业竞争力与贸易自由度几乎呈现一种精确的对应关系，连首要发达国家都只是在自己足够强大时才似乎信奉自由贸易。历史表明，自由贸易不过是强者用以进攻的武器，弱者假如放弃贸易保护这一防卫手段，要想发展自主的产业简直就是缘木求鱼。

与英国相比，美国贸易保护与管制的程度只有过之，而无不及。美国在立国后虽然曾经出现过政策的争议、反复和摇摆，但凭借英国统治下所受到的重商主义锤炼，特别是凭借亚历山大·汉密尔顿经济战略的指引，美国总体上选定了一条以国家干预和

① John Gallaher, Ronald Robinson, “The Imperialism of Free Trade,” *The Economic History Review*, Vol. 6, Iss. 1 (1953), pp. 1—25.

② 参见 A. E. Musson, “The Great Depression in Britain, 1873—1896: A Reappraisal,” *The Journal of Economic History*, Vol. 19, No. 2 (June, 1959), p. 222; Paul Bairoch, *Economics and World History: Myths and Paradoxes*, The University of Chicago Press, 1993, pp. 46—51, pp. 170—171; Forrest Capie, “The British Tariff and Industrial Protection in the 1930's,” *The Economic History Review*, Vol. 31, No. 3 (Aug., 1978), p. 402.

关税保护为核心的发展道路，此所谓“美国体制”。早期美国得益于比贸易保护更为彻底的市场封闭，这指主动禁运和英美战争。内战前美国对棉纺织品长期实行过 71%—100%的高关税率，美国纺织业及其他众多产业明显受益。内战后美国更在总体经济中长期维持了 40%左右的关税率，这一世所罕见的保护主义政策为美国全面赶超英国提供了独特的机会。只有当自己的产业优势压倒所有竞争者之后，美国才在 20 世纪上半叶开始转向贸易自由化。[①]

严格说来，二次大战之后美国推动世界走过的是一条贸易自由化道路，而非自由贸易道路。即使在自己的优势无可挑战之时，美国也以利己主义为准绳，实用主义地规划国际贸易体制、推动多边贸易谈判，并给自己划出诸多例外的范围。当自身优势受到竞争者的侵蚀时，美国为了保住自己的产业包括夕阳产业，即采取双重标准，拒绝顺应比较优势的演变趋势，频频打出“公平贸易”等旗号以势压人，五花八门的非关税贸易壁垒随之大量进入国际贸易关系中。美国主导下的当今国际贸易体系本质上还是一个强者各为私利相互角逐的倾斜舞台。所以，英国新剑桥经济学派领袖琼·鲁宾逊的点评：“自由贸易不过是一种精巧的重商主义，只有能从中获得优势的人才相信它”，[②] 的确是入木三分的知世之论。

纵览中世纪以来的世界经济史，自由贸易并非通则，而是一

---

① 参见 Jeremy Atack, Peter Passell, *A New Economic View of American History: from Colonial Times to 1940*, New York: W. W. Norton & Company, 1994, p. 133; Perry Sadorsky, “The Behavior of U. S. Tariff Rates: Comment,” *The American Economic Review*, Vol. 84, No. 4 (Sept., 1994), p. 1099, p. 1102.

② 转见 Peter J. Burnell, *Economic Nationalism in the Third World*, Wheatsheaf Books, distributed by Harvester Press, 1986, p. 25.

种例外，真正的通则倒是贸易保护。西方发达国家虽然现在打着自由贸易的旗号，但其自身得以崛起并保持富强的真正秘诀却是包括贸易保护在内的重商主义，这一规律性特点至今未有实质性改变。自由贸易不过是该大框架下的一个政策工具而已，强者只会在拥有充分优势时才选用这个工具，并把它兜售甚至强加给其他国家。因此，自由贸易本质上是强者的逻辑，倡导并实行自由贸易是需要资格的。况且，即使是强者，出于谋利的本性，也终究是实用主义地、有选择地实行自由贸易。

二、关于自由贸易论的确立过程

虽然英美等发达国家总是根据竞争处境的变化而在时时调整自由贸易的立场和内容，但它们的主流舆论界却惯于制造和散布有关自由贸易及亚当·斯密的神话，劝诫他人遵循比较优势之类的所谓普遍原理。研究表明，斯密的理论之所以被推到主流意识形态的顶尖地位，不是因为斯密有任何重要的理论创新，纯粹是因为当年英国在取得压倒性的工业优势后，需要一种相应的意识形态为新的政治经济利益服务，于是，斯密才被修饰打扮一番，安放到意识形态的神龛当中。意识形态的流行至今也还是离不开利益的驱动。

如今，众口一词的说法是，“自由贸易原则是亚当·斯密1776年在其名著《国富论》中首先提出的。”然而，这是十足的以讹传讹。斯密之前，足有十几位有名可稽、有论可查的经济学家，充分阐述了自由贸易的可能性与有利性。18世纪上半叶，英国人亨利·马丁、伊萨克·热尔韦斯，德国人恩斯特·路德维希·卡尔，法国人诺埃尔·安托万·普吕什等，在许多方面都比亚当·斯密更为深刻地阐述了自由贸易的逻辑。[①] 至于那些与自由贸易论关系密切的自由主义经济理念，从劳动分工、私利促进公益，到自由放任、看不见的手，在斯密时代都早已是学术常识。正因如此，熊彼特下过结论："《国富论》中所包含的分析思想、分析原理或分析方法，没有一个在 1776 年是全新的。"[②]

可叹的是，那些自由贸易论的首创者却几乎无一例外地被历史长期埋没。为什么真正的理论创新者未能名至实归，而缺乏创新的亚当·斯密反倒最终誉满天下？须知，既然按照斯密自己的定义，政治经济学"目的在于富国裕民"，是"政治家或立法家的一门科学"，[③] 那么，在贸易这样事关重大利益的领域里，一个学说难道单靠学说的原创性或者论证的逻辑性，而不切合当下的现实需要、不计及政策建议的后果，便可以行时得势、功成名就吗？答案显然是否定的。当重商主义或者保护主义是基本国策时，自由贸易论作为一个过于超前的理论，往往会被视作危及国家利益的异端邪说，更何论受到世人的热捧？

实际上，就连斯密，也因为稍微超前而差点被上述规律淘汰出局。不要说在《国富论》出版的 1776 年，就是此后斯密在世的 14 年中，他都未能真正享有盛誉。1790 年斯密去世时，即使是在家乡苏格兰，"人们几乎没有注意到他的过世"。[④] 此番寂寞

① 参见 Douglas A. Irwin, *Against the Tide: An Intellectual History of Free Trade*, New Jersey: Princeton University Press, 1996, p. 62; Terence Wilmot Hutchison, *Before Adam Smith: The Emergence of Political Economy, 1662－1776*, Oxford: Basil Blackwell Ltd., 1988, pp. 126－129.

② 约瑟夫·熊彼特：《经济分析史》，第 1 卷，商务印书馆，1994 年版，第 280 页。

③ 亚当·斯密：《国民财富的性质和原因的研究》（即《国富论》），商务印书馆，1974 年版，下卷，第 1 页。

④ 约翰·雷：《亚当·斯密传》，商务印书馆，1998 年版，第 394 页。

不难理解。英国的工业优势要到1800年之后才会明白无误地展现出来，到1815年拿破仑战争结束时，英国才正式确立自己的霸权。故此，只可能在这一产业优势鼎立的阶段，英国才开始寻求废除原先长期实施的重商主义政策，才会在政策和舆论上转向自由贸易。事实上，最初尚嫌不合时宜的斯密确实只是到了这一阶段才真正出名。

至于在现实需求寻找新理论工具的时刻，为何是斯密而不是其他人走红，这一点也很耐人寻味。本来斯密的前辈和同代中，有像前辈如威廉·配第、同代如詹姆斯·斯图尔特那样创新、务实、周全的大经济学家，可是他们“总是顾虑过分简单化的危险”，以致被认为“太过冗长繁琐和模棱两可”，终究沦落为“最为完美和杰出的失败者”。[①] 与之相比，斯密在理论上却爱走极端。他几乎是同代经济学家中唯一一位高度漫画化地抨击重商主义、几近走极端地倡导自由贸易的人。然而，深具讽刺意味的是，这一特点反而帮了斯密的大忙。一个削繁就简、黑白分明的学说，反而更易为不明就里、无意细究的大众甚至政客所理解和喜好，现实政治需要的是某个棱角分明的象征性人物、一面色彩鲜明的标志性旗帜。也许令人难以置信，所谓的始祖尊神就是这样造就的！

一个学说一旦上升为事关国家利益的意识形态，现实的需要便成为其服务的重心，学术的是非已不再重要。为了建立古典政治经济学的正统信仰，有把斯密学说进一步狭隘化的：“大卫·李嘉图把斯密那些颇为散漫的原理改造成了一个让生产和分配与自由国际贸易挂起钩来的体系，而且在贸易与经济增长之间建立

---

① Terence Wilmot Hutchison, *Before Adam Smith: The Emergence of Political Economy, 1662－1776*, Oxford: Basil Blackwell Ltd., 1988, p. 338, pp. 349－350.

起了必然的联系。”[①] 更有为了眼前实用目的而为尊者讳的：“佛朗西斯·霍纳拒绝出版《国富论》的注释本，因为他不愿意在斯密著作产生充分效果之前去揭露其谬误。”约翰·穆勒论及为何要坚持斯密崇尚的放任自流原则时说得更加明白：“那个原则，如同其他负面原则一样，还有工作要做，那主要是一种摧毁性的工作。我高兴地看到，它有足够的力量去完成此项工作。之后则它必须很快失效，待失效后，但愿灰烬归于沉寂，因为我对于死灰复燃心怀疑虑。”[②] 显然，为了现实需要，可以先矫枉过正一下、隐瞒实情一下，重要的是先树起有利于其时英国国家利益的古典自由主义经济学大旗。

在意识形态化过程中，除了需要上述隐晦的引导外，更需要高压的外部舆论环境。自由贸易论成为主流之后，罗伯特·托伦斯敏锐地察觉到，一国可以通过征收关税的方式而使贸易条件变得对自己有利，于是认为，国家繁荣所依据的贸易政策不应当立足于自由贸易，而应立足于对等互惠。托伦斯对于自由贸易的这一修正如今已被广泛认同，然而，当时英国的“政治经济学俱乐部”却通过投票，一致反对这个“连道理的影子都没有的”、“不负责任的观点”，在以后的100年中，权威的经济学词典也对托伦斯的著作不屑一顾，托伦斯简直成了“被群体抛弃的贱民”。同样的无情打击也落到约翰·穆勒的身上。由于他在一小段文字中明确接纳了“幼稚产业保护论”这个对自由贸易论的又一重大

---

① Keith Tribe, “Natural Liberty and *Laissez Faire*: How Adam Smith Became a Free Trade Ideologue,” in Stephen Copley, Kathryn Sutherland (ed.), *Adam Smith's Wealth of Nations: New Disciplinary Essays*, Manchester: Manchester University Press, 1995, p. 29.

② Salim Rashid, *The Myth of Adam Smith*, Cheltenham and Northampton: Edward Elgar Publishing Ltd., 1998, p. 162, p. 166.

修正，英国主流舆论一片哗然，认为那段话“盖过了他其余著述可能带来的全部益处”。持续批评之下，穆勒即使私下认为自己没有错误，但也不得不在再版著作中步步退让，公开宣布撤回自己的观点。同样，当托马斯·马尔萨斯在农产品问题上稍微修正了自由贸易论后，也领教了翻脸不认人的无情打击。[①]

就是借助这些手段，英国在自由贸易问题上，牢牢抓住了意识形态的主动权，至少在一段时间内压制了对自由贸易论的各种挑战，从而隐藏了一些本来会让落后国家提前或进一步觉醒的重大思想成果。通过扯起“自由贸易必然利益均沾”的大旗，国际贸易中利益分配的不对称性乃至冲突性、自由贸易中弱势方陷于依附境地的现实可能性、落后国进行自主工业化的必要性、工业化过程中采用保护手段的正当性等等关键问题，或被边缘化，或被作误导性探讨，落后国家的追赶步伐因此继续受到牵制。显而易见，对于尚处落后状态并试图在全球化浪潮中寻求发展的国人来说，尤有必要从自己的立场出发，保持清醒头脑，维护自身利益。就此而言，深究亚当·斯密及其经济学说之所以获得追捧的历史，辨析其中真真假假、似是而非的细节，仍然不失重要的现实意义。

三、关于自由贸易论的漏洞及对策

西方发达国家的经济实践之所以与自由主义经济学说形成强

① 参见 Douglas A. Irwin, *Against the Tide: An Intellectual History of Free Trade*, New Jersey: Princeton University Press, 1996, Chapter 7, pp. 101－115, Chapter 8, pp. 116－132.

烈的反差，正如发展中国家的自由主义经济实践的结果之所以与自由贸易的承诺相距甚远，原因就在于自由贸易论本身存在严重的缺陷，是一个不足为训的理论。下此结论决非唐突。仅凭其推导过程中使用的大量前提假定便可确知，自由贸易论终究只能在高度理想化的苛刻条件下才能成立。支撑自由贸易论的诸多条件在现实中是难以具备的，更难以同时具备。因此，一旦放到真实世界中，自由贸易论便无法兑现其根据假定条件所作出的承诺。假定出的理想世界与真实的现实世界之间存在明显的脱节，这便铸就了自由贸易论的内在漏洞，也取消了这一理论在现实中的普遍适用性。

自由贸易论确立后 200 年中所遭遇的各种理论挑战已从多个侧面揭示了其诸多内在漏洞。理论挑战告诉世人，在国际贸易关系中，由于相互需求程度的不同，以及收益递增、国内扭曲、不完全竞争等现象的存在，自由贸易论所承诺的贸易方之间的利益均沾是无法保障的。幼稚产业保护论，以及相关的战略贸易论、竞争优势论等则从其他侧面证明了贸易保护及国家干预的合理性与可取性。[①] 这些理论挑战都有助于说明，为何当今发达的国家曾长期违背自由贸易论，不仅没有遭受损失，反倒实现了国家的富强；也有助于说明，为何众多后进国家在参与自由贸易之后，长远看不仅未能如期改善福祉，反而从此陷于依附的陷阱。

诚然，自由贸易论揭示了某种理想状态下的可能性，具有思想价值，并具有一定的现实参照意义。然而，即使自由贸易可以增进世界财富总量的结论可以成立，我们也须清醒地认识到，现

---

① 参见 Douglas A. Irwin, *Against the Tide: An Intellectual History of Free Trade*, New Jersey: Princeton University Press, 1996；保罗·克鲁格曼：《克鲁格曼国际贸易新理论》，中国社会科学出版社，2001 年版；拉尔夫·戈莫里、威廉·鲍莫尔：《全球贸易与国家利益冲突》，中信出版社，2003 年版。

实世界是由具体国家构成的，包括了在贸易中居于强势的国家和居于弱势的国家。而“有一个基本点是广为人知的”：虽然自由贸易符合主动采纳该政策的国家的利益，“但是——一个重要的‘但是’，益处与代价可能会不平均地分布，尤其是对于代价而言，它更可能会在富国与穷国之间呈现不平均分布的格局”。[①]正因如此，自由贸易论从一开始就是强势国家的理论，而弱势国家一般总是倾向于贸易保护论，这已成为一个久经历史验证的事实。

从本质上讲，自由贸易论抑或贸易保护论对立的焦点在于是否顺应比较优势原则这一问题。比较优势原理当然简明扼要、别有一番洞见，可它只是一种静态均衡理论，即基于特定节点上国际生产力的结构状况，从生产总量增加的角度论证了贸易的可能性与可取性，自由贸易论的基础正在这里。可是应当看到，比较优势原理并不关注国际生产力动态的结构变迁，相反它有意排斥动态结构变迁。在某些局部和某些阶段，比较优势原理固然有其适当应用的空间，但总体而言，在利益博弈的现实世界中，产业发展层次偏低或者弱势一方要保障贸易中的利益所得，一般唯有走产业升级的道路。自由贸易论的要害是，它趋于迁就并强化现实分工格局，过于静态和盲目乐观地看问题，引导弱势方依赖并不可靠的比较优势，最终使之固定在国际产业分工链的低端位置并因此而流失机会和利益。

当然，贸易保护历来多有争议，对于保护的效果也从来都是众说纷纭，因为即使两个人面对保护所产生的同一效果，假如一个人着眼于被保护产业，而另一个人着眼于总体经济，他们得出

① Martin Wolf, “How to Preserve the Open Economy at a Time of Stress,” *The Financial Times*, May 21, 2008, p. 11.

的结论便会大相径庭。自由贸易派哪怕承认局部的保护效果，也往往会认为总体的经济福利因保护而受到了伤害。但广泛的国际经验表明，任何产业的兴起，都首先是“人为”有意培植的，而非单纯靠贸易随意交换出来的。当外部已有强大甚至是志在垄断的产业力量确立在先，不加管制的贸易定会给落后者同类产业的发展增加障碍。强者的利益在于，通过意识形态以及制度安排，培养依附者，与之维持一种不平等的结构关系。故此，弱势的后进者只有基于自身产业成长程度，采取有步骤有选择的步步为营式的动态开放战略，才可能始终承受市场开放的风险，并自主地利用好其中的机会。

贸易保护从理论上说当然是有代价的，然而，哪里有“免费的午餐”呢？一国的经济发展并不是静态地计算眼前或短期的投入产出，也不是单纯地减少扭曲和浪费，帕累托最优原理本质上与殖产兴业、实现赶超并不相干。长远经济发展遵循着一套独特的逻辑，其中关键一环就是以贸易保护手段促进产业成长壮大。考辨世界经济史特别是英美发展史，可让我们获得明确无误的答案，那就是包括贸易保护在内的重商主义路线正是英美等国赢得富强的不二法门。众多国家的众多产业正是靠利益倾斜方式启动的，正是从低效亏损中起步的，产业政策、干中学、正面外部性、乘数效应等等，所阐述的就是这个道理。既然创业从来就与风险连在一起，集中资源予以支持是天经地义的，幻想没有代价地实现产业兴起是不现实的，也是经济史未能证明的。

那么，基于对英美两国经济史和自由贸易论的研究，在当今全球化时代，中国在贸易问题上应当采取什么政策？毫无疑问，现实的条件已经不同于英美历史上曾有的条件，比如，世贸组织成员国现在不可能再随意使用关税保护手段。再说，中国在全球化过程中至今还算是赢家，这意味着不该放弃全球化带来的机遇。但应作提醒，中国至今参与国际经济互动取得的成功也是有基础的，包括之前时代客观上曾经存在的长期贸易保护环境，还有，中国到20世纪90年代中期都还是世界上关税率最高的国家之一。所以，要说中国是全球化的赢家，账不能全部算在自由贸易或者贸易自由化的头上，应当看到背后的贸易管制等因素。

特别要强调一点，当得出要靠保护来培植产业这样的结论时，决不是说要关闭国门。实际上，英美的做法本质上就是，我冲出国门，打开他人市场，但同时尽量保护自己的市场，这是一种不对称开放的战略。所以，这里的保护偏偏包裹着尽量占领他人市场的含义，在当今国际贸易体系和贸易伙伴可以接受的范围内，英美的这种历史经验无疑值得重视。换言之，强调贸易保护，决不是说不要参与国际经济互动，也许恰恰相反，关键是以何种有利的方式参与。例如，至今为止，中国的劳动力还是有比较优势的，没有理由不发挥这一比较优势。但应当反对把比较优势抬高到不恰当的地步，并趋向于凝固在现有比较优势结构上。

有一种观点认为，中国已具备较为强大的制造业能力，自由贸易应是现阶段中国的当然政策，故而拆解自由贸易的神话对我们没有正面意义。实际情况并非如此。首先，决不应该高估中国制造业目前的优势，即使中国真的是“世界工厂”，其含义与当年英国的“世界工厂”也有天壤之别。今天的世界上，当设计、专利、品牌、销售等不在自己手中时，单纯的加工环节是少有利润的。以此观之，中国实行贸易保护，不屈服于比较优势和自由贸易原理，以便发展自主的技术和产业等，这一精神目前仍是大有必要的。一个大国为什么不可以既用部分资源顺应比较优势原则，同时更投入其他相当资源拓展长远发展能力呢？

拆解自由贸易的神话对目前的中国还是大有价值的，有助于国人摆正内部与外部的关系，真正让贸易和开放贡献于实实在在的国民福祉。在贸易方面，最应当摒弃舍本逐末，把国家发展战略立足于对外经济部门，一味“出口创汇”，盲目累积美元纸币，甘愿贸易条件恶化。出口本质上是为了引进国内发展的短缺要素，从资本货物到观念、技术和制度，贸易应当服务于国内发展，服务于广大国民具体福祉的提高，应当回归这样的常识。就此而言，反思自由贸易问题、深入研究世界经济史，显然有助于回归常识，让我们长智慧、长警惕，进一步增强鉴别、远离、跳出自由贸易预设陷阱的能力。

金融危机下的中东经济变局及其影响

虞卫东*

内容提要：中东国家都是伊斯兰国家，遵守道德原则，投资者承担社会责任，禁止银行固定利息，严禁欺骗性投资融资，推崇一种较良性的金融环境。但这次金融危机来势凶猛，中东这个不太热衷于追逐利息利润的地区也无法幸免，许多国家经济上出现了明显下滑，石油收入大幅度减少，国内外投资停滞，金融资产缩水和实业经济萎缩等。由此引起该地区一些热点问题出现新的变化：巴以冲突重燃战火；伊朗问题扑朔迷离；中东的温和国家和温和派面临挑战；中东地区的经济改革受阻等。

在全球化的世界里，金融衍生产品的传播力是广泛的，同样它所造成的危机也无法幸免。开放程度越大，所受的影响也越

* 虞卫东，上海社会科学院欧亚研究所副研究员。

大。这次金融危机对中东的影响是明显的。直接的影响就是海湾国家的海外投资大幅度缩水，间接的影响是石油期货市场的萎缩，造成油价的大幅度跳水，从每桶近150美元下滑到40美元以下。还有使得原来受惠于这些海湾国家经济的其他中东国家经济举步维艰。这对中东国家的经济发展产生了很大影响，进而使这些国家的政治和社会发生了一些变化。

一、中东国家的金融特点

中东地区都是伊斯兰国家，其经济是与信仰分不开的。伊斯兰金融原则依据严格的伊斯兰法制，遵守道德原则，投资者承担社会责任，禁止银行固定利息。也不许向伊斯兰禁止的行业投资，如大肉、色情、博彩等行业。因为在《古兰经》中把利息定为不合法行为，称之为“里巴”。因为“里巴”属于高利贷性质的金融剥削，是古代人遗留的陋习，是人类在蒙昧时代暴露出来的弱点和卑劣的缺德行为，所以被定为罪过。从本质上说，西方的利息办法是以人的普遍愿望为手段控制财务流动，以利欲为压倒一切的心理使人们蜂拥而来。而伊斯兰的金融不以利息为吸引力，是根据真主启示的公正法度管理经济。他们不能利用国家资源来制定旨在提高其经济利益的政策。[①] 对于人类经济活动，《古兰经》中没有详尽的制度和规则，但有一些原则性启示，如不可囤积居奇、乘人之危哄抬物价、财富成为“你们中富豪之间周转的东西”（59：7）。社会管理当局制定各种经济政策，使社

---

① 阿夫纳·格雷夫：《大裂变：中世纪贸易制度比较和西方的兴起》，中信出版社，2008年8月版，第292页。

会分配合理，如确定税务制度、则卡特[①]规则、创造就业机会、慈善募捐救济贫困户。在市场管理方面，鼓励公平交易，制止商品垄断、缺斤短两、高利贷剥削。伊斯兰银行在代理服务方面是属于保守的类型，与投资者协商与合作，守规则，不越轨，不参与风险投机。在伊斯兰教法下，不能买卖实际不拥有的东西和债务；禁止食利者存在，银行只是一个伙伴，不是金融投机者。[②]因此，在中东国家不会发生西方式的金融危机。也要看到其金融部门对经济的作用很小，资本市场并不发达。政府是银行最大的股东，即使在私人银行占多数的国家，严格的市场准入政策也阻碍了竞争。结果导致金融体系虽相对稳定，但效率低、成本高，不能适应经济发展对金融业的要求。

随着全球化范围的扩大，以前没有听说过的“伊斯兰银行”或“国际伊斯兰金融”，在近20多年里方兴未艾，成为国际金融中不可忽视的一员。伊斯兰银行吸引人的主要原因是稳定和风险小。伊斯兰债券“苏库克”已经成为国际固定服务项目，取代了空头支票的投资形式，而代之以有形实物资产。因为伊斯兰法制禁止空口许诺的利息制度，投资者必须参与实业入股，看到投资项目确切发展而承担责任或享有回报。根据亚洲发展银行的估计，全球伊斯兰银行的储备金高达一万亿美元，年增长率为10%至15%。伊斯兰银行也在中东国家之外吸引了众多的非穆斯林投资者，大大增强了实力。

伊斯兰债券不以交换金钱、而以交换资产的方式，让投资人

---

① 则卡特是经济状况富裕的穆斯林的责任，从自己流动财产中，每年抽出四十分之一，用于赈济贫苦的人。则卡特是真主的命令，所以称作“天课”，《古兰经》说：“他们的财产中有一个定份，是用于施济乞丐和贫民的。”（70：24—25）

② Carla Power, “Faith in the Market,” *Foreign Policy*, Jan/Feb 2009, pp. 73—74.

获利，符合伊斯兰教禁止支付利息的规定。销售伊斯兰债券，相关资金不能用于支付赌博、枪支与烈酒等费用。伊斯兰债券市场从2004年以来，每年高速成长，规模达到900亿美元，但2007年2月设在巴林的伊斯兰金融机构会计审计组织裁定：大约有85%伊斯兰债券不把担保品所有权移转给债券持有人，不符合伊斯兰律法，结果造成伊斯兰债券销售量剧减一半，价格平均下跌1.51%。伊斯兰金融尚处在初级阶段，为了适应原有的国际经济规则，采用伊斯兰的金融原则开展金融业务，不接纳许多西方所习惯的金融贷款方式。伊斯兰金融进入完全的国际化，还有一条漫长的道路要走。不过，在国际金融交流中，有不少经营者、中介公司、金融评论家等都比较推崇伊斯兰金融制度，至少在当前因无序和贪婪发生的金融危机面前确实可以减少风险。

标准普尔金融分析公司的著名评论员莫哈迈德·达玛克对过去3年海湾国家伊斯兰银行业务进行了考察和分析，在肯定其成就的同时，还警告说："国际物业资产的风潮对伊斯兰金融也有冲击，因为伊斯兰金融不具备国际金融危机的免疫能力。"虽然伊斯兰金融的稳健性是有目共睹的，但伊斯兰法制理念不统一，可能成为伊斯兰金融发展的障碍。尤其缺乏一个权威的金融机构来统一制定各种经济和金融活动准则，并且其金融管理经验与管理人员、信息技术相对落后。[①]

多数学者认为，国际伊斯兰金融是一门新学问、新业务，可以在争论中不断发展和完善。在当前西方国家普遍陷入危机的状态下，不要因为内部的意见分歧而失去发展机遇。英国盖特霍斯银行总裁泰斯塔说："如果伊斯兰金融决心完全进入世界轨道，

① 姜英梅："全球化下的阿拉伯国家金融发展趋势"，《阿拉伯世界》2006年第4期。

它必将产生更大的吸引力。”中东国家的金融面临着机遇和挑战，像海湾国家，它们拥有很强的主权基金，已经在全世界进行投资，但随着投资领域的扩大，风险也在增大。

随着全球化的拓展，中东国家都在积极参与全球的贸易和投资。这次金融经济危机的爆发，只能说中东国家与其他国家相比，受到的冲击稍微小些。从金融层面上讲，中东国家和个人的资金受到的影响不大，但一些投资机构也损失不小。如果从国家的整体经济来看，影响还是不小的。或许伊斯兰的经济和金融思想，以公正、公道、公开为原则，在新形势下可以研究出新的制度和法规，给全世界人民一个新的希望和出路。

二、中东国家经济下滑

海湾国家资产大幅度缩水。过去 6 年，高油价使这些国家赚了 1 万多亿美元，估计这些国家的主权财富基金控制着全球 1.5 万亿美元投资。在全球爆发大面积金融危机初期，中东各石油大国政要及金融大亨曾炫耀自己对经济危机的“超强免疫力”。虽然，海湾国家银行机构未持有雷曼兄弟股份，没有受到金融危机的直接影响。但是，中东产油国主权财富基金和私人投资者持有的股份无法避免危机的影响。据估计，中东产油国在欧美主权财富基金投资总额达 1 万多亿美元，一年来，其在欧美的资产缩水了 30%，估计账面损失将达 3000 亿美元。另外，在 2008 年 10 月份，海湾地区新兴城市阿联酋首都迪拜的股市在 4 天内损失近 1/4 的市值；阿拉伯国家地区最大的股市，沙特阿拉伯国家股市也损失近 17%的市场价值。截止到 10 月 9 日星期四，海湾地区各国七大股市共计损失 1600 亿美元，只剩 7700 亿美元的总价值。数十亿美元的石油盈余是难以抵挡住全球经济衰退的。投资者不是倒下，就是离开，产业发展前景岌岌可危。海湾国家的股市和投资结构存在缺陷：缺少流通性，信息公开不充分，人们全凭毫无根据的流言蜚语去投资，当小投资者听到别人撤资后，他们就会盲目效仿并最终形成恐慌。西方金融危机暴露出：迪拜2007—2008年的债务高达49%，金融界只得求助于阿联酋政府紧急贷款救市，挺过难关。

当然，石油价格[①]最终将决定海湾合作委员会成员国可用于投资的财富数量。即使按每桶50美元的价格计算，到2020年，海湾国家的累计石油收入也将达到4.7万亿美元——是它们过去14年总收入的2.5倍。如果按照每桶100美元的价格水平，到2020年，它们的总收入将达到8.8万亿美元。巴林王储萨勒曼指出，对该地区来说，最大的风险是低油价，世界经济滑坡，全球石油需求放慢，“我们肯定会受到一定程度影响，问题是这个程度有多大”。阿拉伯石油输出国组织秘书长阿巴斯·纳基称，如果油价回落到每桶80美元，中东产油国就将搁置一些扩大产能的项目。从长远看，石油产能建设投资不足将对全球市场造成恶劣影响。目前，油价已经跌到每桶40美元左右。伊拉克已经在呼吁希望油价能达到每桶75美元，但在短期内，看不到全世界对石油的需求会有所反弹。这对海湾国家来说是根本性的问题。欧佩克为了保持石油价格，开始减产。有调查指出，海湾六国的GDP总额有可能会由于石油减产和石油价格下降从2008年

---

① 2009年平均油价：科威特50美元；阿曼45美元；利比亚45美元；印度尼西亚95美元；尼日利亚45美元；苏丹72美元；沙特阿拉伯48美元；阿塞拜疆70美元；叙利亚42美元；伊拉克50美元；哈萨克斯坦40美元；巴林60美元；阿尔及利亚40美元；委内瑞拉55美元；俄罗斯92美元；安哥拉55美元；墨西哥70美元；卡塔尔55美元；挪威95美元；也门55美元。

的 10500 亿美元下降到 2009 年的 9345 亿美元。据估计，海湾国家 2009 年出口石油和天然气的收入将会回落到 3763 亿美元。

同时，这些国家的国内投资会影响海湾地区的城市发展、经济多样性和创造就业机会的能力。在阿联酋，迪拜 6 年来的房产大牛市也急转直下，原来的大型项目和基本建设纷纷停工，大批工人失业。2008 年第四季度，一些高档住宅房价跌了 40%。有些银行家甚至担心，2009 年的房价会暴跌 80%，这将会冲击到阿联酋的服务业和零售业。还有由于全球经济衰退，外国游客大量减少，旅游业无疑也雪上加霜。经济危机产生了“多米诺骨牌”效应。

有分析人士指出，沙特 2009 年的经济增长率可能为 2.4 %，将是 2002 年以来的最低值，而 2008 年沙特的经济增长率是 4.9%。阿联酋 2009 年的经济增长率预计约为 2.7%，2008 年为 6.8%。卡塔尔作为世界上最大的天然气出口国，2009 年的经济增长率预计仍将达到 9.5%，但仍低于 2007 年和 2008 年的 12%。这主要是因为卡塔尔受石油价格变化影响较小，它出口的天然气的价格主要都是由长期合同决定的。作为海湾国家中最依赖石油出口的国家，科威特的经济增长率将由 2008 年的 5.5% 下降到 2009 年的 2.5%。阿曼 2009 年的经济增长率有可能达到 4.2%，巴林则为 3.5%。

受冲击最大的国家，是那些石油产品间接受惠者，如埃及、约旦和叙利亚，当海湾国家收紧财政时，它们将面临全面萧条。开罗大学经济系教授拉夏德·阿布杜博士说：“海湾地区的发达，带动了整个中东百业兴旺。”他说，等不到那些国家出现什么危机，只要经济发展放慢了速度，这些国家立即就会感觉到有压力，因为旅游者不出门，投资者不放款，证券交易停业，埃及流动劳工失业回家，切断了这些国家的财源，中东地区将大面积进入灾荒时期。

埃及每年从海外劳务汇款中收入60亿美元，有200万埃及人在海湾国家打工，埃及旅游业的60%收入来自海湾国家的旅客。叙利亚因反对美国发动对伊拉克的侵略战争，而成为遭受美国经济制裁的阿拉伯国家，但是它依靠来自海湾国家的房地产投资，躲过了经济制裁所造成的困难。约旦经济也依赖海湾国家的大客户，它的1/4外贸商品销售到海湾国家，约旦劳工的海外劳务收入高达20亿美元，它还从许多海湾国家得到友好援助，如每年从沙特阿拉伯得到5亿美元的无私援助。“我认为海湾国家对叙利亚的投资会放慢，甚至停止，因为他们将面对自己国内的难题。”大马士革金融研究所的专家纳比尔·沙曼教授说：“海湾国家经济放慢速度，必将影响叙利亚的外汇收入，因为有将近100万叙利亚劳工在海湾各国打工，他们将面临着被解雇的可能性。”

伊朗的石油天然气储量丰富，是欧佩克（OPEC）第二大石油输出国。石油是伊朗经济的命脉，伊朗经济严重依赖石油，石油出口收入占外汇总收入的80%，占政府预算收入的40%—50%，占国内生产总值的10%—20%。政府预算收入主要由三部分组成：石油收入、税收和其他收入。由于石油价格大幅下滑，伊朗经济陷入困境。2008年8月，国际货币基金组织警告说，如果石油价格低于每桶75美元，伊朗可能面临严重的预算缺口。其次，由于经济不景气，伊朗出口受阻，出口增长已经停止，并正在继续下降。伊朗的食品和住房价格迅速上涨。高失业率是伊朗政府面对的重大社会问题，伊朗年轻人占总人口70%左右。失业率上升，可达12%，[①] 由于缺乏投资和劳动力市场，

① 数据来源：国家商务部网站。

就业问题很难解决。伊朗政府开始考虑在这个石油丰富的国家实行汽油配给。

三、金融危机给中东经济带来的影响

中东国家普遍面临着高人口增长（人口增长超过了石油收入增长）、现代化的不成功、产业结构的单一和石油收入不稳定等问题。[①] 全球金融危机使得中东国家的经济来源大大减少，对有些国家来说是釜底抽薪。众所周知，石油一直是这些国家的经济命脉。虽然不少国家可以通过其他产业增加收入，但一旦石油收入锐减，不仅对本国经济产生重大影响，还会引起周围阿拉伯邻国经济的停滞。加上全球需求减少和贸易萎缩，相关产业也不景气。中东国家的经济问题已经引起了政治和对外政策的变化。

（一）哈马斯与以色列的冲突

关于已经结束的哈马斯与以色列冲突的起因，我们可以举不胜举。固然有哈马斯想突破以色列的长期封锁、寻求国际支持的可能。但我们认为，伊朗的幕后影响不可忽视。当然，是不是伊朗一定要明确表态或实际支持才叫“影响”呢？未必。我们还是从“谁从这场冲突中受益”来判断。金融危机造成石油期货市场大崩盘，油价直线下跌，随着经济危机的深入，全球产业的萎缩，对石油需求会进一步减少，石油价格短期难有上升。伊朗的财政收入大大减少，经济问题日趋严峻，失业率上升。伊朗有

---

① Anthony H. Cordesman, *Energy Development in the Middle East*, Praeger, 2004, p. 116.

57位经济学家2008年6月份签署了一份公开信，批评伊朗政府的经济政策。伊朗报纸刊登了这封公开信。信中说，政府采取的货币和银行政策导致通货膨胀，伤害了穷人。这些经济学家还说，政府的外交政策缺乏建设性，这些政策威胁到伊朗和其他国家的金融和商务关系。甚至有人还指责内贾德在浪费石油收入。加上2009年6月伊朗将举行大选。通过哈马斯与以色列的冲突，可以暂时转移人民的视线，经济不行，民族主义是最好的工具。这次冲突，虽然有消息称伊朗对哈马斯的支持是口惠而实不至，但它一下子成为了阿拉伯人民心中的英雄。要知道伊朗不是一个阿拉伯国家，还是什叶派国家，却受到了以逊尼派为主的阿拉伯国家的欢迎。

（二）阿拉伯温和派与激进派的博弈

在这次冲突面前，阿拉伯国家分成了两派：一派是埃及、约旦及波斯湾国家的温和派；另一派是伊朗、叙利亚和也门等强硬派。导致了阿拉伯的温和国家与激进国家之间的博弈，温和的埃及、约旦和沙特都有国内伊斯兰激进势力问题。三年前，哈马斯赢得巴勒斯坦议会选举时，埃及、约旦以及其他阿拉伯国家非常担心极端组织兴起，相邻的阿拉伯国家政府更是非常紧张，很多政府甚至对国内类似组织施以重压，它们不愿意看到哈马斯成功，自然对冲突表现得十分冷静；而激进的伊朗和叙利亚至少道义上表示大力支持，它们更多是在利用冲突，为自己争取国内外的利益。

（三）伊朗核问题的变数

油价迅速下跌，伊朗谋求地区大国的诉求受挫。[①] 由此，我

① Richard N. Haass & Martin Indyk, “A New U.S. Strategy for the Middle East,” *Foreign Affairs*, Jan/Feb 2009, p. 53.

们也不难理解，最近有消息称，伊朗政府表示愿意考虑美国的接触政策。目前，伊朗经济困难加剧，年轻人失业严重，政府无计可施，经济危机又使石油收入锐减，伊朗更需要考虑经济问题，而不是核问题。那么，有机会就与美国谈，乃至达成协议，取消美国的制裁，增加出口和获得美国的援助或投资。同时，在2009年6月大选前，内贾德政府让伊朗人民看到经济的希望要比反美的热情更有说服力。因此，我们判断，伊朗核问题将进入双方谈判的阶段。

（四）海湾国家多元化经济改革受打击

为了摆脱对石油的过度依赖，海湾地区其他国家对于迪拜的多元化发展模式十分推崇，争相效仿。2006年，沙特阿拉伯政府开始模仿迪拜各种功能的自由贸易区在沙特境内建立6个经济城，旨在发展金融业、高科技产业和信息服务业；阿拉伯联合酋长国的卡塔尔和阿布扎比也分别计划通过密集的基础设施和房地产投资实现转型。可惜，全球经济危机、泡沫经济破灭，意味着迪拜多元化模式的最终搁浅，迫使海湾地区的其他国家不得不重新寻求其他经济道路，它们担心经济力量可能会从代表开放的迪拜重新回到更加保守的富油国，比如沙特阿拉伯。这极大打击了中东国家的经济改革。从经济理性上看这是一个坏消息。但中东国家这种单一的经济特征也许是最适合他们的：平和而被动。

（五）海湾单一货币计划可能推迟

2008年10月，海湾六国提出继续推动单一货币联盟，以整合各国雄厚的财经实力，对抗金融风暴。但是，海湾地区的单一货币联盟之路从来就不是一帆风顺的。2007年1月，海合会成员国之一的阿曼宣布将完全退出海合会的货币联盟，并称阿曼有自己的经济和财政状况，没有更多的空间来满足单一货币所设定的标准。无独有偶，科威特政府也于 2008 年 5 月突然宣布，将其本币汇率与美元脱钩，转而实行本币汇价与国际主要一揽子货币挂钩的安排。其他海湾 5 国至今仍实行其基本货币汇率长期与美元挂钩的政策，统一的技术层面的问题有待解决。而且，当时快速的经济增长以及飙升的通胀都给单一货币计划构成了障碍。在 2010 年建立货币联盟计划，将是一个很大的挑战。考虑到金融危机对海湾各国经济造成的影响不同，各国的经济脆弱程度也存在差异，如果海湾各国政府各自为政，把重点放在维持本国币值稳定上的话，海湾国家实现单一货币联盟的宏伟目标很可能被迫推迟。

金融危机对中东各国的经济影响是很大的。在危机面前，中东各国纷纷自救，各国不得不采取紧缩银根、压缩基建规模和降低利率等措施以防止危机进一步肆虐。同时，阿拉伯国家需团结一致，共同协作，共度难关。2009 年 1 月 21 日，第一届阿拉伯经济、社会和发展峰会在科威特召开，来自 17 个阿拉伯国家的元首、联合国秘书长潘基文以及多个国际组织代表出席了会议。本届峰会旨在研究、解决国际金融危机及国际油价下跌对中东经济体的影响以及制约阿拉伯国家发展的其他经济社会问题。与会各国代表就阿拉伯国家经济社会发展未来总体规划、构建中东铁路网、建立阿拉伯关税同盟、加强基础设施建设、健全食品安全体系、环境保护、降低失业率、发展国民教育等具体经济问题交换了意见，并研究、修正了“阿拉伯经济社会发展路线图”及建立关税同盟草案，计划在 2010 年正式启动预期将于 2015 年完成的阿拉伯关税同盟计划。当地经济界认为，关税同盟草案将有助于促进阿拉伯国家之间的贸易与投资，加速推动阿盟经济一体化进程，为在2020年建立阿拉伯共同市场的远期目标铺平道路。在全球经济低迷背景下，为扶助阿拉伯产业界度过国际金融危机，各国政府还审议了关于成立总金额高达20亿美元的阿拉伯社会经济发展项目基金的倡议提案，这一提案的首倡国科威特政府表示愿意提供其中25%的资金。

全球经济危机中的亚洲经济体

曹　寅*

内容提要：亚洲经济体在本次全球经济危机中遭受了重创，一些地区的经济总量甚至出现了萎缩。究其原因，无外乎是因为亚洲经济体中普遍存在的畸形经济结构。这种“亚洲型经济结构”一方面极度依赖欧美市场，另一方面又表现出内需的长期疲软，最终正是这种内外两方面的缺陷将亚洲各经济体拖入了危机之中。而要使亚洲经济重新崛起，一种不同于以往的新的经济“引擎”必须得以建立，而这种“引擎”正是各经济体的内部市场。

一、亚洲在经济危机中所遭遇的一个悖论

从历史经验来看，亚洲的大多数经济体（不管是国家主体还是个人主体）都是习惯于采取较为谨慎的经济政策。这主要可以

* 曹寅，上海社会科学院欧亚研究所研究生。

从以下几点看出：亚洲地区的居民储蓄较多；亚洲国家的银行较少涉足风险投资领域；亚洲大多数国家都拥有大量的外汇储蓄。这些特征都使得亚洲地区与欧美国家有着天壤之别。因此，从某种角度来看，这次由美国信贷危机引起的西方经济大萧条似乎应该对远在大洋彼岸的亚洲没有太大影响。甚至在危机爆发前期，一些西方经济学家竟认为亚洲将从这次经济危机中获益，最终取代欧美成为世界经济的真正中心。

但事实往往与预测南辕北辙。亚洲在2008年下半年开始就成为了这次经济危机的重灾区。而如今在亚洲发生的事件俨然就是1997年金融风暴的续集，只是大家都不知道结局如何。仅就被称为“亚洲四小龙”的香港、台湾、韩国和新加坡来说，这四个经济体在2008年第四季度的GDP同比平均下降了15%，而它们在2008年全年的出口量则较上一年平均下降了50%。

为什么勤俭节约的亚洲人却成为了由欧美人过度消费引起的经济危机的最大受害者之一？这个看似违背常理的问题的答案其实就隐藏在亚洲各国畸形的经济结构之中。事实上，亚洲自20世纪90年代以来所遭受的经济危机都是由自身不成熟的经济结构导致的。如果我们把1997年的金融风暴归咎于亚洲经济体过分依赖外部资本的经济结构的话，那么10年后则是过分依赖出口以及欧美市场的另一种经济结构将它们拉入了深渊。

二、亚洲的困境

自上次金融危机结束以来亚洲就一直是全球经济活动最为活跃的地区。该区域整体GDP的年平均增长率在过去10年达到了

7.5%，比世界其他地区同期的增长率高出了2.5倍。[①] 甚至在2008年春天，经济学家们还普遍警告一些亚洲国家（尤其是中国）存在经济增长过快以及通货膨胀的风险，并呼吁这些国家采取必要的经济紧缩措施。[②] 但仅仅几个月后，这些评论就变为了人们嘲笑经济学家的谈资。

在2008年第四季度，新加坡的GDP较2007年同一时期下降了3.7%。[③] 而新加坡政府在最近也承认，截至2008年底该国的经济规模较2007年已经萎缩了5.3%。[④] 各项数据都显示，这个城市国家正陷入自1965年独立以来最为严重的衰退之中。韩国的前景并不比新加坡乐观，该国的GDP在2008年最后三个月同比下降了21%。韩国统计厅在2009年初公布的数据则更为惊人——这个国家的制造业正遭遇40年来最大的困境。汽车制造业、钢铁行业、造船业的产值在2008年11月较去年同期下降了14.1%（是自1970年有统计以来的最低值）。[⑤] 台湾地区的情况则更为糟糕，其2008年的工业总产值较2007年下降了32%，而其出口则更是急降了42%。这种降幅甚至在20世纪30年代大萧条时期的美国也没有出现过。

印度近年来的快速发展多源于大量外国资本的进入，而此次信贷危机使得大多数企业减少或终止了海外投资，这就导致印度的经济发展成为了无源之水。而渣打银行的经济专家更是预测印

---

① Editorial, "Troubling tigers," *The Economist*, Jan 29, 2009.

② Editorial, "Where is everybody," *The Economist*, Mar 13, 2008.

③ Carlos Tejada, "新加坡下调预期 亚洲前景黯淡", http: //chinese. wsj. com/gb/20090122/bas100527. asp。

④ 该数据首先出自德意志摩根建富证券（DMG &Partners）在2009年2月对新加坡本年度的经济形势的预测，之后被新加坡政府引用。

⑤ 关于韩国2008年第四季度的经济状况以及制造业所遭遇的困境，可参见韩国《朝鲜日报》2009年1月22日，韩国经济版。

度在 2009 年的 GDP 增长速度将从上一年的 9%下降到 5%左右。[①]

作为亚洲最大经济体的日本还没有公布它在 2008 年第四季度的 GDP 指数，但日本在 2008 年全年的出口则暗示了悲观的前景。该国在 2008 年的出口较上一年下降了 35%，而工业产出环比也下降了 10%。[②] 2009 年日本政府公布的数据则显示其经济规模在 2008 年全年缩减了 3.8%。

中国在 2008 年最后的三个月中，GDP 增长仍然达到了 6.8%。但我们也应该看到，在 2007 年的同一时期中国的 GDP 增长率是 13%。甚至在 2008 年第三季度，中国 GDP 增长率也还能达到 9%。中国的制造业所受的影响则更为惊人，2008 年全年的增速仅仅为 5.7%，而一年前这个指数为 18%。[③] 随着 2009 年初中国中北部地区旱情的加剧，农业部门也遭受了不小的损失。而往常以工业部门反哺农业部门的举措现在似乎无法奏效，因此至少在 2009 年上半年中国的经济形势将会相当严峻。

三、危机背后

我们从上述数据中可以看出，几乎所有的亚洲经济体都在此次经济危机中遭到了打击。而且在短期内，亚洲也无法再指望欧美市场的复苏。因此增强区域内合作这一老旧的话题又重新被提

① James Lamont, "India Budget Deficit Raises Concern", http: //www. ftchinese. com/story. php.

② Editorial, "Troubling tigers," *The Economist*, Jan 29, 2009.

③ 上述数据均来源于中国经济网数据中心，http: //database. ce. cn/main/sjbd/。

了出来，甚至被很多人认为是拯救亚洲经济的唯一良方。但事实上亚洲各国间的贸易量在经济危机期间下降得比它们各自与欧美间的贸易量更多。在2008年12月，从亚洲其他地区出口到中国的各类产品总量较2007年同期下降了27%。[①] 由于亚洲各国间贸易产品多是工业成品而非原材料或者半成品，因此转口贸易在该区域内贸易中所占的比重并不大，所以亚洲各国间贸易额的急剧减少就为各国内需不足的现象提供了一个铁证。在中国，2008年房地产行业的全面崩溃直接导致了国内钢铁、水泥、建筑等行业需求的严重下降，而这一系列的需求不足及其连锁反应与外贸出口行业所遭遇困境相比，在某种程度上更大地打击了中国的经济。

因此，亚洲各主要经济体在本次经济危机中所遇到的挑战并非只有出口的下降，隐藏在更深处的还是各国疲软的内需。这种内需不足的现象早在几年前就陆续在一些亚洲经济体中显现，其主要原因在于，近年来逐渐上涨的粮食价格不断蚕食着亚洲居民有限的购买力，而之前为了防止经济发展过快而采取的降温政策恰好在这时显示出了它的滞后效应。实际上，整个亚洲都在经历着一场“双重危机”——出口的下降从外而内地撼动着各国的经济支柱，而当政府寻求由内而外的拯救自身时，它们才发现，正是内部的中空才使得外来的海风如此轻易地撼动着国家经济的根本。更为严重的是，这两种形式的危机正在互相产生共振——出口的减少使得工厂不得不选择降薪或裁员，这一做法又会减少居民本已很低的购买力，从而进一步压缩内部市场。

---

① Editorial, “Asia's suffering,” *The Economist*, Jan 29, 2009.

四、如何拯救亚洲

尽管目前全亚洲都在这场前所未有的灾难中挣扎，但正如本文开头所说，亚洲有着诸多欧美所不具备的优势。首先，该地区的通货膨胀率自2008年底以来就不断下降（2009年1月中国居民消费价格总水平同比上涨1.0%，是十年来的最低点[①]），这就意味着物价也在随之下降，从这个角度来看公众的购买力有上升的空间。其次，绝大多数亚洲经济体在危机爆发不久后就采取了激进的财政扩张政策，这一动作在以往历次的危机中是很罕见的。例如，在1997年金融风暴中很多亚洲经济体都没有采取大规模的财政刺激政策（不是因为政府财政亏空就是基于支撑本国货币汇率的考虑）。但在这次危机前，大多数亚洲国家的财政赤字都不算很大，甚至有些国家还有盈余，这就为它们采取经济刺激措施提供了前提。此外，我们还需要注意到，无论是亚洲的国家、公司亦或是个人，其债务都没有达到欧美那样严重的程度（只有韩国除外[②]），而它们的银行体系也没有在信贷危机中受到严重的影响。

在上面所提到的三点优势中，对于亚洲经济复兴最为重要的莫过于各地区政府的经济刺激方案。2008年末，中国、中国台

---

① 相关内容可参阅国家统计局关于2009年1月居民消费价格水平报告，http：//www. cei. gov. cn/20090213708. xml。

② 韩国人的储蓄习惯与亚洲其他地区大不相同，其国民习惯于超前消费。韩国居民的贷款规模甚至高于美国，而该国的银行为了满足国内的借贷需求向国际金融市场募集了大量资金。因此当信贷危机爆发时，韩国是以一种不同于亚洲其他地区的方式迅速陷入困境之中的。

湾、新加坡以及韩国均出台了庞大的经济振兴计划（其刺激资金均在各自 2007 年 GDP 的 3%之上）。而 2009 年 1 月 22 日新加坡政府又宣布动用国家储备资金以刺激经济发展，这样就使新加坡累计投入的救市金额达到了其 2007 年 GDP 总量的 8%![1] 除了投入大量资金来刺激经济之外，各地区还采取了一些其他的措施，例如韩国和台湾都试图以削减个人所得税的方法来鼓励消费，新加坡则计划减少国内企业的税收负担，而在这些措施中最为引人注目的则是台湾在中国农历新年来临之前推出的发放购物券以刺激消费的方法（每位台湾居民平均可以得到价值 3600 元新台币的购物券）。但在所有这些政府主导的振兴方案中，影响最为深远的应该是大规模的基础设施建设。从短期效应来看，基础设施建设能够为国家拉动内需并创造出大量的就业机会；从长期来看，更好的基础设施又能提高整个国家的竞争力。

尽管大多数经济学家预测 2009 年全年欧美市场都不会有实质性的反弹，与欧美市场互为唇齿的亚洲出口业也将会继续低迷（有些报告甚至预测亚洲新兴经济体在 2009 年的平均 GDP 增长率将会降到 4%左右），但如果亚洲经济体全力贯彻了各自的刺激方案，其内部市场有望在 2009 年下半年复苏。不过由于一些相对成熟的经济体（如香港、韩国、新加坡、台湾）发展潜力相对狭小，且极度依赖外部市场，因此它们的复苏将会取决于区域内新兴经济体（尤其是中国大陆和印度）的具体表现。如果中国、印度、印度尼西亚等新兴国家成功实现了“自内而外”的经济复苏从而带动了周边发达经济体，使之实现“自外而内”的复苏，那么这将对亚洲的区域内贸易起到深刻的影响。

---

① Editorial, “Troubling tigers,” *The Economist*, Jan 29, 2009.

五、长远的复兴计划

即使上文中所提到的经济振兴计划得以实现，亚洲经济增长长期以来所依赖的欧美消费市场仍将会在可预见的未来继续低迷。而且即使欧美经济能够恢复到本次危机前的水平，它们也会吸取此次的教训，增加存款，限制其提前消费。因此，亚洲依靠欧美来实现其自身繁荣的时代已经一去不复返了，亚洲需要一个新的“引擎”来带动发展。

这个新的“引擎”就是亚洲各国自身的内部市场。但从近年的数据来看，亚洲各经济体却一再忽视了自身市场的发展。在20年前亚洲的国民消费支出平均占到了GDP的58%，但2007年这一比率降到了47%。[①] 在中国，2007年的国民消费支出仅占GDP的36%，比美国的一半还少。一般来说亚洲新兴经济体的内部市场无法充分发育的一个重要原因是居民对国家福利体系的信心不足——国民不得不依靠增加自己的存款来未雨绸缪——的后果。撇开经济相对发达的韩国和台湾地区不谈（实际上这两个经济体的居民储蓄这几年来一直在下降），即使中国大陆的居民储蓄也只是在这几年保持稳定而已，并未出现上涨的趋势（中国银行中出现的储蓄额上涨的现象主要是由企业和政府造成的，而非居民）。因此亚洲居民消费支出比率逐年下降并非是由居民缩小支出而增加存款造成的，真正的原因在于居民相对收入的下降。在中国，国民收入在GDP中所占的比率从1998年的53%已经下降到了2007年的40%，这一组数据的对比说明，在过去

---

① Editorial, “Troubling tigers,” *The Economist*, Jan 29, 2009.

的几年中，中国的国民收入上涨和 GDP 的上涨是不成比例的，国民收入的上涨速度大大低于国家的经济增长速度，从而导致了居民相对收入的下降。而国民收入上涨速度的不足又与国家能够提供的就业岗位有限有关。事实上，亚洲新兴经济体目前普遍重视资本集中型产业的地位而打压劳动密集型产业，所以在劳动者素质还不是很高的亚洲国家中，工作岗位的相对减少是一种趋势。

总而言之，要使亚洲摆脱出口导向型经济，建立以内需拉动为主的经济结构，就必须对制造业和服务业一视同仁；放宽对国内金融市场的管制；使本国货币坚挺而非贬值（坚挺的货币有助于降低进口成本，从而间接增强消费者的购买力，最终使国家经济结构从出口导向型转化为内需拉动型。而一味使货币贬值则不仅会令国家更加依赖外国市场，而且还会引起国际贸易保护主义）；继续加大国家对居民福利事业的投入，完善国家的社会保障体系，以使国民减少对未来不确定因素的担忧而扩大消费。

只有贯彻这些具有长远眼光的措施，并在相当长的一段时间内坚持不懈，亚洲的经济才能够彻底摆脱过去半个世纪以来畸形的发展方式，为实现区域内的可持续发展打下基石。

竞争与危机

王中美*

内容提要：本文探讨的是竞争与危机的关系。竞争与垄断之间的演变过程，即使契合经济危机的断续，也不能因此证明过度竞争是经济危机的原因，更大的可能是，二者都是经济运行的一种结果。竞争最终能找到自己的平衡点，然后又偏离，这时危机可能成为偏离的转换符，之后竞争会重新寻找平衡。对于大多数国家来说，许多挽救经济危机的政策，不是为了帮助竞争找到平衡的点，而更多地是出于对萧条的市场重新激励的目的，但不要过度干预竞争仍然是危机挽救政策的界限。

一、危机是竞争的转换符

竞争一直是经济学家们推崇的一个词汇，但是对于企业和商人们来说，最不愿意看到的也是这个词。即使是竞争中的胜者，

* 王中美，上海社会科学院世界经济研究所副研究员。

最终的目的不过是为了摆脱竞争。在关于经济危机成因的诸多言论中，很有趣的一个观点认为，主导产业过度的竞争，是导致经济危机的主要来源，而经济危机将缓和竞争，垄断形成将有助于产业恢复，直至下一轮激烈竞争的到来。

简单来说，许多经济危机似乎肇始于金融市场，但实际上一般在此之前实体经济就已经出现疲软。疲软的直接原因是工业品生产超过了消费者需求和对工业品投资的需求。而这种不平衡可能来自于过度竞争，在盲目扩张产能的过程中，原材料成本上涨，而利润却不断萎缩。消费者被刺激起来的需求如果没有实质的支撑，很快就会消退，而企业也将会在竞争中两败俱伤。如果主导产业出现这样的问题，那么将牵连整个经济基本面，导致经济危机。

在资本主义经济发展的早期，有人将这样的竞争称为“割喉竞争”（cut-throat competition）。所谓“割喉竞争”，就是中文所称的自杀式竞争或恶性竞争，或者是破坏性竞争。铁路业常常被作为一个典型的例子，因为铁路网络的建设是一笔巨大的前期投入，因此铁路业的投资者应预期到未来的收益能补偿前期投入和营运时的可变成本，但是营运后如果存在激烈的竞争，可能使得铁路运输的价格只能补偿营运的可变成本，这就会使得前期投入者得不偿失，从而缺乏动力去建造铁路。为了避免这种“割喉竞争”，经营者们于是提出选择合谋，即组成卡特尔，保护共同的利益。

但是这种“割喉竞争”只出现在生产能力大于市场需求的产业，这种情况一般也是暂时的，如果没有人为的障碍，市场会通过自动调控淘汰多余的生产能力，最终使产出与需求持平。在铁路这个例子中，如果强调前期投入的收回而建立价格卡特尔，那么就会使得营运无效率，消费者将受垄断定价之苦。过去像铁路、电信等行业都被认为是自然垄断行业，而以此为由自称不宜进行过度的价格竞争。但是，随着经济和技术的发展，除了极个别产业，如自来水、电力等，其他产业都被认为应放开竞争。[①]

在经典经济学的后来发展中，经济学家们从不可分性、规模报酬递增、浪费性竞争、外部性和社会成本与私人成本的偏离、不确定性、市场失败等多个角度，解释了竞争可能是不完全的，以此论证必须强化竞争。[②] 但没有人着眼于过度竞争问题，而现实世界中许多国家产业和部门都存在过度竞争的问题，而且多发生于市场集中度低的原子型产业，在市场集中度较高的寡头垄断结构产业中也可能产生。

J·M·克拉克的有效竞争理论为过度竞争的解释提供了基础。这一理论认为，尽管完全竞争不存在于现实，但只要一种竞争在经济上是有益的，而且根据市场现实条件又是可以实现的，这种竞争就是有效竞争。[③] 克拉克认为，垄断地位和限制竞争的存在和实现的可能性激励了竞争和经济进步，因此经济进步必然与垄断因素相联系，从而必须在竞争自由和经济进步的冲突中选择一个目标。[④] 有效竞争理论是对静态的不完全竞争模型的动态化，这就使得某一阶段的竞争可能呈现出不足和过度的状态，这是相对于“有效竞争”而言，而不是“完全竞争”。

---

① 在20世纪七八十年代，各国政府纷纷放松了管制，在民航、铁路、公路、电力和电信领域都开始了开放竞争的改革，这些举措为这些过去被认为是自然垄断的行业注入了新的竞争活力。

② 斯蒂格利茨：《经济学》（第二版，上册），梁小民、黄险峰译，北京：中国人民大学出版社，2000年版。

③ J. M. Clark, “Toward a Concept of Workable Competition,” *American Economic*, Vol. 30, 1940, pp. 241—256.

④ 克拉克提出的竞争自由与经济进步的冲突难题，于今天仍然有意义，大多数国家都曾经或正在面临培养大型企业以富强国民经济与促进自由竞争的两难选择。

现代由于许多经济理论的革新，又发展出对过度竞争或“割喉竞争”的新的解释。许多理论开始相信，尽管市场长期来看能自动回复平衡，但在短期内仍然可能出现恶性的失衡的竞争。比如说，引用信息经济学的理由，如果企业没有充分的信息对未来的需求做出正确的判断，那么就有可能盲目地扩大产能，使得生产能力远远大于市场需求。[①] 而博弈论则可以用来说明，企业出于防卫的目的故意地维持一定的产能，可能造成资源浪费和未来的危机基础。而金融投资者过于乐观或投机性的判断，也可能助长非理性的竞争。

以美国 1929 年经济危机为例。当时的情况就是繁荣的竞争，使得对建筑业、机床制造业以及钢铁工业的投资扩大，同时保证了就业，但是只要投资一减少，就必然引起连锁反应。据估计，1929 年美国整个工业的开工率只达到 80%，投资额（用 1958 年美元计算）从 1929 年的 404 亿美元降为 1930 年的 274 亿美元，进而减少到 1932 年的 47 亿美元。投资的缩减则导致了生产资料生产企业的破产和工人的失业，需求又进一步萎缩，加剧了危机。

最常见的观点这样解释：制度的错误激励，使得竞争有可能过度。政府政策的引导和扶持，可能使得生产能力集聚在某些主导产业，当这些主导产业的进入壁垒很低时，这样的集聚现象尤其明显，从而引发这些企业之间强度过大的竞争，导致这些行业的利润率长期低下。在经济形势好的情况下，连金融机构都会参与帮助加剧这些产业的竞争，但是一旦经济形势急转而下，过度膨胀的生产能力就会引起整个产业的崩溃。

---

① 平狄克、鲁宾费尔德：《微观经济学》，中国人民出版社，1997 年版，第 480—481 页。

在世界各国的历史上，都存着大量因过度竞争而导致产业或地区经济不景气乃至衰退的事例。例如，美国和欧洲在20世纪60年代之前的采煤业、人造丝业，比利时和英国的钢铁制造业、高档制鞋业，美国在20世纪20年代和西欧国家在70年代的纺织业，以及日本20世纪70年代的的纤维工业、造船业和炼铝业等。中国近些年来的钢铁工业、纺织工业、汽车工业、家电工业等都出现了过度竞争的问题。

产业组织学的贝恩曾对非集中型产业“过度竞争”的特征，提出以下五种表现形式：（1）产业销售价格在一个相当长的时期内（例如10年或20年）被压低到产业的平均成本之下；（2）由于企业只能得到远低于正常水平的利润，因而产业所雇用的劳动力，以及其他非专业化和潜在的可转换的生产要素的报酬，也长期处于正常水平之下；（3）“过度竞争”以及由此给产业带来的痛苦，主要存在于部分地区或某个产业的一个部分，而其他地区和产业，甚至过度竞争中的一些企业经营状况良好；（4）即使在低收益的压力下，劳动力企业等本来具有潜在流动能力的生产要素，仍难以向其他产业顺利转移，脱离原行业的过程非常缓慢；（5）这些存在问题的原子型产业的产出较之其他产业对经济景气循环更不敏感，而价格却更加敏感和多变，产业的“平均”状况趋于恶化。[①]

但是，谁也无法回答在这些过度竞争的产业“是生产资料的生产先下降还是消费品的生产先减少”这样一个问题。显然，两者互有影响。生产资料生产部门的工人失业，会使消费品的销售额减少，从而导致消费品生产部门工人的失业。而消费品销售额

---

① J. Bain, *Industrial Organization*, John Wiley & Sons, Inc. Press, 1968, pp. 469－496.

的减少又反过来使投资进一步缩减，这两大部类愈演愈烈的相互作用驱使生产日益下降，失业率不断上升。更让人困惑的是，究竟在经济危机发生之前，是消费先不能支撑，还是企业实在无力再以微薄利润或满足于无利可图而支撑竞争？

问题的关键是，竞争与垄断之间的演变过程，即使契合经济危机的断续，也不能因此证明过度竞争是经济危机的原因，更大的可能是，二者都是经济运行的一种结果。没有人能否认，竞争带来创新的动力，竞争是整个经济发展最有效的机油。如果没有竞争，就不可能有进步和繁荣。至于竞争的“度”，或者说要维持什么程度的竞争才是可持续的、良性的，似乎无人能提出良策。从残酷的自然规律来看，或许根本就不存在这样的良策，竞争最终能找到自己的平衡点，然后又偏离，再重新寻找平衡。

对于大多数国家来说，许多挽救经济危机的政策，不是为了帮助竞争找到这样平衡的点，而更多地是出于对萧条的市场重新激励的目的，包括对消费者、对投资者（金融机构）、对经营者（企业）提供激励。从某种意义上来说，供求规律的调节作用是两面的，有跌有涨，本属正常。但是没有一个当届政府能够承担起经济狂跌的后果，所以许多危机时措施是为了尽快制止国内经济的进一步下跌，以重树民众对现实乃至对政府的信心。

二、危机干预中的竞争政策

历史上各国政府采用的解决经济危机的方案中，有许多都是直接干预竞争，纵容或特别宽容行业协会的联合行动，甚至直接帮助产业重组，扶持大企业的垄断地位。因此，表面上来看，在经济危机发生时，竞争不得不被强行压制了。对 20 世纪初的政府来说，可以不关注股市的剧跌，但不能不关心经济的基本面，所以，解救危机只能从刺激主导产业需求、减除企业竞争压力、帮助部分企业重新获得垄断利润开始。对21世纪初的政府来说，仍然不脱这样的窠臼，即使目前对金融市场不再弃之不管，却也是为了保证实体运行的资金链。

对于政府来说，放任企业在危机中倒闭是有很大风险的，经济的不景气将带来大量的社会问题，并进一步影响到政局的稳定。而挽救危机中的企业，似乎只有几种途径：给它们投资（通过对金融机构的注资）；给它们市场（有意促使同业间兼并）；给它们利润（发给消费者消费券）。这一系列的财政给予，就是政府选择几个企业，主要是主导产业的大企业，帮助它们摆脱竞争压力。即使是曾经属于原子型的产业，政府在危机时的选择，显然会促成垄断格局的形成。这似乎便从源头上一定程度地消除了危机，进入另一段良性循环。

1929—1934年美国经济危机时的一系列政府干预政策，即“罗斯福新政”，至今仍然是人们研究和讨论的范本。这些政策都具有这样的特点：干预竞争，或者说政府来安排竞争。美国人天生对垄断者的反感与嘲讽，被现实需要完全压服了。雷蒙德·莫利这样解释罗斯福的政策：“我们相信，任何分解大企业的企图都必定会摧毁美国社会对提高其公民生活标准的最大贡献——那就是规模生产的发展……我们认识到，竞争本身并非天生就是公正的……它创造出来的恶习与它所要预防的一样多。”[①]

罗斯福新政的重要内容之一就是容许垄断地位的重新树立，奖励行业联合自救，只要是能够改变萧条，提供就业。例如，20

① Eric F. Goldman, *Rendezvous with Destiny*, rev. ed.（New York：Vintage Books, 1955）, p. 261.

世纪 30 年代的经济危机对美国的石油业也造成了巨大的冲击，当时在德克萨斯东部新发现了大油田，全国的石油供给上升，而经济危机却使需求下降，石油价格剧烈走低。在国家复兴局的明确支持下，石油提炼企业积极谋划如何控制本行业的恶性竞争。几家大企业在国家复兴局下建立了一个油槽车稳定委员会，该委员会负责控制石油产品的产量以稳定价格，采用的方法是从小的提炼石油的独立企业手中购买过剩的产品，减少市场供给量。这实际上是过去被谴责的典型的卡特尔行为，但却在政府的帮助下有效地运作起来。

但是，经济危机本身有助于竞争重新找到平衡点。长期的经济萧条会使那些发展良好而缺乏银行支持的中小企业破产，但是，当有清偿债务能力的企业购入或接管那些破产企业的资产之后，闲置的机器设备将很快正常运转，不会引起资源配置的无效率。当然，经济的周期性波动会引发工人失业、机器陈旧过时、研发项目中止等不利现象，但在通过减少产出和固定资产利用以维持稳定价格的垄断者那里，能否保持高投资和更多的工人就业，是值得怀疑的。[①]

前面提到的油槽车稳定委员会，实际上就是一个“缓存存货卡特尔”（buffer stock cartel）。这种卡特尔减少了市场的供应量，使得价格维持在一定水平，在短期内缓解了竞争的压力。但它最终的目的是通过控制销售渠道，隔断买家与小企业之间的联系，逐渐将这些企业排除在市场之外。另外，实施固定价格计划和储藏存货的费用本身也是一种资源的浪费。

对竞争的压制注定是不长久的，1935 年联邦最高法院即宣

---

① F. M. Scherer, *Industrial Market Structure and Economic Performance*, Inded., Houghton Mifflin Company, 1980.

布废除国家复兴局及其有关的产业规定。反垄断通过司法行动正式得到了恢复。1935 年 1 月参议院发表了加德纳·米恩斯的报告，提出由少数较大企业占主导地位的行业似乎对于市场需求的变化不敏感，垄断定价行为似乎加深和延长了 20 世纪 30 年代的大危机。[①] 这项指控大企业的报告直接促成了 1938 年开始的新一轮反垄断高潮。

简单来说，确实在一些产业存在过度竞争的情况：当企业数目过多且绝大多数达不到最小有效产出的规模时，各企业为追求利润最大化，容易产生追加生产要素、实现规模经济效益，从而降低平均成本水平的倾向。在资本（含人力资本）的专用性较强的情况下，必然会产生一些产业以过剩产品供给、过剩生产能力为特征的过度竞争问题。对这些产业，短期有效的政策确实是清除部分竞争者，减少生产能力或减少供给。这样的清除，虽然市场总是能做到，但政府来做会更快速、更直接。

问题是，政府失灵一向比市场失灵更可怕。经济危机发生以后，大多数国家的政府会听到各形各色的建议，庞大的游说活动也会动摇政府的立场，政治、社会的压力使得政府不可能完全按照经济理性行事。于是，即使在总体方向是正确的前提下，仍然可能出台一些扭曲性的政策。由于经济危机爆发的突然性，大多数国家在经济危机中的表现就是，急用猛药以攻外症。结果，常常是外症虽愈，内伤不痊，辗转负疴，几年不好。日本在 1997 年金融危机后就有这个问题。

如果政府直接介入竞争过程，对竞争进行限制，很有可能破坏市场原有的效率而得不偿失。笔者认为，即使在危机当中，仍

① Industrial Prices and Their Relative Inflexibility, Senate Document No. 13 (January 1935).

然不宜为政府所采用的竞争政策包括：纵容价格卡特尔、授意兼并和重组以及直接补贴某些企业。而减少政策性激励、清除政策性壁垒、公平的国内政府采购以及劳动力的积极疏导等措施则是可行的，虽然见效较慢。

三、危机下的全球竞争

美国国会参众两院最终通过总额为 7870 亿美元的经济刺激计划，这项计划还是保留了虽有所软化但仍带有明显贸易保护主义色彩的“购买美国货”条款。美国的这一政策受到了多方面的批评。英国《每日电讯报》此前就提出“保护主义最终什么也保护不了”；中国新华网则直接在时评中指贸易保护为“毒药”；加拿大国际贸易部长斯托克韦尔·戴指出，美国采取贸易保护主义举措将引发贸易战，不利于世界经济复苏，没有任何国家会从中受益。

在全球要求共同干预，联合解决波及面越来越广的金融危机时，美国国会却出台了这样一项扶内拒外的颇为“自私”的经济刺激计划。其实美国国会通过这样的条款，本在预料之内，也不难理解。美国的国家政治体制的设计，使得作为民意代表的美国国会不可能违背本国选民、特别是本国大企业的意愿而采取更客观更具有国际大局的立场。

尽管美国政府对外积极作秀，呼吁更多的国家在此次金融危机干预中承担起责任，但他们却无法说服国会将内外“一碗水端平”。美国纳税人的钱，应当首先用于购买美国货。金融危机带来的毁灭性影响，可以说现在已经是美国国难，这样的举措似乎无可厚非。但糟糕的是，如果各个国家都奉行这样的做法，全球性的大萧条很快就会到来，因为全球性的需求一定会进一步萎缩。从这个意义上来说，美国做了一个坏的榜样。

历史经验证明，金融危机必须伴随着国际贸易保护主义的抬头，而自由化在全球性危机发生时必然也是首先被反思的。20世纪30年代经济危机期间资本主义世界的工业生产下降1/3以上，国际贸易额减少2/3。有人这样认为，在全球经济进一步融合的今天，大量的生产制造业被转移到人工费用或其他原材料成本较低的国家，每一件产品需要支付的工人的工资下降了，而资本家的利润提高了。这就意味着消费需求下降了，因为没有工资的支撑，而投资需求增加了，当扩大的产能逐渐将需求用尽后，经济迅速从繁荣走向衰退。所以自由化似乎是近代金融危机的元凶之一，它将全球竞争带向更激烈的高峰，将各国经济进一步拴在一起，也使经济危机更具破坏力。

当经济危机发生时，考虑到一国所承受的巨大的国内政治与社会压力，似乎也应当暂时地把国门关起来，先把国内企业救起来，然后就可以进一步解决投资和就业的问题。简单来说，当一个人家里失火时，虽然已殃及邻居，他肯定还是先将灭火的水枪对准自家的房子。尽管仍然有坚持贸易自由化的论调，但是谁也无法准确地回答，在仍然鼓励国际贸易竞争的前提下，哪个国家会首先缓过来，哪个国家会进一步恶化下去。显然，贸易逆差之大如美国者，更不确信其在自由化的大浪中还能支撑多久。

全球的政治家们仍然在呼吁，要建立起防范和解决危机的机制。全球的经济学家们则在颠来倒去地分析，此次金融危机的成因到底是什么。政府要求经济学家必须给出一个方案，这个方案目前仍然是着重于如何刺激国内经济。简单来说，危机是全球性的，而解决危机的办法一直是国别性的，因为要动用一国的储备，即纳税人的钱。什么是全球性的危机解决办法？没有真正的属于全球的政治家，也没有真正的属于全球的经济学家。所以，没有这样的方案。

要想从全球生产专业化和无障碍交换中受益，就要求国内机制和利益应接受市场审视。干预到这一进程的，为了保障国内政策的选择，管理上的调整或战略性的豁免国际市场地位，可能会扭曲全球资源分配，转移经济风险和租金，并且只有利于特定国家的利益（以牺牲其他国家的为代价）。除此之外，这样的干预大都只能在其他国家尚未采用对应性的报复措施时才是得利的，这些报复措施的消极后果超过了从促进进口部门的竞争力和出口部门方面所得利益。因此，为了避免贸易状况由于这种从积极转为消极的游戏而恶化，应找到对国际和国内“免费搭乘”的合作性对策。GATT 谈判和 WTO 的决议，经常被认为是寻找这样的解决方法的努力，却受到不遵守与虚假承诺之苦，因为主要的成员国屈服于不受限制的国内寻租行为。

反对自由贸易的国内市场失灵论认为，在现实中各国经济往往存在这样的情况：某一部门中使用的劳动力面临必须转移到其他部门时，可能失业或半失业；资本市场或劳动力市场存在缺陷使得资源并不能向高回报部门迅速转移；以及新兴的或不断革新的行业可能出现技术外溢等。这些情况都是国内市场配置力量没有发挥应有功能的表现——劳动力市场没有出清、资本市场没有效率等等。

国内市场失灵论认为，当市场不能正常发挥作用时，就不能再奉行自由放任的政策，而是要进行适度的政府干预。例如，如果劳动力市场不能实现充分就业，那么对劳动密集型产业进行补贴的政策也许可以促进就业。如果由于某些原因无法做到这一点，那么对其他市场进行干预可能是解决该问题的“次优”方法。当经济学家把次优理论运用到贸易政策中时，他们认为，经济内部功能的不完全可能会使干预其外部经济关系的行为趋于合理。[①]

但是，也有反对意见认为，处理国内市场失灵过程中的一个普遍原则是：尽可能直接地处理国内市场失灵，因为间接的政策会无意中导致对社会其他部分行为的扭曲。因此，使用贸易政策来处理国内市场失灵永远都不是最有效的对策，它们只是“次优”而非“最优”。如果国内政策成本高昂或者有不利的副作用，那么贸易政策也就几乎毫无疑问地更加不可取。

全球范围的贸易竞争，也能从一个角度说明在一些出口产业中存在的过度竞争问题。当国外需求减少的时候，这些产业首先倒下，产生的所有问题都留在国内。这是中国目前最担忧的情况。但贸易保护主义的兴起，使得再次扩大国外需求几不可能，那么只有两条路可以应付目前的困境：减少产能和扩大内需。政府的立场应当是，扩大内需或可建功，减少产能似乎不应插手。

中国首先要清醒地认识到，这场危机将带来的冲刷性的作用，中国决不可能独善其身。即使各国可以联手干预金融市场，却无人会为对方的出口产业买单。但反过来想，大浪淘沙虽可畏，解决过度竞争产业的积留问题正当时。清除政策性壁垒带来的不利影响，恢复产业基于技术标准的自然壁垒，是我国产业走向有效竞争的必然选择。

① 保罗·克鲁格曼、茅瑞斯·奥伯斯法尔德著：《国际经济学》（第四版），海闻等译，北京：中国人民大学出版社，1998 年版，第 210 页。

地中海联盟计划述评

罗爱玲*

内容提要：随着欧盟不断扩大，作为欧盟南大门的地中海地区对于欧盟的地缘政治意义愈显突出，欧盟的安全已经与地中海地区的稳定紧紧地结合在一起。发展同地中海国家的关系，特别是通过地区经济合作，将地中海纳入其势力范围，在其南部构筑一个必要的政治缓冲区，建立一个以欧盟为中心、以北欧国家和中东欧与中东北非国家为内圈、以非加太诸发展中国家为外围的大欧洲地区集团，进而获得一个广阔的经济发展空间，对欧盟来说具有重要意义，它符合了欧盟的地缘政治、大国地位和战略利益。而在巴塞罗那进程基础上发展起来的地中海联盟计划，则是欧盟面对新的战略环境作出的务实和互惠选择，它标志着双方的合作逐步走上了制度化和组织化的轨道，双方的交流也在多层面上展开，并体现了欧盟的务实态度以及国际经济问题政治化的趋势。

* 罗爱玲，上海社会科学院东欧中西亚研究所助理研究员，经济学博士。

地中海是出入大西洋的咽喉，欧亚间的重要通道，欧非南北联系的必经之路，是欧洲在历史上曾经赖以成为世界中心、建立殖民帝国的枢纽，与欧盟的安全与繁荣息息相关。其丰富的自然资源和极高的经济价值、特殊的文化情结和深远的历史联系使它具有不可替代的战略地位。英国首相丘吉尔曾说过："地中海是欧洲'柔软的腹部'(Soft Underbelly)，没有地中海的安全，欧洲的安全就无从谈起。"[①] 因此，积极参与地中海事务成为欧盟"东扩"之外的另一重要选择。作为欧洲的侧翼，地中海北岸是欧洲各国，南岸是北非国家，东岸是中东国家，所以地中海的安全与稳定已经与欧洲的未来息息相关。地中海的地区特性决定了它成为欧盟周边政策优先考虑的目标。"如果地中海区域作为一个整体成为繁荣地带而非'危机弧'，那么欧盟需要与其地中海邻国建立积极、一贯、建设性和富有想象力的关系。"[②] 地中海的发展变化也将决定欧盟未来的内部安全和外部安全。"欧盟如何稳定它在东部和南部（地中海）的边界？这些问题如果得不到解决，欧盟就将陷入危险之中，它将面临政治和经济上的巨大压力，并由此失去机会——在 2010 年或者 2015 年无法成为国际舞台上有实力的演员。"[③]

对欧盟来说，发展同地中海国家的关系，特别是通过地区经济合作，将地中海纳入其势力范围，在其南部构筑一个必要的政

① Mohammed Bedjaoui, "An Epilogue: Malta and the Mediterranean Quest for Peace," in the Mediterranean Institute, *The Mediterranean in the New Law of the Sea*, Malta: Foundation for International Studies. 1987, p. 138.

② Marjorie Lister, *The European Union and the South: Relations with Developing Countries*, London: Routedge, 1997, p. 107.

③ ［德］乌尔丽克·居罗特、安德烈亚·维特："欧洲的新地缘战略"，《世界经济与政治》2005 年第 6 期，第 49 页。

治缓冲区，建立一个以欧盟为中心、以北欧国家和中东欧与中东北非国家为内圈、以非加太诸发展中国家为外围的大欧洲地区集团，进而获得一个广阔的经济发展空间，具有十分重要的意义。早在 1991 年 3 月，欧盟 12 国外长在布鲁塞尔会议上就强调欧洲对中东的战略构想，其中的长远战略目标是以欧洲安全为模式，采取地中海安全与合作会议的形式，建立一个包括欧洲及中东、北非国家在内的环地中海安全带。地中海联盟计划的出台，既会给欧盟带来短期的利益，又符合欧盟的长远战略利益需要。它对促进地中海沿岸国家加深对话、推动交流、全面思考欧洲与地中海南岸之间的合作及地中海地区的未来提供了良好机会。

二、

从 20 世纪 50 年代后期开始，欧共体就与南部地中海国家签署了单向的非互惠的联系协定，通过增加投资、改善贸易环境、鼓励南部地中海国家之间的合作以稳定这一传统市场的经济增长。1957 年后，当时的欧洲共同体主要是在其共同的农业政策和共同商业政策的框架内发展与地中海区域国家之间的经济关系。欧共体 1961 年与希腊、1963 年与土耳其缔结了联合协定，以色列在 1964 年、黎巴嫩在 1965 年、埃及在 1972 年分别与欧共体签署了双边贸易协定。1969 年欧共体与摩洛哥和突尼斯两国缔结了有限度的联系协定，马耳他和塞浦路斯分别于 1970 年和 1972 年签订了联系协定。与以色列、黎巴嫩、突尼斯、西班牙、马耳他、塞浦路斯和埃及签订的条约主要限定在与这些国家建立特殊优惠贸易关系上。

直到 1972 年欧共体才制定了一项有制度规范、系统的地中海政策。在1972年10月的巴黎首脑会议上，欧共体宣布建立“全方位的地中海政策”（Global Mediterranean Policy，GMP），以保证工业产品自由进入到欧洲统一市场，同时促进地中海盆地的农产品出口到共同体市场，在包括环境、渔业等更广阔的领域，提供金融援助并实现拟议中的合作。而1973年10月爆发的第四次中东战争更加促使欧共体开始认真考虑与地中海沿岸国家改善关系。此后，欧洲与地中海南岸国家的关系开始由过去殖民地对宗主国的依赖关系向当时冷战期间与苏联抗衡的战略重要性方向转变。而欧共体的地中海政策也开始超越了传统的殖民地关系和狭隘的经济贸易协定范畴，向更广阔的欧洲政治合作领域延伸。

20世纪70年代，欧洲建立了政府间的政治合作机制，即“欧洲政治合作”（European Political Cooperation，EPC），力图通过与不断加深的经济合作相互配合，促进外交和安全领域的深入合作，为欧洲的政治统一寻求突破。1973年12月欧共体与阿拉伯国家联盟成员国开始了增进关系、促进地区间合作的新机制——“欧阿对话”（Europe-Arab Dialogue，EAD）。1976年EAD总委员会在卢森堡召开第一次会议，会上欧共体与地中海和中东的一些国家签署了首批合作协议。但是冷战期间欧洲的地中海政策带有明显的军事战略和地缘政治的考虑。欧共体当时是为了“防止苏联集团对欧洲南翼的包抄”[①] 而重点防范这一战略要地，所以不惜与地中海国家签署了各种各样的经济协定，利用单边贸易优惠、提供技术和财政援助、向地中海国家单方面取消大部分工业品关税、降低某些农产品的关税等手段来拉拢地中海

---

① 严双伍、陈婕、李德俊：“试析‘欧盟—地中海伙伴关系’战略”，《国际论坛》2005年第6期，第21页。

国家。同时扩大其经济势力范围，保持在地中海地区的传统市场优势。

冷战的终结导致了欧洲内部力量结构的变化，欧共体在地中海的利益也随之发生调整，尤其是随着东扩进程的展开，“稳定环绕其东部、东南部和南部侧翼的‘不稳定弧’成为欧盟最大的外交政策挑战”。[①] 地中海由此进入了欧洲安全考虑的范围。冷战后欧洲在地中海地区的安全利益不再是冷战时期的传统意义上的军事威胁，而转变为以非传统安全为首要的利益考虑。欧盟最担心的是地中海南岸的经济停滞或衰退所产生的外溢效应，如以中东问题为代表的地区冲突、伊斯兰原教旨主义的蔓延、恐怖主义的肆虐和中东北非国家移民潮的压力给欧洲南部侧翼构成的威胁，以及向地中海北岸和欧洲大陆其他地区的扩散等。因此，欧洲希望通过鼓励环绕地中海盆地的合作来消除这些威胁，以便彻底解决形成这些威胁的政治、经济和社会根源。1990 年，当时的欧洲委员会主席雅克·德洛尔尖锐指出了欧洲在北非地区的利益所在：“我们必须使北非成为我们关心的一个地区，首先是因为贸易流动和文化、历史联系，其次是我们无法忽视这些人口急剧增长的国家所面临的迫在眉睫的发展需求，北非对我们共享的海洋带来的环境压力，以及成为不稳定主要根源的一触即发的社会和宗教对立。”[②]

1990 年 12 月，欧共体通过了《新地中海政策》（The New Mediterranean Policy）文件，承诺援助地中海地区的非欧共体成员国，加强与这些国家的经济联系，鼓励这些国家进行经济改革

---

① Charles Grant, *Transatlantic Rift: How to Bring the Two Sides Together*, London: Center for European Reform, 2003, p. 69.

② Clive Archer, *The European Union: Structure and Process* (Third Edition), London: Continuum, 2000, p. 223.

和结构调整，支持双方在能源、毒品走私和移民问题上的合作。

1994年12月，欧盟埃森首脑会议强调地中海是欧盟具有重要战略意义的优先地区，欧盟与地中海将“就所有涉及共同利益的议题展开永久性和定期的对话”。[①] 于是，欧盟—地中海伙伴关系（EU-Mediterranean Partnership，EMP）计划脱颖而出。1995年11月，欧盟与地中海国家首脑会议通过的《巴塞罗那宣言》标志着“巴塞罗那进程”的正式启动，确立了欧盟与南部地中海伙伴国之间在政治、经济和社会领域合作的总体框架。当时的27个参与国（15个欧盟成员国：法国、比利时、德国、意大利、卢森堡、荷兰、丹麦、爱尔兰、英国、希腊、西班牙、葡萄牙、奥地利、芬兰、瑞典和12个地中海伙伴国：摩洛哥、阿尔及利亚、突尼斯、埃及、约旦、叙利亚、黎巴嫩、以色列、巴勒斯坦、土耳其、塞浦路斯和马耳他）在《巴塞罗那宣言》中确立了如下目标：第一，通过政治和安全谈判确定和平与稳定的共同区域；第二，创建共享繁荣的区域，在2010年之前建成欧盟及其南部地中海伙伴之间的双边自由贸易区；第三，加强人员之间的接触和理解，拓宽社会、文化和人文联系渠道。该进程计划从1995年到2006年间，每年拿出10亿欧元来促进地中海沿岸国家的发展，加强欧洲与这些国家之间的经济与文化联系。同时这些地中海沿岸国家每年可从欧洲投资银行申请到最高30亿欧元的贷款。[②] 该宣言的出台是双方从联系合作协定迈向制度化政策的重要步骤，它将区域一体化的合作理念延伸到了地中海非欧盟成员国地区。

---

① Christopher Hill and Karen E. Smith, *European Foreign Policy: Key Documents*, London: Routledge, 2000, p. 347.

② Timothy M. Savage, “Europe and Islam: Crescent Waxing, Cultures Clashing,” *The Washington Quarterly*, Summer 2004, p. 40.

2003年12月12日，在布鲁塞尔举行的欧盟首脑会议通过了欧盟负责外交和安全政策的高级代表索拉纳提交的欧盟安全战略文件——《更美好世界中的欧洲安全》。文件强调“欧盟的全球使命是在欧盟东部及地中海边界，促进形成治理良好的并且能够与之共享亲密协作关系的国家圈”。[①] 文件还特别提及，阿以冲突的解决与地中海区域的安全稳定有着密切的联系，而“与邻国和平共处”则被列为实现欧洲安全的三大战略目标（高度重视安全威胁、与邻国和平共处、多边主义的国际秩序）之一。作为欧盟通过的第一个安全战略文件，它为未来欧洲的外交和安全政策定了基本框架和基调。

为了进一步表述对地中海区域的安全关切，在巴塞罗那进程基础上，欧盟先后出台了一系列政策手段来加强与地中海邻国的关系，如“欧洲邻国政策”、“欧盟与地中海和中东的战略伙伴关系计划”（2004年6月）等，以确保后者的经济振兴、政局安定和社会稳定。因为“从促进中东成为没有大规模杀伤性武器扩散的地带和防止扩散到确保经济增长和稳定、管理和解决移民议题、确保能源供应安全、推动可持续发展和法治、尊重人权、市民社会和良好治理”，[②] 欧盟都面临着严峻挑战。

2004年5月欧盟提出了“欧洲邻国政策”（The European Neighborhood Policy，ENP），要“打造东部缓冲区、稳定中东和

① “*A Secure Europe in a Better World-European Security Strategy*,” Document Proposed by Javier Solana and Adopted by the Heads of State and Government at the European Council in Brussels on 12 December, 2003, http://www.iss-eu.org/solana.pdf.

② “*Final Report on an EU Strategic Partnership with the Mediterranean and the Middle East*,” approved by the European Council in June 2004, http://ue.eu.int/uedocs/cmsUpload/Partnership%20Mediterranean%20and%20Middle%20East.pdf.

安抚地中海南岸”，[①] 强调在一个扩大的环地中海区域分享共同利益，以便“创造一圈的友好邻国，其基础是共享价值观和共同或聚合的利益，欧盟与东部和南部邻国共同分享在过去半个世纪取得的繁荣”。[②] 地中海政策作为欧盟整个睦邻政策中至关重要的一环，充分体现了这一理念。

欧盟与地中海国家的关系经历了十多年的政策不断调整、内容不断丰富的过程，而支持这一政策的基础就是地理上的邻近。

二、

“地中海联盟”最初由萨尔科齐的特别顾问亨利·盖诺提出，其构想源于1995年11月确立的“巴塞罗那进程”，目的是通过设立一个涵盖地中海地理范围内的共同利益组织，解决该地区相关的政治、经济和社会问题。因此，萨尔科齐在2007年竞选总统期间就把团结地中海周边国家，组建“地中海联盟”作为他的一个外交构想。但构想提出之初，就在欧盟内部遭到了反对之声，后在法国的极力斡旋下才最终得以出台。

2008年7月13日，首届地中海峰会在法国巴黎召开，包括27个欧盟成员国和16个地中海南岸国家（包括摩洛哥、阿尔及利亚、突尼斯、埃及、约旦、叙利亚、黎巴嫩、以色列、巴勒斯坦民族权力机构、土耳其、塞浦路斯、马耳他、毛里塔尼亚、阿尔巴尼亚、波斯尼亚和黑塞哥维那共和国、黑山共和国）的与会

① 新华社，“一个官位变化折射出的欧盟外交”，http://world.people.com.cn/GB/1030/3912943.html。

② Delegation of the European Commission to the USA, *EU Focus*, September 2005, p. 8.

领导人共同决定，为了一个共同的抱负，即共同建立一个和平、民主、繁荣以及在人员、社会和文化方面相互理解的未来而联合起来，并正式启动“地中海联盟计划”，希望借此深化欧盟和地中海沿岸国家之间的合作，将地中海区域经济推上一个新的台阶。

峰会通过的地中海联盟创建文件确立了第一阶段需要实施的6个重点合作领域：[①] 1. 减少地中海污染。欧盟委员会2008年3月已提出具体计划，争取到2020年减少地中海污染源80%，该计划预计耗资20亿欧元。2. 修建沿海和陆地高速公路，改善地中海两岸的贸易流通。会议认为，作为一个连接各国人员的海洋和商业高速路，地中海对于保障货物、人员在地面和海上流动的便捷，对于维系各国的联系和促进地区贸易至关重要。发展连接地中海盆地各个港口的快速海运航线，并建造一条连接摩洛哥西部城市马格里布和埃及东部海岸马什雷克的高速公路，将提高人员、货物流动的数量和自由度。从地中海地区对全球一体化的影响来看，特别应当注意致力于海上安全合作。3. 加强民事保护，因为地中海盆地面临与气候变暖有关的越来越大的自然灾害的危险，因此该地区的优先考虑之一是制定一项与“欧盟保护平民机制”紧密衔接和有关防灾的联合保护平民计划。4. 制定并实施地中海太阳能计划，以应对纷纭变幻的能源市场需求的变化。太阳能作为替代能源，其开发和研究应成为确保可持续发展的重大优先项目。即将成立的秘书处的任务之一就是探讨地中海太阳能计划的可行性，并制定这样的计划。5. 推动同年6月在斯洛文尼亚波尔托罗日开办的欧洲地中海大学的发展，促进高等教育与研究合作。欧洲地中海大学将与伙伴机构和欧洲地中海地区现有

---

① “‘地中海联盟’出生证要点”，法新社巴黎2008年7月13日电。

各大学设立合作网络、研究生课程和研究计划，并以此作为建立“欧洲地中海高等教育科学研究区”的步骤之一。[①] 6. 加强职业培训，扶持中小企业的发展，以保证地中海商业发展战略的顺利实施。尤其是要通过提高职业培训的质量，来确保职业培训适应劳动力市场的需要，同时以技术援助和资金资助的方式帮助中小企业的发展。《地中海联盟宣言》还表示，要从2010年起在欧洲和地中海地区创立自由贸易区，加强在地区经济一体化所有领域的合作，同时要在原有的双边合作机制外，再动用额外资金，支持地中海联盟框架下的地区性和次地区性项目。

在机构设置方面，地中海联盟将采取两主席制，南方国家和北方国家各出一位主席。南方国家通过协商选择一个国家出任共同主席国之一，任期两年，不能连任。埃及和法国将出任地中海联盟首任共同主席国。一个秘书处将负责筹集资金和落实首脑会议既定计划。地中海联盟将可以通过不同形式资助其计划：私营部门的参与、欧盟预算、各成员国或其他第三国的赞助、欧洲投资银行等。

地中海联盟计划与欧盟以“巴塞罗那进程”为重点的相关地中海政策相比，具有几个新的特点：首先是它的成员国数量大大增多，从原来的27国变成了43个国家，这样合作对象就从地中海南岸扩展到了东岸，真正实现了欧盟建立环绕整个地中海国家圈的梦想；其次，将基础设施建设落到了实处，合作方式更加具体、明晰；第三，拓展了双方非传统安全合作的内容，加强了对环境污染、气候灾害等现实安全威胁的关注度，同时将能源合作

---

① 见欧盟官方网站：http：//ec.europa.eu/external-relations/euromed/index.htm，转引自陈沫：“地中海联盟的由来与前景”，《西亚非洲》2008年第8期，第64—65页。

从原来的传统油气向替代能源的研发延伸，充分反映出合作的务实性和前瞻性；第四，进一步通过文化与教育的合作推广欧盟的理念、思想和价值观。

地中海联盟计划以经贸手段为突破口，着眼于区域合作，再逐步向政治、社会和文化等全方位政策推进。它使欧盟将安全地带延伸到了地中海区域，不遗余力地使周边国家变成结构内接受规范原则、认同核心国家价值观念的单元，推行欧盟的政治理念。而地中海国家对自身的实力地位也有了深刻的认识。欧盟与地中海之间日渐增强的相互依存和日益加深的了解，决定了地中海联盟计划的定位和重要性。该计划对地中海区域更为全面的政策体现了欧洲新的政治和安全身份。它是欧盟面对新的战略环境而作出的务实和互惠选择，它标志着双方的合作逐步走上了制度化和组织化的轨道，双方的交流也在多层面上展开了。而欧盟与地中海区域着眼于增强政治互信、文化互通、技术和人员交流，争取在安全、经济和社会利益之间寻找平衡点，在利益和目标共同体、文化和理念共同体之间找到汇聚点，是地中海联盟计划得以在“巴塞罗那进程”基础上继续前行的客观需要。

三、

自 1995 年欧盟启动“巴塞罗那进程”、希望在 2010 年形成地中海自由贸易区以来，由于地中海南岸国家不断发生政治冲突，加之它们相互之间本身就很少进行贸易，因此该计划并没有按照预定的轨道前行。但毕竟经过十多年的建设，为双方的合作打下了坚实的经济基础。

如今，这一地区已经建立了广泛的商业联系。仅 2006 年从摩洛哥到土耳其一线的地中海沿岸国家，就吸引了高达590亿美元的外资，远远高于拉美南方共同市场的250亿，只略逊于中国的690亿美元。欧盟向地中海国家也注入了很多资金，如在1995—2006年投入了87亿欧元，以及由欧洲投资银行及其合作伙伴世界银行旗下所属机构欧盟—地中海投资与合作便利委员会（FEMIP）发放的150亿欧元贷款。2007—2013年，还将有149亿欧元作为欧盟援助资金投入地中海国家，其中包括FEMIP的87亿欧元。[①] 考虑到全世界1/3的集装箱运输经由地中海，将中国和东南亚地区生产的货物运送到欧洲及美国东部沿海，摩洛哥政府不惜投入35亿欧元建造了丹吉尔地中海新港及其沿岸港口，希望能够成为全球贸易的一个重要中转口岸。从各地运送来的货物被分装在小箱子里运送到欧洲各地。生产商则在港口附近的免税区建立工厂，以给对岸的广阔市场提供服务。独特的地理位置、丰富的自然资源、廉价而充足的劳动力，使地中海南岸国家对外国投资者具有极大的吸引力。目前地中海东、南岸国家已经吸引了大量的外国直接投资，其规模在新兴经济体中仅次于中国。[②]

近年来随着经济结构的调整，经济增长势头良好，大多数国家的年增长率为5%左右，在市场和投资方面具有较大潜力，据专家估计，南地中海地区经济每增长一个百分点，欧盟对该地区的出口便可增加4亿美元。[③] 同时该地区的各种优势构成了发展服务贸易和加工贸易的良好条件，对于欧盟国家的工业升级换代具有一定的促进作用。据统计，2000年欧盟向地中海12国投资

① 陆绮雯：“地中海投资，集结号吹响”，《解放日报》2008年7月26日，14版。

② 同上。

③ 罗建国主编：《欧洲联盟政治概论》，四川大学出版社，2001年版，第305页。

达 45 亿欧元；同期在该地区所持有的股票市值 229 亿欧元，2001 年更高达 253 亿欧元。[①]

除了上述合作的经济基础已经具备外，欧盟在地中海所具有的政治、经济与社会安全利益也是促使其积极推动该计划的动因之一，表现在：

第一，以“南下”平衡“东扩”，缓解欧盟内部矛盾。苏联解体后，欧盟的注意力开始转向东部，政策中心也随之放在了中东欧国家身上。在德国的极力鼓动和美国的穿梭下，欧盟制定了东扩计划，并为此投入了巨大的财力物力，力图加快中东欧国家政治与经济体制的转型，并纳入欧盟的一体化进程。但欧盟东扩在满足了德国需要的同时，其政策和财政上的向东倾斜政策也不自觉地引起了法国等南部成员国的忧虑和不安。因为德国一直是欧盟中经济实力最强的国家，而中东欧国家作为德国的主要近邻，东扩成功后，中东欧国家同德国的经贸往来势必会更加密切，德国从中获取的收益肯定远远大于其他欧盟成员国。如此一来，就有可能形成以德国为中心的“大欧洲”态势，并使德国主导欧洲的政治、经济发展方向，使欧洲变成“德国的欧洲”，这种结果是法国为首的其他成员国最不愿看到的。因为法国等欧盟国家希望出现的是“欧洲的德国”，而不是“德国的欧洲”。于是在法国、西班牙和意大利等南部成员国的努力下，欧盟南下地中海战略随之出台。从这个方面来说，南下战略既能给欧盟南部成员国带来社会、政治和经济安全利益的好处，又能有效平衡欧盟东扩的倾斜战略，达到遏制和抵消德国在欧洲影响的目的。

第二，出于政治安全的考虑，欧盟也需要在周边地区建立安全合作体系，通过必要的政策手段缓和地区冲突，对威胁欧洲安

① 王斌：“试析巴塞罗那进程”，《欧洲研究》2004 年第 2 期，第 91 页。

全的大规模杀伤性武器扩散和恐怖主义作出反应。作为欧盟的南大门，地中海是当代世界暴力和冲突比较集中的地区之一。冷战后，随着美国战略力量的收缩，该地区掩盖的各种内部问题井喷式爆发，民族、边界矛盾不断发生，各种宗教狂热、恐怖活动、暴力事件、非法移民等已殃及欧盟南部成员国，2008 年底发生在法国巴黎春天百货的未遂恐怖活动参与者中就有来自南岸国家的移民后裔。这些都对欧洲的稳定和一体化进程构成了直接威胁。欧盟为寻求自身的安全和发展，迫切需要将地中海地区建成一个和平稳定的地区。“欧盟应该成为欧洲东部地区（里海地区、高加索地区）和南部地区（马格里布国家）稳定的关键，它不仅有权利，而且有义务去考虑那些地方的生存问题。”[①] 欧洲国家认为，在南地中海地区推广欧洲的价值观和政治经济制度，解决巴以冲突、实现经济繁荣，有助于消除恐怖主义滋生的根源。为此，2007 年的巴黎峰会接受了阿拉伯国家的要求，明确表示拒绝把任何宗教和文化与恐怖主义挂钩，呼吁增进不同文化间的理解，以及确保对所有宗教和信仰的尊重。[②]

第三，加强与地中海沿岸各国的发展合作是欧盟保障能源和原材料进口来源、拓宽加工产品出口市场的重要手段。同时有助于减少外来移民对欧盟各国的经济与社会压力，提高欧盟的国际地位。由于地缘上的邻近，双方在经济上一直保持着密切的传统往来关系，经济互补性很强。

南岸国家众多的人口，弥补了欧盟劳动力资源不足的缺憾。

---

① ［德］乌尔丽克·居罗特、安德烈亚·维特：“欧洲的新地缘战略”，《世界经济与政治》2005 年第 6 期，第 51 页。

② Joint Declaration of the Paris Summit for the Mediterranean, Paris, July13, 2008. 转引自陈沫：“地中海联盟的由来与前景”，《西亚非洲》2008 年第 10 期，第 84 页。

南岸国家还是欧盟能源及初级产品的主要供应国，以及工业制成品的重要出口市场。欧盟大约 1/3 的天然气和 1/4 的石油需要从这些国家进口，法国、德国等国的跨国石油公司主要以南地中海地区为活动场所，并在那里有大量的投资。[①] 2007 年欧洲从北非进口液化天然气 28.4 万亿立方米。2005 年阿尔及利亚 80%的出口天然气销往欧洲国家，出口量占欧洲总销量的 10%，意大利是阿尔及利亚天然气的第一大进口国。2007 年仅阿尔及利亚一国通过管道向意大利、葡萄牙、斯洛文尼亚和西班牙输送的天然气就达 32.7 亿立方米。2007 年，欧洲从北非进口石油 9520 万吨，从中东进口石油 1.5 亿吨。[②] 地中海联盟宣言中特别提到了地中海太阳能计划，以确保能源的可持续发展，可见地中海在欧盟的能源来源多样化战略和替代能源战略中具有重要地位。此外，在伊朗发展核技术使许多中东国家试图跟进的背景下，法国对于拓展阿拉伯国家的核工业市场还另有盘算。

地中海南岸国家由于经济相对落后、人口密度大，失业率普遍较高，因此很多人纷纷非法移民欧洲地区，给欧洲造成了很大的经济和社会压力，并对其社会稳定构成冲击。在这些非法移民中，以来自土耳其、摩洛哥、阿尔及利亚和突尼斯等国的居多。他们由于知识结构不高，只能在欧洲从事技能低、收入不高的工作，而且还继续保持着母国的宗教文化传统，无法完全融入当地社会。在生活艰难的情况下，他们极易走上犯罪道路，甚至在激进组织的蛊惑下，从事恐怖主义活动。于是欧盟开始意识到，只有在加强不同文化之间的对话和了解的同时，帮助移民来源国发

---

① 朱贵昌："欧盟—地中海伙伴关系：进展与问题"，《国际问题研究》2006 年第 5 期，第 42 页。

② BP, *Statistical Review of World Energy 2008*, p. 30, p. 20.

展经济，增加就业机会，才能从根本上治理非法移民问题。

对地中海沿岸国家来说，它们也期望通过与欧盟成立自由贸易区的方式优先获得区域内部的自由贸易安排，争取保持和增加欧洲援助的数额，加快融入欧盟市场，增加对外投资的吸引力，使欧盟与地中海国家之间形成没有壁垒的统一大市场。因为正像在能源方面欧盟主要依赖它们一样，在贸易方面地中海国家也主要依赖欧盟。据统计，南岸国家商品出口的71%和进口的64.9%是同欧盟国家进行的。[①] 欧盟是地中海南岸国家最大的贸易伙伴，而地中海沿岸国家则是欧盟的第四大出口贸易伙伴，也是欧盟全球贸易中仅有的主要顺差地区之一。同时，众多移民前往北岸工作，在消化了南岸国家大量剩余劳动力的同时，也使南岸国家面临人才流失的不利境地。据经合组织（OECD）的统计数据，2004年摩洛哥、阿尔及利亚、突尼斯、利比亚和埃及五国移民中高技能人才占本国外迁移民总数的比例分别为14.8%、16.4%、17.7%、43.4%和51.2%。[②] 因此，南岸国家急需通过吸引外国直接投资和引进先进技术来实现产业结构的升级，进而加快经济增长和工业化进程，缩小与北岸的差距，以有效减少向外移民的流量和规模，尤其是达到将优秀人才留在国内的最终目的。所以，进一步深化和加强同欧盟的经贸关系，争取更多的欧盟援助资金和投资，对地中海南岸国家至关重要。

出于上述综合因素考虑，双方都迫切需要建立和发展更深层次的长期稳固的经济伙伴关系。而地中海联盟计划正是顺应了这一需要才得以产生。

---

① 邢华："开拓'更广阔的欧洲'——欧盟大周边外交的开展"，《国际问题研究》2005年第3期，第54页。

② 刘晓平、刘鸿武："战后北非对欧洲移民问题及其影响"，《西亚非洲》2008年第3期，第15页。

四、

地中海联盟计划虽然反映了双方的美好愿景和决心，但真正实施起来，难度还是不小。无论从政治、经济和文化等各个层面来分析，都存在很多障碍因素。

第一，该计划涉及的欧盟—地中海沿岸 43 个国家地跨欧亚非，各国间的经济发展水平差异性很大，政治文化多元性非常突出，政局十分动荡，发生冲突的潜在诱因最多，因此既缺乏政治保障性，又很容易受非经济因素的干扰；既有基督教文明，又有伊斯兰文明；既有民主制，又有君主制。内部各成员国存在着许多领土纠纷和主权争议，如希土关系，阿尔及利亚与摩洛哥之间的西撒哈拉主权归属之争，西班牙与摩洛哥在直布罗陀海峡的雷拉岛、休达岛和梅利利亚岛的主权归属争端。这些悬而未决的问题都是“地中海联盟”未来发展的隐患。在欧盟内部，沿岸国家与非沿岸国家、大国与小国、老成员国与新成员国之间的矛盾也没完全化解。一旦面临实际问题，这些潜在的隐患的解决难度将大大增加。

第二，南岸各国经济落后，经济体制转型困难。大部分南岸国家对经济实行严格控制，对外实行严厉的保护主义。只有以色列和突尼斯等为数不多的国家实行开放型经济，推行自由贸易。摩洛哥、埃及和约旦等正着手进行结构改革，向开放的市场经济转轨。而巴勒斯坦和黎巴嫩等国正被内乱所困扰，缺少一个稳定的环境，经济体制改革尚未提上日程。因此将南岸国家由封闭型的经济转向开放型的市场经济体制，从而融入世界经济，是建立自由贸易区的先决条件，这就需要大规模的结构改革，这将是十分艰难的任务。

第三，农产品问题是横亘在双方中间的一个巨大障碍。南岸国家是主要的农产品生产国，尤其农业和渔业是其对欧盟的主要出口部门。但欧盟为了保护欧洲农场主的利益，一直在农业政策上采取贸易保护主义措施，目前欧盟的农业补贴占到欧盟总预算的近一半。而地中海联盟的最积极倡导者法国就是欧盟共同农业政策的最大受益者，农业政策不仅关乎法国农民的既得利益，也关乎法国国内政局的稳定。因此，计划于2010年建成的自由贸易区不能不引起欧盟主要农产品生产国的担忧。防止南岸国家对欧盟市场带来的巨大冲击，就意味着农业将难以纳入自由贸易区计划。若此，又会激起南岸国家的反对。可见，农产品的相互开放问题是顺利建成自由贸易区的一个极为棘手和关键的问题，它将会决定欧盟与南地中海国家自由贸易的步伐。若欧盟的共同农业政策不加以调整，则欧盟与地中海的合作就难以深化。随着2010年自由贸易区期限的临近，各方之间的利益冲突肯定会越来越大。

第四，在地中海联盟计划中，虽然经济成分融入了政治与安全、文化与社会层面的合作承诺，但双方在人文和社会、文化领域的互动和交流明显欠缺。因为双方是一种不对称的合作，各自对该计划的期待也不尽相同，经济发展相对滞后的地中海南岸国家希望得到欧盟更多的援助以解决所面临的经济问题，而欧盟则着重于社会安全方面，防止周边国家的动荡、积极维护该地区的安全稳定，构成了欧盟对地中海的核心关切。双方关注点的不同容易导致现实利益的冲突。同时，经济上的优势使欧盟在双方关系的运作中不自觉地占据了主导地位，因此在实际操作中具有明显的家长式作风，不利于双方的互利与合作。“南部地中海政府谴责欧洲在政治和文化领域根深蒂固的家长式作风。而欧洲则认为，真正理解这个地区存在的问题需要花费大量的时间，而取得的进展亦不明显，取而代之的是，它们用欧洲式的视角来看待这一地区，这在根本上扭曲了开立处方与病因诊断之间的关系，是本末倒置的。”[①] 除非双方的经济和政治议题得到解决，否则南北两岸之间在文化层面无法取得显著的进展。

第五，双方内部对该计划一直存在不同的声音。在地中海峰会召开前夕，欧盟内部就有人指出该计划会给欧盟带来额外的财政负担，造成欧盟机构重叠和臃肿，并削弱欧盟对东欧国家改造和援助的努力。德国总理默克尔就认为该计划虽然有助于团结地中海沿岸的南北国家，化解大量紧张关系，但也可能会引起德法之间“迅速扩大的”紧张关系，分裂欧盟，因为这个计划会引起东欧国家的担忧，认为欧盟将过于关注南部地区，同时还会引起欧盟内部的两个主要发动机德国和法国关注点的分裂，即诸如德国这样的国家可能更重视东部，而诸如法国这样的国家更重视南部。[②] 而地中海南岸部分国家出于自身政治和经济的考虑，也对该计划持反对意见。利比亚领导人卡扎菲就明确拒绝地中海联盟计划，认为该计划会破坏阿拉伯国家和非洲国家的团结。此外，以色列与巴勒斯坦和叙利亚的长期冲突和对峙，也增加了各国合作的难度。早在1995年签订巴塞罗那宣言时，黎巴嫩和以色列就对宣言内容提出了保留意见。鉴于该地区问题的复杂性和困难性、中东和平进程的遥遥无期，该计划实施的难度很大。因为和平与稳定是经济合作的首要前提，只有首先实现中东国家之间的政治和解，使地中海地区成为一个和平、稳定的地区，才谈得上

---

① George Joffé, “Southern Attitudes towards an Integrated Mediterranean Region,” in Richard Gillespie, eds., *The Euro-Mediterranean Partnership: Political and Economical Perspectives*, London: Frank Cass, 1997, p. 21.

② “萨尔科齐提‘地中海联盟’倡议”，《参考消息》2007年12月8日。

建立一个繁荣的自由贸易区。

最后，美国的干预也会给该计划造成一定的外部制约。冷战后，美国先后推出的“中东大市场计划”和“美国—中东自由贸易区”的设想，对地中海联盟计划是一个严峻挑战。考虑到美国在全球的主导地位和在该地区的影响，地中海国家不会放弃发展与深化对美关系，并在美欧之间玩平衡术。所以欧盟在多大程度上能够主导该区域的发展走向，可能还得看美国的容忍空间有多大。

但鉴于欧盟与地中海沿岸国家紧密的商品贸易联系，各自在对方占据的较高的市场份额，合作的前景还是很广阔的。经合组织的数据显示，欧盟在地中海区域的投资仅占其对外投资 2%，而美国和日本的这一比例则达到了 20%和 25%，欧盟可挖掘的潜力还很大。地中海南北两岸人均国内生产总值 1：10 的巨大经济差距为双方提供了广大的合作空间。[①] 同时，地中海地区的稳定和自由贸易区的建立是南北双方的共同需要，它将给双方带来巨大的经济利益，合作的利益效应是实现自由贸易的根本基础和推动力。特别是在当前的金融危机下，随着贸易保护主义的抬头，世界经济全球化的趋势会暂时受阻，相反，地区经济一体化作为其中的一个中间过程或一个阶段，将会得到加强。因此，当前的金融危机在某种程度上为地中海联盟计划的推行和欧盟—地中海自由贸易区的建立提供了不可多得的机遇。而当前需要改进的是：对欧盟而言，应力争消除成员国内部分歧，在缩小与南岸国家的经济差距、加大扶贫力度、加大投资、增加就业机会等方面做出努力，逐步实现两岸的平衡发展；对地中海南岸国家来说，必须加快自身内部的经济一体化进程，同时解决内部的政治

① 陆绮雯：“地中海投资，集结号吹响”，《解放日报》2008 年 7 月 26 日，14 版。

稳定和宗教冲突问题、提高国民的教育水平、降低贫困率，才能更好地吸引外部投资。另外，地中海南北两岸必须纠正经济主动权不平衡的现状，让南岸国家拥有更多的话语权与主动权。换一种角度来思考，也许正是由于这些存在的现实问题，才使得该计划的推行具有了一种确定的紧迫性。

金融危机冲击下的国际政治

朝鲜半岛和平机制与东北亚安全机制建设：动力、构想与面临的问题*

刘　鸣*

一、朝鲜半岛和平机制构建的基本要素与重点

美国国防大学资深研究员普利兹斯德帕（Przystup）认为，构建朝鲜半岛和平机制就是回到以前存在的和平状态。① 显然，

* 本文是韩国国际交流财团资助的研究项目《朝鲜半岛和平机制：涉及的问题、结构和有关各方的基本立场》的一部分，在发表之际，特向财团表示感谢。

* 刘鸣，上海社会科学院亚太研究所副所长，研究员。

① James Przystup, "Peace Regime, Security Mechanisms and the Road Ahead," a paper for the International Conference on Korean Peace Regime, which was sponsored by the Korea Institute of Foreign Affairs and National Security on October 26, 2007, Seoul, p. 2.

这样一种定义既不充分，也不完全适合现实。我们现在通过“六方会谈”所要达到的状态，不仅仅是一个过去状态的无核化的朝鲜半岛，而是一个具有未来式的新状态——持久和平与稳定的朝鲜半岛和一个相对和谐状态的东北亚地区环境。

为此，它主要是要解决以下问题：朝鲜的永久无核化、美韩军事同盟的转型与驻韩美军政治地位和功能的重新定位、中朝友好互助条约及中朝国家关系的调整、签署美朝和平条约和实现关系正常化、签署朝韩基本关系协定并对建立经济与文化共同体作出安排、中美韩朝四方对朝鲜半岛不使用核武器和武力的消极安全保证、朝鲜半岛和平保障机制（中美俄欧或联合国）、朝鲜半岛逐步销毁大规模杀伤性武器和朝韩按比例削减常规军事力量协议、美朝韩阶段性的军事信任措施、日朝关系正常化等。

该机制的核心当然并不是仅仅庄严地宣布结束战争，而主要是对长久的和平状态进行安排。对此，美国“大西洋理事会”的报告认为，签署结束朝鲜战争文件，可以参考相关的国际法，如1990年签署的《有关德国问题解决的最终文件》内容。该文件表示，东西德并在法国、苏联、英国和美国的共同加入下，宣告建立一个统一的德国和终止外部四大国在柏林及整个德国的“权力和责任”。[①] 另外，文件的一些概念对朝鲜半岛具有参考意义，如规定德国领土内必须保持无核化，建立稳定的外部边界，确定军队的最高上限和实施裁军，重申继续遵守联合国宪章、不扩散核武器条约和欧洲安全与合作组织的规章等。

按照这样的一种认识，美国和中国首先要明确宣布，终止韩

① “A Framework for Peace and Security in Korea and Northeast Asia,” Report of the Atlantic Council of the US Working Group on North Korea, April 2007, p. 16.

朝安全保护人的角色，各方之间终止敌对关系，承认朝韩均是独立的国家。由于中国与韩国已经建交，所以，除了中国要修改《中朝友好互助条约》以外，主要是美朝之间确定新的政治关系。然后，由朝韩两国自己宣布进入和平状态。由于一方面朝韩并没有统一，各自均具有独立的主权地位；但另一方面，它仍然是被双边认定为具有一个国家的政治与历史共性，但暂时分裂的国家。所以，双方将无法签署具有国与国关系意义的和平条约，只能在参照双方 1991 年签署的《朝韩基本协定》的基础上，再签署一项类似的协议。①

除《朝韩基本协定》外，是否还要签署一个包括中、美、朝、韩四国的综合性的宣言或协定，现在没有一个共识。如果按照韩国方面的立场，中美仅仅具有见证人的作用，今后一切都由朝韩自己来安排，那当然最好。但是，朝韩两国仍然是分裂的国家，双方之间的种种恩怨、意识形态的对立、战略目标的差异和其他各种矛盾不会因一纸协定而了结。所以，一个包括中美两国在内的综合性安排框架的稳定性要远胜过单单由朝韩两国组成的和平结构。

因此，美国"大西洋理事会"的报告中有关四方协定和建立一个新的政治与法律框架的内容可以值得我们参考，它有利于实现朝鲜半岛的长期和平与稳定。1. 终止朝鲜半岛各方之间的敌意；2. 承认朝韩的主权和领土完整；3. 不使用武力和威胁使用武力的义务；4. 放弃制造、拥有和控制核和生化武器和在朝鲜半岛部署这些武器；5. 中美给朝韩提供安全保障；6. 有关各方

---

① Lee Keun-Gwan, "Peace Regime and its International Legal Implications," a paper for the International Conference on Korean Peace Regime, which was sponsored by the Korea Institute of Foreign Affairs and National Security on October 26, 2007, Seoul, pp. 3—4.

具有遵守联盟关系和在各自的领土上部署盟国军队的权利；7. 裁减常规力量和在半岛重新部署军事力量；8. 确认在朝韩两国人民共同接受的条件下，最终实现民族统一的目标；9. 朝韩两国重申，在统一之前继续维持现有的、相互认可的边界线。为了更好地维持边界线和平，双方可以作出一种合作性的监督安排，在军事分界线和海上限制线（Northern Limited Line）两侧设立先进的敏感仪器，降低潜在的冲突。[①] 最后，协议还要通过联合国安理会决议的形式加以批准。

有关经济合作，也可以放在“四方协定”中，主要是四方面的安排：多国对朝鲜长期的能源与经济援助，帮助其经济复兴和建设基础设施；朝韩经济一体化的安排；世界银行、国际货币基金组织与亚洲开发银行在朝鲜经济政策的制订、对外开放和发展工农业基础经济方面提供协助与资助；有关国家帮助朝鲜进行经济改革等。

但是，如果真正要让朝鲜融入东亚的地区经济合作框架和让其经济起飞，日本与俄罗斯的作用不可忽视，它们应该在和平机制中扮演相应的角色。

除这个已经比较全面的四方协定文本外，美方的构想还包括：美、韩、朝签署三边协议，建立军事信任措施（SCBMs），即有关两国军队部署的调整和演习的相互通报与观察；不同层级军事官员的对话和交流（联络官）；中、美、韩、朝发表相互不使用核武器和武力的保障声明；对大规模杀伤性武器扩散和重武器部署的监督；对军备储藏点的监督安排；军方热线的开通；建立“开放天空”机制和加强军事能力的信息交换；相互互惠性地

① “A Framework for Peace and Security in Korea and Northeast Asia,” Report of the Atlantic Council of the US Working Group on North Korea, April 2007, p. 17.

削减军队和在特定领域的军事装备数量（包括朝鲜部署在前线的大炮和短程导弹）。对于这些建议，朝鲜在许多方面显然是不能接受的。另外，美方还考虑让美、朝、韩建立一个类似于停战机制中的“军事停战委员会”和“中立国监察委员会”合一功能的军事委员会，以核查和监督综合性协议中的军事条款。① 对此，中国也可能会持保留立场。

最后，包括在六方会谈内已经达成部分协议的美朝关系正常化内容，将反映在《美朝和平条约》中，以确保双方解决一系列的政治与法律问题，协助朝鲜的经济发展与改革。这包括：1. 解除同朝贸易中尚存的种种限制和许可证的程序，取消其他包含在《敌国贸易法》中的有关内容；2. 把朝鲜从支持恐怖主义国家的名单中删除，以使美国不会再自动反对国际金融机构贷款给朝鲜；3. 使朝鲜不再列入根据《对外援助拨款法案》而设立的禁止获得美国对外援助的国家名单；4. 开始启动程序解冻朝鲜在美 3000 万美元的资产。②

二、东北亚安全机制的模式与面临的问题

有关东北亚安全机制构成的模式和特点，一种观点认为，应该借用世界其他地区机制建设有价值的经验，如赫尔辛基进程和

① “A Framework for Peace and Security in Korea and Northeast Asia,” Report of the Atlantic Council of the US Working Group on North Korea, April 2007, p. 22.

② 美国助理国务卿希尔 2007 年 10 月 25 日在美国众议院听证会上称：“根据《敌对国贸易法》冻结的所有资金，都处于争议阶段，所以目前不会有任何资金返还给朝鲜（即使朝鲜不再适用《敌对国贸易法》）。”见韩国联合通讯社华盛顿 2007 年 10 月 27 日电。

欧安组织。另一种观点则表示，要建立一个能发挥作用、持续性的地区安全架构，需要有适应于本地区发展的具体特点和动力。因为，在东北亚，四大国与朝韩两国存在着不同的意识形态、安全利益，以及不同的期望、对安全需要的不同的认识、不同的能力。

笔者感到，作为一个多边机制，为了能够有效运行，应首先确立一套能够普遍遵守的原则或行为准则，包括作出决策的程序、机制要达到的目标和需要运用的手段等。有关多边机制采纳的运行模式，我们既不能完全照搬欧洲的经验，因为，欧洲与东亚的政治与经济环境不同，欧安会成立时的时代背景与现在东亚的形势也不一样。但也不是绝对排斥欧安组织（OSCE）有参考价值的一些做法和相关的目标。两者的环境与时代特征的差异有两方面：

首先，欧安会刚成立时，仍然是冷战的顶峰期，苏联先提出了缓和欧洲紧张局势、废除现有军事集团、建立欧洲集体安全的建议。1966 年 7 月，在苏联的推动下，华沙条约国政治协商会议正式提出召开由欧洲国家参加的欧洲安全与合作会议的建议。当时的目的是以经济、科学、技术、环境方面的合作与人员、思想和文化的交流，以及对“增进欧洲安全与合作”的问题交换意见的方式，缓和对抗、促进交流。反观目前的东亚，除朝鲜与美日的对抗外，总体上已经是缓和的大环境，经济合作与相互依赖已经达到了极高的程度。

其二，欧洲当时的安全和战略透明度问题主要由美苏两个超级大国来谈判，其他大国与中小国家无法置喙。冷战后，欧安会变成了欧安组织，欧洲的经济与安全职责分别由欧盟、北约等组织担当。欧安组织的主要功能转向民事、人权、民主选举、新闻自由、保护少数民族等问题。当然，它在塑造欧盟的共同外交与安全政策方面起到了“附加性的支柱作用”。[①] 而现在的东亚地区，其安全问题无法仅仅靠中美两个大国来决定，而且目前也没有一个区域性的组织可以担当此任。虽然亚太地区存在着“亚太经济合作组织”和“东盟地区论坛”，但它们都是松散性机构，无法分别处理好全地区的经济与安全问题。另外，不同的政治制度与文化，也决定了许多国家不会愿意接受一个可以干预成员国的国内政治、新闻、民事的组织。所以，东北亚多边机制可以吸收欧安会进程中制订国家行为规范和安全文件的做法，但同时需要部分拥有欧盟和欧安组织的各自的功能。

目前，欧安组织共有 10 个机构：1. 首脑会议；2. 部长理事会；3. 议会；4. 高级理事会/经济论坛（The Senior Council/Economic Forum），由成员国政治司长或相应级别代表组成，每年举行一次会议，讨论经济、环境因素对安全的影响；5. 常设理事会（The Permanent Council），由各成员国常驻代表组成，每周举行一次会议，负责欧安组织的日常工作，并有权对与欧安组织有关的所有问题作出决定；6. 安全合作论坛（The Forum for Security Cooperation，FSC），由各成员国代表团代表组成，每周一次会议，负责军控、裁军、建立信任和安全问题的谈判以及关于安全政策的磋商和合作；7. 秘书处，下设轮值主席事务处和防止冲突中心等，该中心负责交流各国军事情报、核查各国军备情况、防止冲突、处理危机；8. 民主制度与人权办公室，监督自由公正选举；9. 少数民族问题高级专员署，主要负责及时发现有可能损害欧洲地区和平、稳定以及欧安组织成员国之间关

---

① Yoon Sung-won, “The OSCE Peace-Building Process and Its Implications for the Regional Security Cooperation in Asia,” an unpublished manuscript at Korea University, p. 2.

系的民族冲突，并提出处理意见和解决办法；10. 调查小组(Missions)，根据需要派遣调查组，防止冲突与处理危机。[1]

对于欧安组织运作的目标与手段，东北亚各国目前无法完全移植。因为，按照欧安会第三次首脑会议（第四次续会的终会）决定："欧安会为联合国的地区性组织，并具有维护和平的职能，即无论某个成员国内部还是成员国之间发生冲突，欧安会均可求助欧共体、北约、西欧联盟以及独联体采取维和行动。"1999年北约对前南斯拉夫的人道主义干预（军事打击），就是来自于这个精神。所以，我们不能接受因国内的冲突而由外部进行武力干预的原则。但是，对于欧安组织发挥的介于外交斡旋和武力干预之间的独特作用[2]——促进信任和建立安全措施，通过对话、谈判、劝说等非强制性手段调解纠纷，维和，危机管理，推动经济与科技交流及合作等作用，我们是可以借鉴的。

在吸取欧安组织的架构的经验方面，我们可以结合东亚地区的特点进行取舍。如可以设置首脑会议、部长理事会、高级理事会/经济论坛、常设理事会、安全合作论坛、秘书处6个机构，暂不需要设立议会、民主制度与人权办公室、少数民族问题高级专员署3个机构；对于控制和斡旋冲突的调查小组，在条件成熟时也可以建立。

在制订有关安全的约束性的政治文本方面，我们也应该以渐进性和选择性的方法进行借鉴。东北亚地区的特点决定了它不太可能签署类似于《欧洲安全宪章》的价值观高度统一与安全管治性的文件，但是，发表和签署其他原则性的政治文件仍然是可能

① 参见中国外交部网站，http://www.fmprc.gov.cn。

② 1998年9月3日，美国国务卿奥尔布赖特在欧安组织常设理事会上发表的讲话。

的。如1990年11月19—21日，欧安会第二次首脑会上22国签署的《欧洲常规武装力量条约》；1991年6月19—20日，欧安会部长理事会首次会议通过的《建立突发事件磋商和合作机制》（简称“应急机制”）和《和平解决争端》两个文件；1994年7月5—8日，欧安会议会第三届会议通过的，阐述欧安会53个成员国在安全、经济合作、环保等一系列问题上的基本立场和观点的《维也纳宣言》等。

另外，在东北亚安全机制的建立过程中，我们还可以研究上海合作组织、东盟地区论坛、北太平洋海岸警卫队论坛（North Pacific Coast Guard Forum，它包括加拿大和“六方会谈”中除朝鲜以外的五国，在毒品和人口贩运、渔业执法和加强海域意识方面很成功）[①] 等机制的运行模式的特点、程序、作用和制度。也要借鉴“六方会谈”的基本经验与原则：平等协商、互谅互让、耐心灵活、形式多样、同步行动、逐步推进，特别是要避免机制内建立特定的核心国家；避免以单面视角、单向性和预设价值判断的方式来处理一个国家或地区内的问题。

但是，东北亚安全机制又不能完全复制“六方会谈”的模式，“六方会谈”的形成不是通过严格意义上的多边协商和有关文件建立起来的，它是一个在危机压力下临时凑成的、解决特定问题的会谈形式。而东北亚安全机制将是根据有关协议和原则形成的组织性的结构，它将规定参加人员的等级、召开会议的固定时间、相应的常务管理或协调机制，其功能不是去解决某一特定问题，而是就广泛的安全与合作问题进行协商。与“六方会谈”

① “Envisioning a Future Multilateral Security Mechanism for North-east Asia: What's at Stake for the US?,” *Policy Memo*, The Stanley Foundation, March 4, 2008, p. 4.

不同，东北亚安全机制很可能将有各国国防部（军方）代表与会，讨论加强军事信任问题。另外，会议地点可以固定在一个国家，也可以轮流做东道主，但东道主主要作用是提供后勤保障，不再像中国在“六方会谈”中那样主导会议的进程。

由于东北亚安全机制是“六方会谈”派生出来的，不得不涉及到建立军事信任措施、销毁大规模杀伤性武器、相互保障不使用核武器和武力、东北亚无核化区、军事同盟的转型、国家关系正常化等“高政治”问题，所以，该机制的功能定位就不可能过低，它必须介于论坛和高度组织化的机制之间。即要有定期的会议和常设机构、一定的规章制度与协议、明确的目标和方向，特别是有协议的落实和监督机制。在这一点上，东北亚机制不能完全照搬东盟地区论坛的非制约性和非强制性的特点。如东帝汶事件发生时，东盟地区论坛没有发挥应有的协调和干预作用。当然，在有关朝鲜半岛和平问题上，机制的约束性应该更强一点；在东北亚更广泛的问题方面，最初的制度应该是非约束性的。

约束机制大概可以分为三种：放任性自我约束、机制性监督约束、强制性约束。目前，东亚国家的安全机制基本上停留在放任性自我约束上，但今后可以朝机制性监督约束的方向发展，包括在尊重国家主权的基础上，对有关国家内部发生的严重的人道主义危机与削弱地区稳定的行为进行和平与建设性的干预。当然，我们不能接受强制性约束机制，即惩罚性、武力性和严重侵犯别国主权与尊严的干预行动。

东北亚安全机制成员范围可以是六个或包括蒙古。机制的组织架构有几部分构成：高官会议（SOMs，局级）或助理部长会议、部长会议（可分经济理事会、和平与安全理事会）、首脑会议和秘书处。

议题将在各国协商一致的基础上设立，原则上是难易结合，根据形势需要确定。如果要借鉴欧安会（CSCE）的经验，则可以分成四个篮子——传统军事信任、非传统安全与地区治理、经济合作和人道主义。[①] 如在讨论朝鲜无核化和美朝与日朝关系正常化之后，原能源工作组在讨论支援朝鲜能源的议题基础上，逐步扩大到讨论环境、气候变暖、能源价格协调、能源管道铺设、铁路连接、投资、贸易、海上安全、打击非法犯罪活动、救援训练等非敏感问题；[②] 等有了信任后再讨论其他安全问题，包括军事演习、双边战略力量的针对性部署、军事透明度、海上资源争议、大国战略关系等。考虑到朝鲜的特殊性，经济篮子也可以与政治和安全框架分离，以确保对朝鲜的经济激励能够深植于大规模东北亚合作计划中。[③]

东北亚安全机制能否成功，将取决于能否解决好以下问题：

1. 任何一种机制的形成，总是需要设定一定的目标，目标可以分为近期的和中远期的。东北亚安全机制也有必要抓住确保形成标志性成果的机会，发表原则声明，制订有实际意义和约束性的协定，形成落实和监督机制。欧安组织中的一个篮子是“续会”，即根据文件规定，与会国家的代表应定期举行续会，检查各国执行会议规定的情况，并就“增进欧洲安全与合作”的问题交换意见。这就是一种监护机制，通过协议对成员国进行制约。

2. 大国的战略信任和双边同盟问题。建立东北亚安全与合

---

① 1975年7月30日至8月1日在芬兰首都赫尔辛基举行，会议签署的《最后文件》（又称《赫尔辛基最后文件》）共分四个部分，也称四个“篮子”：欧洲安全问题；经济、科学、技术和环境方面的合作；人员、思想和文化交流；续会问题。

② “Envisioning a Future Multilateral Security Mechanism for North-east Asia: What's at Stake for the US?,” *Policy Memo*, The Stanley Foundation, March 4, 2008, p. 3.

③ Alphonse Laporta, “Northeast Asia Regionalism and Linkage with Southeast Asia,” *PacNet* 26, Many 9, 2008.

作，短期内是要处理好朝鲜问题，长期看，要协调好中国与美国、中国与日本在东亚地区的战略目标。另外，在短期内，双边军事同盟与东北亚安全机制应该具有互补作用和平行的关系。但从长期看，如果机制要真正发展成有约束性的地区集体安全保障制度，那么，以机制内特定国家为防范对象的双边军事同盟的作用和活动就应该淡化。如果仅仅把多边机制视为双边机制的补充，那么，多边机制就不可能有实质性的进展。

3. 领导问题。该机制既不是由中美共同主导，也不是以美国为首的盟国来领导，而是共同协商领导。各成员国要根据实际情况和不同议题，变换合作对象，以双边牵制多边，以多边制约双边或单边。当然，中美、中俄、中日、中韩、美日、美韩、美俄、日俄、中美日、中日韩、美日韩、中朝俄等不同的双边和三边可以都可以有各种形式的协调与沟通。

最后，在建立六方或七方的东北亚安全机制之前，还需要考虑一个新出现的情况，即中、美、日、韩等国都希望先建立不同的小多边安全机制。美国的目的是：先形成东北亚有共同价值和战略利益的核心集团，确保无论六方多边安全机制是否启动，它都能对朝鲜的政策进行协调，同时又对中国的迅速崛起进行牵制，以保持三国的同步和目标和策略的一致。为此，美国从2007年上半年起，就在考虑恢复自2003年1月后停止运作的美、日、韩“对朝政策三边协调和监督小组”（TCOG）的工作（韩、美、日代表团团长曾在朝鲜开展核试验一个月后的2006年11月在河内进行了会晤，但没有正式称为“TCOG”）。[①] 随着2008年2月韩国新总统李明博上台执政，这个机制（有人称之

① 韩国联合通讯社2007年5月22日，采访美国国家安全委员会官员维克多·车。

为实体，2008年5月18日美、日、韩在华盛顿相继举行了双边及三方会谈，它标志着“TCOG”的恢复）已经启动。今后该机制协调的政策有可能将覆盖整个东北亚地区，其形成的地缘功能将与美日所建立的美、日、澳三边安全合作协商体相等同。

对中国来说，建立小多边安全机制的主要考虑可能有几个方面：1. 先由大国对本地区紧迫的、涉及到三国重要安全利益的议题进行磋商，以促进战略互信，寻找合作的途径；2. 中、美、日在中亚、东亚—南太平洋地区已经建立了排除某1—2个国家的多边机制（上海合作组织、东亚峰会和美日澳三边安全合作协商体），这种机制使中、美、日三国间就它们所针对的对象产生了猜疑。所以，现在有必要建立交叉的机制，增信释疑；3. 六方的多边安全机制建立要涉及到朝鲜核问题解决和其对外开放的意愿及对外合作的发展程度，所以可能会旷日持久，而先成立小周边安全机制有利于下一步扩大的多边安全机制的发展和运行。

为此，中国在2007年3—4月间向美国提出了建立“东北亚局势综合对话机制”，就区域内政治与经济问题进行广泛的磋商。日本在反复研究后，表示了积极支持，认为它不会对美日同盟带来消极影响。

但是，当中国表达了这个意向后，美国却采取了保留立场，其理由是由于韩国不参加，它会有意见；它会削弱或淡化美日在一系列安全问题上合作的力度。[①] 从当前的形势发展分析，美国的退缩主要是综合性的考量。首先是排斥韩国显然不利于美国要加强与韩国同盟的保证，美国内仍然有一批学者和官员重视韩国的战略地位与影响；其次，在工作重心上会削弱“六方会谈”的进程；第三，中日关系有改善的迹象。

---

① 共同社华盛顿2008年5月6日电。

实际上在中国提议之前，美国已在不同场合多次建议设立“中日美三国的对话机制”。如在2006年2月美国企业研究所举办的中日关系的研讨会上，美国前助理国务卿帮办薛瑞福就提出，中、日、美三国可以建立一个对话机制，改善三边关系。美国这个构想的背景是：1. 东亚的许多安全问题仅仅靠日本和美日同盟是不能真正解决的，中国越来越重要；2. 如果过于依靠中国，日本会有猜疑，会导致其地区影响的边缘化，促使其发展独立的防务能力；3. 中日有关东海油田的争议可能引致军事上误判或误解的机会正日益增加，这可能会严重损害美国在东亚的战略利益。所以，三边协调是比较理想的模式和具有启动的紧迫性。

从目前的形势判断，美国暂时不会去推动中、美、日小多边安全机制的发展，其优先顺序仍然是“六方会谈”、朝鲜半岛和平机制和东北亚安全机制。今后如果朝鲜核问题与“六方会谈”没有实质性的进展，美国可能仍然会优先考虑建立“五方会谈”机制。这样，中、美、日小三边机制可能暂时还不会成为东北亚安全机制的前奏。但是，随着中日、日韩关系的改善，中、日、韩三国首脑举行定期会议的设想将得到落实，它将有助于六边或七边的东北亚安全机制的最终建立。

东亚合作：现状特点与未来趋势

刘阿明*

内容提要：东亚合作是当前世界秩序转型中的一大亮点。随着东亚各国的区域意识明显增强，地区合作正在全方位、多层次地展开。但由于该地区地缘政治形势复杂，其合作态势在总体良好的同时仍然面临着种种困难和障碍。本文认为，影响东亚地区合作的因素是多方面的，既有合作进程的自然逻辑性，也有主要大国间关系的复杂性，还有小国联盟的战略考量。东亚合作进程必然受到政治制度、意识形态、国家利益等种种差异而导致的各类纷争的制约，地区国家之间要想建立起富有成效的合作对话机制，以共同推动东亚合作的实质性进展，还需要我们以建设性、创新型的思维模式不懈努力。

---

* 刘阿明，上海社会科学院亚太研究所副研究员。

任何国际秩序都是以一定程度的国家间合作为基础的，合作是各国在具体问题上进行利益协调的互动过程，而对地区合作秩序的构想则反应了国家在国际政治游戏中更深层次的诉求。当今国际政治的两大趋势正在改变着世界的面貌：一个是世界政治、经济的重心正在从大西洋向太平洋转移；二是中国的崛起。这两大趋势将世界的目光聚集到了东亚。“东亚”这一地理概念有大小之分，从小的方面讲，东亚（East Asia）通常就是指中国、日本和朝鲜半岛；而“东亚合作”中所指称的是从大角度所言的东亚，即在“小东亚”之上再包含现今东南亚各国在内。在国际关系意义上，这日益为人们所接受和熟知。[①] 东亚历来是大国之间战略利益纵横交错的地区。目前，作为世界上经济发展速度最快的地区，同时也是安全热点层出不穷、政治关系和安全情况最复杂的地区之一，东亚未来地区秩序的走向无疑关系到整个世界的和平与繁荣。

一、东亚合作的现状特点

从地区合作来讲，东亚起步是比较晚的。东亚地区合作始于1967年东南亚国家联盟（ASEAN，以下简称东盟）的建立。这虽然不是东亚整个地区的合作进程，但在东南亚次区域的范围内带来了几十年的和平与富足。该组织在20世纪80年代和90年代进一步发展，囊括了所有的东南亚国家。虽然这种合作主要体现在经济层面，却为东亚地区合作的正式出现奠定了物质基础，

① 任晓：“东亚合作：发展与问题”，载蔡建国等著：《东亚区域合作——能源、环境与安全》，同济大学出版社，2007年2月版，第233页。

使得各国在经济上的相互依赖程度逐渐加深。1997 年的金融危机给东亚地区带来沉重打击的同时也为东亚合作带来契机——各国都感受到了地区合作的必要性和迫切性。因此，继中国于 20 世纪 90 年代中期率先加入“东盟＋1”合作进程之后，日本、韩国也相继加入，“10＋3”（APT）机制得以创建，并从此保持了良好的发展势头。可以说，金融危机的爆发直接导致“10＋3”模式的出现，其框架的深远意义就是将东北亚的中国、日本和韩国包括在内，真正意义上的东亚合作出现了。“10＋3”机制自建立以来发展迅速，如今已经涵盖了 18 个领域，建立了 50 多个机制性安排，成为“横跨文化、经济、功能、政治、安全和社会领域的合作网络”[①]，为东亚地区的多领域合作提供了机制上的基础。

目前，东亚合作呈现出以下特点。首先，经济优先，即东亚国家经济上的相互依赖。1997 年以来，东亚的贸易和金融合作取得了巨大的进展。今天，东亚 13 国区内贸易已经占到其外贸的 54%，仅低于欧盟 10 个百分点，比北美自由贸易区高出 10 个百分点。东亚金融合作取得了突破性的进展。2008 年 5 月 4 日，“10＋3”财政部长在马德里举行会议，会议期间 13 国财长达成了成立外汇基金的协议。根据协议，将建立一个规模至少为 800 亿美元的外汇储备基金，用于应对地区金融危机。这种区域之间的合作给地区合作带来了强大的推动力，促使地区经济不断发展。

其次，小国引导和大国支持并重。20 世纪 60 年代东南亚国

① 秦亚青、魏玲：“结构、进程与大国的社会化——东亚共同体建设与中国崛起”，载朱锋、[美] 罗伯特·罗斯主编：《中国崛起：理论与政策的视角》，上海人民出版社，2008 年 3 月版，第 223 页。

家就开始了次区域合作，东盟将长期担当主导东亚合作之车的“驾驶员”，它为东亚合作设计方向、左右进程、协调关系。东亚复杂的关系和矛盾，导致东亚大国均无法主导东亚合作，只有“不是任何大国的潜在竞争对手”的东盟，能成为各大国共同接受的主导者。但数十年来，东亚国家自己的地区安排发展缓慢，其主要原因是亚洲的主要经济大国——日本和中国——对于东亚地区主义的各种项目并不热衷。然而到了 20 世纪末，东盟与中国、日本和韩国三个东北国家的对话机制得到确立，中国与东盟达成了自由贸易区协议，中国也提出与日本和韩国达成类似安排的倡议。地区内大国的积极参与与推动不仅确保了合作的顺利进行，而且为合作的机制化注入了强心针。目前，相对成熟的“10＋3”机制是东亚共同体[①]建设实实在在的平台和主渠道，而中、日、韩能否合作以及在多大程度、多少领域内实现合作则成为东亚地区合作广度与深度的决定性因素。[②]

再次，“东盟方式”在东亚合作进程中盛行。东亚的国家合作是建立在东盟合作的基础之上的，因此东盟数十年来形成的合作习惯自然延伸并主导着目前的东亚合作进程。所谓“东盟方式”指的是组织结构的非正式性，即乐于进行非程序化的合作，非常重视各国政府高级官员之间的密切个人关系；协商一致的决策原则，即一方面排除多数国家把自己的意见强加于少数国家的可能性，另一方面又能够克服敏感差异、促进合作；组织氛围的非对抗性和包容性，即强调舒适程度的重要性，主张在参加者中

① 2005 年 12 月在马来西亚召开第一次东亚峰会（EAS），将建设东亚共同体作为东亚合作的长期目标，即不仅加强经济合作，而且努力将合作向政治和非传统安全领域拓展。

② 崔崐：“东亚合作基本框架已渐明晰 各方角色定位渐明确”，《人民日报》（海外版）2007 年 1 月 15 日。

创造充分的友好氛围；重视第二轨道对话和协商机制的作用，即由非政府组织（经常是思想库）发起会议，发挥了探路先锋的作用，影响官方的政策制定决策。[①]

最后，开放性的合作态度使东亚地区合作拥有前所未有的活力和发展的动力。东亚合作一直受到区外国家的高度关注，它们对东亚合作进程的影响不可轻视，如美国既非“10＋3”成员，也未参与东亚峰会，但却不甘心被排斥在东亚合作进程之外。布什总统2006年提出建立“亚太自贸区”构想，意欲以此介入东亚经济合作，打造以美国为中心的亚太地区新秩序。而澳、新、印三国目睹地区一体化的积极势头，热切希望跻身其中。因此，才有了“10＋6”这种构想。不管是2001年中国提出的“13国”构想，还是2006年日本提出的“16国”构想，二者都属于中期构想，需要在有关国家间逐渐达成共识，才能产生出真正的合作成果。

虽然近年来东亚合作蓬勃发展，但相对于欧洲、北美等发达地区，这种地区合作还是比较落后的，仍然属于区域合作的不成熟阶段：经济合作连FTA这样的自由贸易协定谈判还没有开始，更不用说走向共同货币；中、日、韩以及东亚的政治安全合作也还处于刚刚开始讨论的阶段；经济层面的合作并没有像功能主义所宣称的那样自动外溢到政治和安全领域，等等。这说明了东亚合作在具备了许多利好因素的情况下由于缺少了某些方面的条件而难以真正地迈开步伐。坦率地说，目前东亚共同体还是一个遥远的梦想。

---

① 张玉华：“‘东盟方式’——东亚地区主义的建构与思考”，载蔡建国等著：《东亚区域合作——能源、环境与安全》，同济大学出版社，2007年2月版，第323—324页。

二、东亚地区大国关系及其对东亚合作的影响

地区合作的好处是不言自明的，合作可以创造经济发展的机会。现代经济学已经证明，合作可以创造原来并不存在的市场；经济合作还可以改善安全环境；从近年的实践我们可以看出，多边合作一定程度上可以改善双边关系；另外，在欧美地区不断发展的情况下，东亚地区合作可以增加该地区作为一个整体在世界经济、政治协调中的谈判能力。但目前来看，东亚合作虽是各方心向往之，但所处的层级并不是很高，进展也时遇阻碍。究其原因，可以认为，在大国仍然是最重要的行为者的当今国际舞台上，地区大国之间关系直接影响到地区多边合作秩序和前景。换言之，几个与东亚合作进程密切相关的大国之间错综复杂的双边关系是导致东亚合作无法如愿发展的关键所在。

首先，中国、日本、韩国三国之间的关系相当微妙。中韩两国建交以来，韩国在东北亚地区政策特别是在朝核问题上与中国基本保持了一致，并在中国主导的六方会谈中采取了积极协调的立场，巩固了中国在东北亚地区的战略地位。因此，今后中国在朝核问题上及在朝鲜半岛和平机制的构建过程中能发挥多大作用，与韩方的态度和立场有很大的关系。从这一点而言，韩国之于中国具有战略性的分量。而韩国自金融危机以来充分认识到了中国市场的重要性，大力振兴韩国经济是李明博的执政目标，要实现这一目标必须依托中国市场，加强中韩经济关系。此外，朝核问题悬而未决将会给韩国的发展带来影响，而朝核问题的解决与维护朝鲜半岛和平与稳定离不开中国的支持和配合。长远看，

在建立朝鲜半岛和平体制和东北亚安全机制这一战略层面上，韩国也需要加强同中国的合作。2008 年中韩首脑互访并将中韩全面合作伙伴关系提升为战略合作伙伴关系，是有一定的现实基础和战略考虑的。尽管如此，近一段时间以来，中韩关系处于一种“倒春寒”状态是不容否认的事实。韩国的反华情绪和中国的“厌韩”情绪都成为了影响中韩关系的消极因素，而韩国保守势力的上台有可能使韩国反华情绪进一步发展。两国高层应该站在战略层面，超越历史问题，发展两国关系。两国民众更应该保持冷静和理智的态度，避免民族主义情绪给两国关系造成不良影响。

综观战后半个多世纪的韩日关系，我们不难发现两国关系非常微妙。一方面，韩国视日本为历史的敌人，韩日间的历史问题并未真正解决，包括日本至今不愿赔偿韩国“慰安妇”的损失、日本发行篡改占领朝鲜历史的教科书等。但另一面，韩国也有着现实的考虑。日本是韩国主要资金和商品来源地，韩国在产业化发展中也借鉴了日本模式。韩日又是重要的贸易伙伴、同为美国盟国，双方无论在国家利益还是在地区发展上都有广泛的共同利益。这种微妙的关系决定了两国关系从良好意愿走向现实无奈。

2008 年 2 月，提倡亚洲外交的日本首相福田康夫亲自到韩国参加李明博的就职仪式，李明博上台后也多次向日本表示了积极改善两国关系的态度，并再次表明“日本不需为历史道歉”，并将韩日关系放到仅次于韩美战略同盟关系的重要地位，韩日关系出现转机。4 月下旬，李明博访问日本，并与福田就把双边关系提升为“成熟的伙伴关系”达成共识，韩日关系出现了走向全面改善的迹象。但双方在历史问题、领土问题上的矛盾并没有解决，只是暂时被淡化处理。

日本文部科学省 2008 年 7 月 14 日宣布，在将于 2012 年度开始实施的中学社会课的新《学习指导要领解说书》中首次写入有关竹岛（韩国称“独岛”）是日本领土的内容，此举给上任以来一直积极推动韩日关系的李明博政府当头一棒。作为回应，韩国采取了外交抗议、临时召回驻日大使、追加独岛的开发和管理经费、在独岛增设中央政府派出机构等措施。韩国媒体和政界也敦促李明博重新考虑对日外交政策，改变单方面改善双边关系的做法。由于独岛问题牵涉到领土主权、经济利益和韩日历史纠葛，目前拥有实际控制权的韩国很难作出让步，而日本也不会轻易放弃对该岛的主权要求。岛屿之争将作为一大难题，长期困扰韩日关系的发展。

中日关系目前虽有好转但前景尚不明朗。近十几年来，随着中国的迅速发展与日本向“正常国家”转变，中日首次同时作为两个国力强盛的国家出现在东亚，在相互依存增强的同时，一些潜在的矛盾，特别是安全上的互不信任也在发展，两国关系一度相当让世界担忧。但毕竟中国与世界的关系发生了历史性变化，中日关系的基础条件出现了重大变化。作为中国近邻的日本，切实地感受到了这一点，“中国特需”成为日本摆脱“通货紧缩”的强大借助力量；自 2006 年起，中国成为日本头号贸易伙伴，2008 年双边贸易额突破了 2300 亿美元。在这种情况下，美国虽然不会放弃原来给美日同盟所规定的任务，但是中日交恶并不符合美国的战略利益。因为现在几乎在所有的问题上——从贸易到国家安全再到气候变化，几乎在所有的地方——从朝鲜到伊朗再到苏丹，美中的利益都越来越多地重叠在一起。总之，地区与世界各国希望中日建立良好的合作关系。毕竟两国有着以数世纪友好交往史为基础的文化纽带，中日之间文化上长期相互影响。鉴于中日关系的复杂性，在未来的发展过程中，不能排除坎坷与曲折。但是，中日战略互惠关系的形成与发展，是大势所趋、人心所向。中国和日本是东亚地区的两个重要国家，中日合作中出现的强劲发展势头，无疑对东亚合作是一个强有力的推动。

其次，美国作为域外国家的重要影响。从地缘政治角度讲，美国不是东亚国家，但由于该地区在美国全球战略中居突出地位，美国始终重视其在东亚的军事存在和经济活动。当前，东亚大国关系的一个重要特点即是美国作为唯一超级大国的地位突出，其东亚政策是影响东亚国际关系和经济合作的重要因素。为了能够主导亚太地区，美国不愿看到一个可能与之竞争的东亚经济联合体的出现。其实，东亚区域内一国政府有意推动地区合作的意识和行为模式应该首推 1990 年马来西亚总理马哈蒂尔提出的“东亚经济集团”（EAEC），正是由于美国的反对，日本也无法表示支持，所以这个构想最后无法施行。苏联解体后，克林顿在 1993 年 7 月访问东京时指出，要在东亚建立一个“分享力量、分享繁荣和对民主价值共同承担义务”的新太平洋共同体。该共同体的核心目标就是积极参与并领导东亚太平洋地区经济的发展，谋求创造“美国太平洋世纪”。可以看出，从根本上讲，“（美国）对一个有凝聚力的亚洲贸易集团没有兴趣，分而治之才是真正重要的”。正是基于单边主义的私利，美国反对东亚联合，尤其坚决反对东亚形成封闭的、排他的地区贸易集团。因此它不断干涉东亚事务，使东亚合作难以摆脱其影响。但同时也不能否认，二战后，美国一直是东亚最重要的资金、技术提供国和商品出口国。东亚需要美国，美国是东亚最主要的市场，东亚的很多国家都以美国为头号、二号出口市场，东亚国家的继续发展离不开美国市场。同时，美国与东亚的贸易额超过了美国与北美的贸易额。据 2006 年的统计，美国十大贸易伙伴中有四家在东亚。这种经济、安全上的相互依存的关系使得美国不应该也不能够置身于东亚合作进程之外。总之，美国对东亚合作采取了一种暧昧的态度，会继续利用 APEC 这样的地区组织，为防止东亚出现地区阵营的利益服务。通过阻挠该地区发展地区机制或进一步一体化，美国能够避免二流国家“成帮结伙”挑战自己的领导地位。[①]

最后，东亚地区的大国合作条件还没有成熟。东亚内部存在的政治、历史、宗教、文化乃至经济发展的阶段性差异，并没有因地区合作浪潮的到来而得到根本消除。东亚缺乏制度化的多边合作，没有强有力的霸权领导。[②] 从更深层次上讲，东亚各国很难形成东亚共同体的共识。2001 年东盟成员国和中、日、韩三国提出把建立东亚共同体作为东亚合作的长期目标，但对于东亚共同体的具体内容是什么，现在各国的想法仍不一致。[③] 建立共同体需要鲜明的地区认同感、相似的价值观和自由的跨国流动，这些都是目前以及将来较长时期内东亚地区很难看到的现象。在当前的东亚秩序中，美国的主导作用显而易见，同时中国地位正在不断提高，日本、韩国则不断谋求发挥更大的政治作用，这使得东亚的权力分配越来越趋向于一种复杂的混合结构。在这个复杂的权力结构中，地区秩序所赖以存在的规则，既包括美国的民主、市场规则，也包括其他大国奉行的均势原则，还包括中小国家奉行的多边主义。多元化的现实凸显了东亚国际关系中的不确

① 陈志敏：“北约、亚太经合组织和亚欧会议：地区间主义和全球秩序”，载庞中英主编：《中国学者看世界：全球治理卷》，新世界出版社，2007 年 1 月版，第 255 页。

② 陈寒溪、孙学峰：“东亚安全合作的现实与前景——观点的分歧及其分析”，载《世界经济与政治》2008 年第 3 期，第 51 页。

③ 秦亚青、王燕：“建构共同体的东亚模式”，载《外交学院学报》2004 年第 6 期，第 9 页。

定性，在东亚合作秩序的目标和途径问题上引发了分歧。①

冷战结束以来，东亚各国至少形成了一个共同追求的政治目标，即维持地区的稳定与和平，而且这个目标也在很大程度上得到了满足。冷战结束初期，西方学者对东亚安全形势的悲观判断虽然没有成为现实，但他们做出判断的依据仍然存在：边界争端、武器扩散、大国竞争等传统安全问题。这些因素都不可能在短期内得到解决，并直接衍生出更为关键的影响地区合作的原因：东亚地区区域意识的缺失。东亚主要国家在自我定位方面偏离东亚区域意识，地区内许多国家的发展历史上都有曾被西方国家改造本国文化的历史，这样的发展道路可以说把各国的发展、各国文化上的相互认同隔断了，造成这个地区缺乏内在凝聚力。这个地区还存在着非常强烈的民族与国家意识，民族国家意识在本地区是凌驾于地区认同之上的。东亚地区近年来盛行的新民族主义正是这样一个佐证。而且，东亚地区还存在着地缘政治、地缘经济多样性，以及宗教文化多样性等等问题。因而，有学者认为，东亚和平似乎是依靠偶然因素得到维持的，而不是人为设计的结果。②

三、东亚合作的前景展望

21世纪刚刚开始，环顾全球，我们可以看到一个非常突出的现象，就是东亚地区成为世界上经济最有活力的地区。回顾过

---

① 陈寒溪、孙学峰：“东亚安全合作的现实与前景——观点的分歧及其分析”，载《世界经济与政治》2008年第3期，第57页。

② Kim Kyung-won, “Maintaining Asia's Current Peace,” *Survival*, Vol. 39, No. 4, 1997/1998, p. 54.

去30年，全球年均经济增长率大约是3.5%，而东亚地区是8.5%。这种状况说明东亚正面临着100多年以来前所未有的发展机遇，东亚正处在一个大变化、大发展、大繁荣的前夜。如何抓住这个机遇，提高地区全球竞争力？答案只有一个：通过加速一体化合作减轻全球竞争成本。这就是东亚合作的基本出发点。

东亚一体化是政治上的决定和时间上的问题。虽然存在经济发展阶段不同、制度不同、合作经验不足、政府主导型经济管理方式、经济规模的差距等问题，但是如果充分认识到区域内贸易、资金流动的比重和开放程度、区域内经济整合的动力、金融合作的发展等因素，就完全有可能实现互补的共生关系，产生出实现一体化的充分理由和动机。

首先，发展共同利益。共同利益是合作型国际关系的基础，广泛而深刻的共同利益将带来牢固的关系基础。不仅要发展共同利益，而且要使共同利益最大化，这是至关重要的。比如，确保能源安全成为东亚主要经济大国所面临的共同挑战。这种挑战一方面可能会导致争夺，另一方面也可能加强有关国家的共同利益交合，甚至促进更深层次的合作。中日钓鱼岛之争、日本和韩国的竹岛（独岛）争端愈来愈烈，一方面是领土和海域主权问题，但也有能源的考虑。如果实现了三国之间的能源合作，一半的问题就解决了，并且会对战略思量发挥影响力。目前，中日之间已经启动了很多能源合作项目，但远未达到能够对中日战略关系产生影响的程度。如果两国能够加强在开发高效、低碳能源方面的合作，将对中日战略关系，包括东海问题、钓鱼岛问题都产生巨大的作用。又如，保持马六甲海峡能源通道的畅通、保持油价稳定等等。如果在这些领域里各国加强合作，东亚合作的基础将会更加牢固。

第二，加强战略互信，夯实地区合作的机制化基础。亚洲各国之间有许多历史遗留问题，包括历史的战争问题、主权问题等等，直接造成了各国之间彼此缺乏战略互信，东亚合作的制度化进程因此一直非常缓慢，并且维持在相当低的水平。第一次东盟首脑会议直到东盟建立 8 年之后方才召开，其非约束和非正式的状态一直持续到 20 世纪 90 年代。第一次“10＋3”首脑会议召开于 1997 年，但直到 1999 年才得以制度化。东盟秘书处的规模自 1976 年建立起至 20 世纪 90 年代一直很小。直到今天，“10＋3”事务的协调机构仍然下设在东盟秘书处内，并且秘书处的功能局限于管理经济和技术合作事务。东亚国家实践的合作模式是一种搁置分歧、谋求实效的“最小限度的机制化”，使得区域化进程中的制度水平总是落后于实际的合作水平。[①] 今天，需要各国采取一种真正全球化的观点，积极推进东亚合作的制度化、机制化。

第三，妥善处理安全危机。当前最大的危机是朝核危机。朝鲜发展核武器的事实将东亚主要大国汇集到一起共商对策。朝核问题无非两个解决办法：一个是军事解决，一个是外交解决。伊拉克的现状告诉我们，军事解决是不可取的，最好的出路是六方会谈。但六方会谈的东亚与会国——日本、中国、韩国却远未就解决朝核问题达成一致，此问题久拖不决不仅直接危害到这些国家的安全利益，而且间接阻滞了东亚合作的进程。既然已达成通过外交途径解决朝核问题的共识，就需要各方以卓越的政治智慧和宏大的战略视野，把握住问题的实质和核心，坚持不懈、通力合作。不仅要解决这样一个传统国家安全问题，更要以一种长远

① 秦亚青、魏玲：“结构、进程与大国的社会化——东亚共同体建设与中国崛起”，载朱锋、［美］罗伯特·罗斯主编：《中国崛起：理论与政策的视角》，上海人民出版社，2008 年 3 月版，第 232—233 页。

的战略眼光，通过朝核六方会谈在东北亚安全机制方面谋求更多的地区合作。

第四，重新认识东亚/东方文化的价值。历史上，亚洲受到欧洲和美国的巨大影响。确实，西方文化给了东亚国家很多有益的教义。但是，回过头看，过去的几百年当中，东方文化的价值却被忽视和遗忘了。今天，全世界都在关注东亚崛起，东亚崛起不是偶然的现象，其中有东方文化的支撑和铺垫。现在已到重新认识东方文化的价值的时候了。中、日、韩三国都对东亚文化做出了各自的贡献，加强交流有助于超越狭隘的民族主义、重新认识和发掘东亚文化的价值，甚至形成一种强大的文化认同感，这是任何单个东亚国家所无法做到的，也是21世纪东亚人能够给世界做出的最大贡献。[①]

第五，形成核心，共同推进。纵观东亚合作的进程，至今尚未形成某个核心国家推动的格局。东盟虽是东亚合作的始作俑者，但随着合作的深入，无论从经济规模还是政治合力的角度看，东盟都将越来越不足以发挥足够的核心动力作用；日本虽是经济大国，但在政治上还没有彻底摆脱历史的包袱；而崛起的中国目前也没有作好充分准备并说服其他国家接受它的领导；韩国外交上虽屡有新招，但并没有能力以一国之力领导东亚地区合作。总之，在现有的情况下，还没有一个国家可以担负起未来东亚经济发展和推动东亚甚至整个亚洲国际地位不断提升的责任。目前，中、日、韩的经济规模的总和已占东亚经济的90%以上。因此，现在是中、日、韩合力推动东亚区域一体化建设的最佳历史时机。三国能不能抓住机遇、迎接挑战、完成历史使命将有待

① 吴建民："亚洲崛起机遇前所未有"，http://www.xsdsj.gov.cn/Article/ShowArticle.asp?ArticleID=7087。

于进一步的规划。在总体的思路上、作用上，目前阶段中、日、韩应该坚持先易后难，即维护东盟主导；中、日、韩在这个基础上要加强对话，协调合作；然后推动东北亚次区域合作，并作为一个整体与东盟合作，从而促进整个东亚地区的合作。

一批国家的快速兴起，构成了东亚的整体崛起。目前，区域合作的逐步深化、相互之间关系的日益密切，使东亚的地缘政治和地缘经济面貌正在发生着深刻的历史性变化。为了建立一个有实质意义的共同体，应对变革过程中所面临的各种各样的新旧问题和挑战，地区国家必须有政治决心达成共同的愿景和实施方案。中、日、韩作为地区的主要大国，美国作为该地区不可或缺的安全与经济力量，东南亚国家凭借近半个世纪以来的合作努力，应该协力共建一个和平、互信的地区环境。国家必须做出抉择，摒弃过去的恩怨纷争，为了今天和未来的进一步发展和繁荣而共同努力。

四、结论

目前东亚合作处在十字路口，人们日益意识到东亚合作需要一个指明方向、趋利避害的计划，即所谓的“路线图”。这样一个路线图至少应当包含以下几个特征：首先，路线图应是南北大融合，即自南而北的经济合作与自北而南的安全合作的两大路线的会师；其次，路线图应为东亚和美国的利益找到最佳结合点，因为无论是南上还是北下，都不可能绕开美国；最后，路线图应保证东亚合作的多个层次都应充分发展。近期内，东盟仍需要巩固“10＋3”合作，而EAS可以被视为东亚国家与想融入东亚的国家的一个合作平台。[①]

当前影响东亚秩序的基本动力包括区域经济一体化、中国全面崛起的影响、主要国家间关系、东盟追求合作机制的非正式性和协商一致方式及其战略连带效应以及美国战略的调整。冷战后的东亚既不存在一个能够对确立国际制度具有关键意义的霸权国家，制度建设也非单独一个国家所主导。地区国际制度在东亚呈现分散而非集中的特点，制度安排集中在各个分散的议题领域，而非类似霸权稳定理论中由霸权国家确立的一揽子制度安排。这种制度建设经验是值得我们研究与思考的。另外，东亚多头政治的现实，同样体现在这样的地区制度中，东盟、中国、日本、韩国、印度甚至俄罗斯与美国，都在不同的分散的制度中扮演着相互制约的作用，制度呈现出明显的多头治理的特点，这与欧洲区域治理进程中法德双头主导的特点是截然不同的。没有必要延续现实主义的思维逻辑，也不必争论东亚一体化进程中的主导权归属问题，某些现实主义者甚至断言这个问题不解决将直接威胁东亚一体化步伐。恰恰相反，东亚多头政治的现状对形成平衡、协商、持久、民主的地区国际制度安排具有重要的意义。[②]

---

① 翟崑：“东亚合作亟待路线图”，http：//www. xxz. gov. cn/news/19283. html。

② 苏长和：“周边制度与周边主义——东亚区域治理中的中国途径”，载《世界经济与政治》2006 年第 1 期。

金融危机与东亚地区合作秩序

焦世新*

内容提要：金融危机前的东亚地区合作由东盟主导，形成了东盟一体化领头，东盟分别与中、日、韩的“10+1”合作，东盟与中、日、韩的“10+3”合作，中、日、韩合作依次跟进的地区合作秩序。金融危机的爆发表明中国正成为地区经济增长的主要动力，中、日、韩合作在地区合作中开始发挥更大作用。美国奥巴马政府也将更多参与东亚合作。未来的东亚地区合作秩序中，中、日、韩合作将会成为新的动力，它将推动着“10+3”合作与“10+6”合作的发展，东盟一体化将进入内部深化时期。美国对东亚合作的参与也将对地区合作秩序产生直接影响。

随着东亚国家经济增长速度放缓，金融危机对东亚地区的影响逐渐显现。原本人们认为，自1997年东南亚金融危机后，东亚（这里也包括东南亚）国家吸取教训而大大增加了外汇储备，

* 焦世新，上海社会科学院亚太研究所助理研究员，博士。

建立了较为独立于西方的经济体系，这将会减轻对美欧经济的依赖，大大减轻这场金融海啸对东亚经济的冲击。但从危机逐渐向东亚地区扩展这一事实看，这显然是一种过于乐观的看法，东亚地区的经济仍然与西方存在着密切的关系，金融危机的不良后果正随着东亚地区经济增长率的下降而转变为社会、政治、经济不稳定的因素，对东亚地区的合作秩序也产生了深远的影响。

一、金融危机前的东亚地区合作秩序

所谓东亚地区合作秩序，就是东亚国家在区域合作进程中形成的先后合作顺序，或者说，东亚地区合作体系中不同合作机制发展程度的差异。众所周知，1997年，在东盟成立30周年之际，东盟10国发起与中、日、韩3国的合作对话机制，当时创立这一机制的本意是通过东亚国家自身的合作来克服当年东南亚金融危机带来的挑战和振荡。在东盟10国与中、日、韩领导人进行集体对话的同时，中、日、韩三国领导人也分别与东盟各国领导人举行会议，从而形成了三组10＋1的框架，10＋3和10＋1同步举行，每年的10＋3首脑会议期间也同时举行10＋1首脑会晤。在东亚合作进程的推动下，又建立了中、日、韩三国之间的首脑对话机制和部长对话机制。所以，我们通常所指的10＋3合作机制实际上包括了四个组成部分，或者说有四个轮子在同时推动：[1] 第一个轮子是10＋3，即整个东亚范围的对话与合作；第二个轮子是10，即东盟自身的发展与合作；第三个轮子是10

---

① 臧秀玲："东亚地区主义及其发展趋势——以'10＋3'合作机制为视角"，载《当代亚太》2004年第9期，第33页。

+1，即东盟10国分别与中、日、韩之间的对话与合作；第四个轮子是3，即中、日、韩之间的对话与合作。10+3（ASEAN plus Three，简称APT）作为一个合作体系，目前已经发展成为东亚合作的主要渠道，被认为是亚洲地区主义的发展方向和振兴的重要标志。

从东亚地区合作的进程和10+3合作体系的创立就可以看出东亚地区合作秩序的优先顺序，或者说，不同合作机制发展程度的差异。在10+3合作体系的四个轮子中，覆盖合作国家最多的是10+3，即东盟10国与中、日、韩三国的对话与合作，但就东亚地区合作进程和发展程度来看，处于领先地位和合作程度最深的是东盟自身（10）的区域一体化。东盟自1967年建立至今已经有四十多年的历史，其合作的内容也从当初的安全扩展到了政治、经济、社会、文化等各个领域。2002年东盟自由贸易区正式启动，2003年10月第九届东盟首脑会议发表了《东盟协调一致第二宣言》（亦称《第二巴厘宣言》），计划于2020年建成东盟经济、安全和社会文化共同体，后来这一时限又提前到了2015年。2007年11月的东盟首脑峰会又签署了《东盟宪章》，一年后正式生效，这是东盟成立40年来第一份对各成员国具有普遍法律约束力的文件，在东盟一体化进程中具有里程碑的意义，东盟自身的发展进入到新的历史时期，东盟自身的一体化程度已经大大超过了东亚地区其他国家之间的合作。

在东亚地区合作进程中处于第二梯次的是东盟与中、日、韩三国的10+1合作进程，它仅次于东盟自身的区域一体化合作。而在这三个10+1合作中，中国与东盟的合作是发展最快的，日本、韩国与东盟的合作紧随其后，中、日与东盟的两个合作进程呈现出竞争的态势。中国与东盟的合作之所以成为三个10+1合作中推进最快的，一方面是因为中国奉行了周边睦邻外交战略，另一方面是因为中国经济的快速发展和崛起也需要加强与周边国家的经贸往来与合作。东盟各国也普遍采取对华合作政策，积极营造一个良好的地区环境。自1997年中国与东盟发表《联合声明》以来，中国与东盟在10+1框架下的合作在各个领域都取得了迅速的发展。在政治安全方面比较突出的有：中国与东盟国家于2002年签署了《南海各方行为宣言》，以确保南海地区的和平与稳定；2003年10月中国签署《东南亚友好合作条约》，成为第一个加入该条约的非东盟国家，这也是中国首次加入一个地区性国际组织签署的条约。同时，双方领导人还签署了《联合宣言》，宣布建立“面向和平繁荣的战略伙伴关系”。在经贸合作方面，中国是第一个与东盟达成自由贸易协议的国家。2002年11月第6次中国与东盟10+1领导人会议上，双方签署了《中国与东盟全面经济合作框架协议》，决定到2010年建成中国—东盟自由贸易区，建立自由贸易区的进程正式启动。2004年11月中国与东盟签署了《货物贸易协议》，规定自2005年7月起开始大规模实施“早期收获”计划。2007年1月14日，中国与东盟在菲律宾宿务签署了《服务贸易协议》，为如期全面建成自贸区奠定了更为坚实的基础。日本与东盟的合作也紧随中国与东盟合作之后。继2003年10月第7次东盟与中国10+1领导人会议中国签署了《东南亚友好合作条约》后，日本随后在12月召开的日本与东盟特别首脑会议上签署了这一条约，日本还与东盟通过《东京宣言》及其《行动计划》，呼吁加强在政治、经济、安全、社会和文化等领域的合作，建立“东亚共同体”。日本还在这次会议上与东盟国家达成协议，于2004年开始建立自贸区的谈判，2007年8月日本与东盟达成了自由贸易协议，并竭力赶在中国—东盟自贸区建立之前生效。在日本宣布与东盟谈判建立自贸区前后，韩国也宣布开始与东盟就建立自由贸易区进行谈判，并早于日本在 2006 年 8 月正式签署，于 2007 年生效。

与 10＋1 合作相比，10＋3 合作的进程则相对缓慢一些，虽然自 1997 年起每年的东盟峰会都会举办东盟各国与中、日、韩三国的领导人峰会，但这些会议大都是就东亚合作发出倡议、发表声明、提出合作建议、达成合作原则和精神等。在某些具体问题领域，比如 10＋3 的金融合作也取得了一些实质进展，达成了《清迈倡议》。《清迈倡议》旨在应对类似 1997 年的金融危机，其主要合作步骤是构建双边货币互换机制，随后又发展了具有区域性质的货币金融合作机制，10＋3 的财长对话机制一直努力推动这一领域的合作。不过，区域性的货币合作机制进展不大。2008 年金融危机前，区域性货币合作的现状是“把分散的双边机制连接起来，变成具有联动性质的地区性合作机制，并且扩大了货币互换的规模。2007 年中国提出建立东亚外汇储备库，各方对这个建议给予了正面反应，但对如何落实，各方尚在商讨之中”。[①] 所以从总体上说，10＋3 合作处于东亚地区合作秩序的第三梯队。处于最后一个层次的合作则是中、日、韩三个大国之间的合作机制，这一合作机制虽然已经建立，但在 2008 年全球性的金融危机爆发前并没有大的进展，三国领导人除了在峰会期间举行会晤之外，并没有取得多少实质性的三边合作。此外，在 10＋3 合作体系中，也有一些次区域的合作机制，比如大湄公河次区域经济合作、泛北部湾区域经济合作、广西北部湾经济区等，这些次区域的经济合作在电力、航运等领域的合作等都取得了很大的进展，这是东亚地区合作秩序的有益构成，但并不足以从整体上影响到东亚的地区合作秩序。

---

① 张蕴岭：“对东亚合作发展的再认识”，载《当代亚太》2008 年第 1 期，第 5 页。

东亚的地区合作秩序还包括 APEC 和 10＋6 对话两个合作机制。APEC 是由美国创立并主导的跨太平洋两岸的地区合作机制。由于 APEC 合作机制涵盖的国家数目众多、发展水平悬殊、经济社会文化差异大、社会制度各不相同等，所以它的发展始终处于缓慢的进程，颇像是一个松散的论坛型的合作对话机制。APEC 对东亚不同的国家具有不同的意义，它对东亚地区 10＋3 合作体系的创立也有很大的推动作用，APEC 的发展刺激了东亚地区国家建立自己的地区合作机制，当然，这也是 20 世纪 90 年代全球化浪潮推动的结果。10＋6 对话合作机制则是日本和新加坡竭力推动的结果，它在东盟和中、日、韩对话的基础上又涵盖了澳大利亚、新西兰和印度。所谓 10＋3 与 10＋6 之争是指到底以 10＋3 作为地区对话合作的基本渠道，还是以 10＋6 作为东亚地区对话合作的基本渠道。东盟国家一度担心自己会丧失在地区合作中的主导权而对 10＋6 持犹豫的态度，但东亚地区的合作说到底是一种开放的地区主义，10＋6 对话合作机制自 2005 年召开第一次东亚峰会以来逐渐被接纳和采用，东盟同时将两者作为推动地区合作的手段，10＋6 逐渐在东亚的地区合作秩序中占有一席之地。不过，现在它仍然处在边缘位置，随着合作领域和内涵的丰富，10＋6 将会在地区合作中发挥越来越大的作用。

东亚的地区合作秩序具有不同于其他地区的鲜明特点。首先，东亚地区合作是区域内的小国合作带动大国合作，从而推动整个地区的合作。东盟 10 国通过自身的一体化与合作而逐渐带动了 10＋3 合作体系，现在又扩展到了 10＋6 的范围，东亚地区合作秩序是小国合作优先，大国合作滞后。其次，东亚地区合作中的整体制度难以确立，而众多的单一机制又难以整合，经济合作优先于政治安全合作，而政治安全合作的滞后又使得经济合作难以深入。东盟与中、日、韩三国的10+1合作难以整合成一个区域整体性的合作，东亚地区合作只在金融等某些领域取得进展，而在其他领域难以整合，甚至存在着中、日与东盟之间的合作竞争。东亚地区尤其是大国之间还无法在政治安全领域进行有效合作，这使得地区经济合作的进展缓慢，建立地区统一市场的前景并不乐观。这一点与欧洲不同，欧洲的一体化进程是在政治安全领域的合作建立之后经济合作才获得深入发展的，所以东亚地区要学习欧洲的一体化经验存在着明显的偏差。再次，同域外国家的合作成为东亚地区合作秩序的一部分，东亚峰会的召开就表明澳大利亚、印度和新西兰也加入到东亚的地区性合作中来，日本和以新加坡为代表的东盟国家则希望美国也能直接加入到东亚合作进程中来。

东亚的地区合作秩序之所以如此，是本地区复杂的国际关系、力量格局，以及历史问题和现实争议问题所决定的，其基本特点就是中国和日本这两个历史上曾经交战的大国，在后冷战时代同时崛起和转型。由于地缘政治、历史感情、领土争端，以及美国亚太战略等因素的影响，这两个大国难以展开深入合作。而东南亚国家推进一体化合作的初衷也是通过小国的联合来获得安全与外交地位，它们积极推进合作的同时也奉行大国平衡的战略。中、日、东盟的“三边演义”，再加上美国的影响，造就了东亚地区当前的合作秩序与合作局面。

二、金融危机对东亚地区合作的影响

谈论2008年金融危机对东亚地区合作的影响，我们就不能不提1997年金融危机的影响。在20世纪90年代初，马来西亚总理马哈蒂尔就已经提议，建立只有东盟和中、日、韩参加的“东亚经济集团”（East Asia Economic Group—EAEG)。由于没有包括美国，引起了美国的反对和警惕，这个设想也因此被搁置下来。[①] 这是10+3合作机制的雏形。而1997年亚洲金融危机的爆发为东亚地区合作的建立提供了机遇，为解决当年的金融危机，东亚国家最终下定决心，在当年12月召开东盟与中、日、韩三国的非正式首脑会晤，10+3合作机制得以创立。2008年东亚地区再次遭遇金融危机，与1997年不同的是，这次危机来自于全球资本主义市场的中心——美国。危机对美国和全球经济都造成了巨大冲击，东亚地区也未能幸免，东亚的地区合作也受到了影响。

首先，金融危机显现出东亚地区经济的增长秩序和发展秩序是以中国为龙头的多中心的增长模式。谁是经济增长的原动力，哪个国家带动了地区经济的发展是东亚地区经济增长秩序和发展秩序的中心问题，我们所熟知的“雁行模式”就是对20世纪70、80年代的亚洲经济发展和增长秩序的描述。在雁行模式中，日本是经济增长的“雁首”，“它通过资金技术的供应、市场吸收和传统产业的转移，带动东亚地区的经济增长。亚洲‘四小龙’是雁翼，是雁阵中的承接者，它们积极利用日本的资金、技术市场来发展资金和技术密集型产业，又将失去竞争力的劳动密集型产业转移到身处雁尾的东盟”。[②] 在东亚地区的经济增长过程中，日本的发展和经济的状况决定了其他国家的经济发展状况，东亚地区的经济秩序和增长秩序实际上是由日本与东亚其他国家之间

---

① 姜晓燕：“10+3合作机制”，载《国际资料信息》2000年第10期，第12页。

② 张雨：“从雁行模式到‘10+3’模式”，载《世界经济与政治论坛》2002年第5期，第15页。

的国际劳动分工、产业结构的相对优势、向其他国家传导的方向和顺序来决定的，这自然也造成其他国家的经济发展依赖于日本经济。冷战结束后，随着全球化的深入发展和东盟地区合作的进展，随着中国经济的开放和崛起与东亚地区经济格局的变化，尤其是10+3合作体系的建立，东亚地区国际分工和产业循环模式从传统的一国主导向共同协作发展模式转变，东亚传统的经济增长的雁行模式逐渐瓦解。除日本外，东盟与中国和韩国也都建立了自由贸易区。而此时的日本经济的发展也遭遇了“失去的十年”，经济泡沫的破裂使得日本在20世纪90年代长期保持了低增长、零增长，甚至是负增长的状态，难以成为东亚经济增长的动力。

但是，在整个后冷战时代，中国和东盟仍然保持了长期的经济增长，日本经济在进入新世纪后也逐渐走出低谷，东亚成为世界上经济最有活力地区。东亚地区经济增长的最大动力来自何处？在经济繁荣时期，人们简单地认为东亚各国之间的贸易和东亚国家与域外国家的贸易成为各国经济增长的来源，多年来，东亚内部贸易的增长速度超过了世界贸易的增速以及欧盟和北美两个全球贸易集团之间的贸易增速。但这次金融危机的爆发表明，中国已经成为东亚国家面向全球的供应链条的中心。中国从亚洲其他国家进口零配件，利用本国廉价劳动力进行组装，然后将成品出口到海外。中国经济的快速发展也带动了东亚国家经济的发展，带动了日本经济的复苏。当世界经济的衰退影响到中国时，东亚其他国家都受到牵连，这成为东亚地区新的经济增长秩序和发展秩序。2007年11月，受到金融危机的影响，中国从亚洲其他国家进口产品的总值在11月份突然下降23%，这是自2001年来首次下降。韩国和日本都受到重创，这是因为中国是韩国最大的出口目的地，韩对华出口大部分是高附加值产品，经中国组装后出口到世界，而陷入困境的日本经济在危机袭来之前的亮点之一就是对华贸易。[①] 作为东盟国家的菲律宾对华出口减少52%，几乎每一个亚洲经济体都从中国大陆贸易锐减中受损。受此影响，东亚所有国家的经济发展速度都降了下来。雁行增长模式的“领头雁”日本在2008年第四季度经济降幅创30多年来的最高水平，日本内阁府（Cabinet Office）公布的数据显示，经通货膨胀因素调整后，日本去年第四季度月国内生产总值（GDP）较前一季度下降3.3%，折合成年率为下降12.7%。[②] 全球金融风暴和日趋衰弱的海外需求给日本这个出口驱动型经济体带来巨大冲击，对华出口的大幅下降是重要原因。韩国经济的放缓程度比许多人预测的都要剧烈，据韩国央行公布的数据，韩国第四季度的国内生产总值比前一季度收缩了5.6%。经济萎缩很大程度上要归因于制造业产出的下滑，这反映出韩国对华出口的低迷，中国是韩国最大的出口市场。2008年12月，韩国对华出口下降了35%，跌幅大于当月17.9%的总体出口降幅，也大于11月份33%的对华出口降幅。[③] 新加坡等东盟国家的经济也大都出现了下行趋势。

同时，金融危机的爆发也显露出包括中国在内的东亚经济对

---

① “中国经济下滑拔掉亚洲老虎的虎爪”，http：//cn. chinareviewnews. com/doc/1008/8/0/5/100880551. html? coluid＝59&kindid＝0&docid＝100880551&mdate＝0208073240；“中国增长放缓在亚洲产生连锁反应”，http：//chinese. wsj. com/gb/20090123/ecb105511. asp? source＝whatnews3。

② David Pilling, “Higher taxes considered to spur spending,” *in Finical Times*, February 27 2009，http：//www. ft. com/cms/s/0/fc120ab2－ec77－11dd－a534－0000779fd2ac. html；“日本第四季度GDP降幅创30多年之最”，http：//chinese. wsj. com/gb/20090216/bas084510. asp? source＝whatnews2。

③ “中国增长放缓在亚洲产生连锁反应”，http：//chinese. wsj. com/gb/20090123/ecb105511. asp? source＝whatnews3。

西方市场过度依赖。受出口下降的影响，中国的经济增长的速度下降了3到4个百分点，而日本和韩国则陷入衰退，所以，当前的东亚经济增长秩序和发展秩序是以中国为龙头的、外向型的、多中心增长模式。随着美国进口能力的下降，包括东亚在内的世界都开始寄希望于中国的国内消费能够适时“发力”，希望中国进口能替代或弥补美国进口下降留下的需求缺口。对中国来说，要想成为世界经济恢复和增长的动力，首先要成为东亚地区经济恢复和增长的动力，在应对金融危机带来的经济衰退过程中，成为东亚的经济中心。未来，中国经济恢复将带动整个东亚地区的经济复苏。

其次，在这次金融危机中，中、日、韩三个东亚大国更加主动地通过相互合作来推动东亚地区合作。1997年的金融危机使得东盟10国成为推动地区合作的主导动力，创造了10＋3合作体系。此次金融危机则使得一直处于薄弱环节的中、日、韩三国合作出现了积极的进展，这表明推动东亚地区合作的重心从东盟联合向中、日、韩合作倾斜，具有标志性意义的事件就是2008年12月13日中、日、韩三国福冈首脑会议的召开，这是中、日、韩三国第一次在10＋3高峰会议之外单独举行首脑会议。这次会议的主要议程是三国共同应对金融危机带来的挑战、加强中、日、韩三国的合作、推动东亚地区合作。在会议上，三国领导人共同签署了《三国伙伴关系联合声明》，并发表了《国际金融和经济问题的联合声明》、《三国灾害管理联合声明》和《中日韩合作行动计划》，中、日、韩领导人还共同会见了三国青少年代表。在会议之前，中日两国的央行还分别与韩国中央银行签署了货币交换协议，以帮助因为金融危机影响而大幅贬值的韩元，并建立了三国央行行长会议机制。会议发表的联合声明中，三国表示：“我们有为本地区和国际社会创造和平、繁荣及可持续发展未来的共同愿望和责任。三国合作有助于实现这一目标。……我们一致认为：三国合作将本着公开、透明、互信、共利、尊重彼此文化差异的原则，以相互补充，相互促进的方式推进东盟与中日韩、东亚峰会、东盟地区论坛和亚太经合组织等更大范围的区域合作。……我们认识到三国首次单独召开领导人会议的重要性，决定在三国定期举行三国领导人会议。我们期待明年在中国再次相聚。”会议将三国领导人单独举行会议机制化，标志着中、日、韩合作进入了新的发展阶段，中、日、韩三国的领导人明确表明要通过三国的合作来推动东亚地区的合作。温家宝总理在会议上还对中、日、韩三国合作提出六大倡议，其中要求“加强周边区域合作，继续支持东盟一体化建设，积极参与10＋3合作，推动东亚峰会发挥战略论坛作用，促进东亚区域合作”。中、日、韩三国领导人在这次会议上还同意，加强三国在东盟与中、日、韩（10＋3）金融领域的合作，加快《清迈倡议》多边化进程，尽快建立区域外汇储备库，推进亚洲债券市场建设。2009年2月22日东盟与中、日、韩（10＋3）特别财长会议在泰国南部普吉岛举行，审议并通过的《亚洲经济金融稳定行动计划》将筹建中的区域外汇储备库规模从各方以前商定的800亿美元扩大至1200亿美元。其中，中、日、韩分担其中的80%，其余20%由东盟国家负担，东盟各国的出资额将根据经济发展水平协商决定。[①] 由此也可看出，中、日、韩三国的合作对东盟10＋3金融领域的对话合作起到了的推动作用。

中、日、韩三国首脑会议的举行表明东亚的地区合作秩序发

---

① Tim Johnston, “East Asia Moves to Counter Slowdown,” in *Finical Times*, February 22 2009, http://www.ft.com/cms/s/0/6a8cf682－0113－11de－8f6e－000077b07658.html.

生了重大变化，2008 年金融危机使得东亚大国在抵抗经济衰退的斗争中担负着更大的责任，也把中、日、韩三国推向东亚地区合作的前沿。中、日、韩三国在东亚地区的政治、经济等各个领域都占有举足轻重的地位，三国的经济总量占了东亚整体的75％，三国的外汇储备分别占世界第一位（中国）、第二位（日本）的第六位（韩国），在东亚区内的贸易中，三国也占主要比重。中、日、韩三国不仅是东亚的核心，也是世界未来的经济重心。东亚的地区合作由东盟主导也反映了东亚地区国际关系的复杂和特殊。这次金融危机使得三国加强彼此的合作和依存关系，也是东亚地区合作的必然，只有三个国家之间的合作问题解决了，东亚地区的合作才有可能实现。当然，三国峰会的召开只是一个开始，中、日、韩之间还存在着许多影响彼此关系的问题，中日还有历史问题、领土问题有待解决，日韩之间同样有历史和主权之争尚未解决，中国的崛起和日本谋求大国地位也将为地区国际关系带来许多变数，日本对外战略还从属于美国战略，这都对东亚地区合作和中、日、韩合作产生很大的负面影响。

再次，金融危机后，美国对东亚地区合作的态度发生了转变，奥巴马政府将更多参与东亚事务，这也将对东亚的地区合作秩序产生影响。后冷战时代，尽管东亚地区合作取得了很大进展，但美国对东亚合作一直存有消极的看法，认为东盟只是一个清谈馆，是一个没有效率的地区组织，美国也很少派官员参加东盟的会议。美国对东南亚的关注主要集中于安全和经济事务，对东盟国家的经济发展和东盟地区结构的强化很少关注。美国更喜欢与东南亚国家发展双边关系，已经与新加坡等签订了自由贸易协定，但对发展与东盟的关系则似乎没有多大兴趣。“9·11”事件后，美国所进行的反恐战争和中东政策也使得穆斯林占有很大比重的东盟国家对美国存有不满，反美主义在东盟国家普遍存在。当然，在布什政府时期，美国出于反恐的需要也做出了改善关系的举动，与东盟于2005年签署了加强伙伴关系的联合声明，要加强双方的政治、安全和社会文化联系。[①] 2006年双方签署了贸易和投资框架协议，提高双方的贸易和投资水平。美国还任命了驻东盟的大使。但东盟国家认为，美国仍然没有对东盟采取长期和一贯的政策，美国仍然缺席东盟的重要会议。关于金融危机，美国给东盟的印象就是，在1997年的危机后，克林顿政府拒绝援助泰国和印尼，而在墨西哥遭遇同样危机的时候则给予了援助。也正是受到1997年金融危机的刺激，东南亚国家才毅然决然地走向10+3地区合作。

金融危机爆发后，奥巴马入主白宫，美国对东亚合作的态度孕育着改变，国务卿希拉里将其第一次出访放在了东亚四国——日本、印尼、韩国和中国。在访问东盟总部时，希拉里表示美国支持东亚地区合作，并已经启动了签署《东南亚友好合作条约》的国内程序。这是美国对东盟政策的一个重大调整。在访问日本、韩国和中国时，希拉里也强调要加强合作，共同应对金融危机。未来美国可能会直接加入到东亚地区的合作进程中来，派高官出席东亚峰会。1997年金融危机时，美国完全处于袖手旁观的状态，对东盟国家指手画脚，要求东盟国家按照国际货币基金组织的要求来推行自由化。而这次金融危机，美国自身也遭到重创，它迫切希望改善因为布什政府的错误政策而受损的美国形象和美国与东南亚国家的关系。美国也将会在能源、气候变化、反恐、联合救灾等一系列问题上采取更加合作的姿态，这对东亚的地区合作秩序将会产生影响。

---

① The Asia Foundation, "*America's Role in Asia: Asian and American Views*," 2008, p. 41.

最后，需要指出的是，金融危机对东亚地区的安全结构产生何种影响还需要进一步观察。美国在东亚地区的双边安全合作体系并没有受到大的影响，相反，随着中国实力在危机中的凸显，美国甚至有可能加强在东亚地区的双边安全合作，以防范中国崛起的影响。美国仍然视美日同盟为其亚洲政策的基石，美国也将对东盟地区论坛持更加积极的态度，但美国追求在东亚安全和防卫事务问题上的主导地位，美国对中国崛起的防范将不会改变。

三、东亚地区合作秩序的变化趋势

金融危机对东亚合作进程的影响也改变着东亚的地区合作秩序，未来将会呈现何种趋势关乎中国发展的周边环境。

首先，从大的历史背景来看，金融危机只是国际力量对比转变大趋势中的一个阶段性的标志事件，也是转变中的东亚秩序与合作进程的一个重大事件，它加快了现有的转变进程的速度。美国国家情报委员会发布的全球2025年趋势报告认为，二战之后创建的国际体系到2025年将面目全非，正在转变的国际体系仍然在运作，但它既包括了原有的利益特征也将出现许多变异，日益全球化的经济推动着世界财富和经济力量从西方向东方进行历史性转移，随着中国和印度等新兴经济体的兴起，美国的主导性越来越小，它虽仍是世界上最重要的行为体，但中国和印度将在世界舞台上发挥越来越大的作用。[①] 这个权力转变还将体现在从

① NIC, "Global Trends 2025: A Transformed World," *US Government Printing Office*, November 2008, p. 1.

国家行为体向非国家行为体的转变。东亚地区的力量结构和合作秩序是国际体系转变大趋势的一部分。随着中国的兴起，它必将在地区合作进程中发挥更大的作用。随着经济实力的继续增强，中国将日益成为东亚地区经济增长的最重要的动力和东亚国家最主要的市场，一个以中国为中心的地区合作秩序也将形成。当然，这只是一个较长远的历史前景，东亚合作也是开放的地区合作，它并不排斥域外国家与东亚地区合作的联系。金融危机的爆发使得美国的经济受到重创，客观上也使得美国支配世界事务和东亚地区事务的能力下降，影响和干预东亚地区合作的能力也将下降。所以，金融危机客观上也推动着东亚国家的地区合作越来越多地脱离域外大国的左右。

其次，中、日、韩三边合作将成为推动东亚地区合作的又一个动力。自 1997 年建立 10＋3 合作体系以来，中、日、韩三边的合作一直是东亚地区合作中进展最慢的一个环节，东亚地区合作秩序的主要特征就是由东盟主导，中、日、韩三国参与和推动，经济总量占主导地位的中、日、韩被动地参与东亚地区合作。东亚地区合作的秩序也成为东盟合作领先，其次是东盟分别与中、日、韩的合作，再次是东盟与中、日、韩的合作，最后才是中、日、韩之间的合作。但这次金融危机后，中、日、韩终于联合起来谋求共同克服危机带来的影响，中、日、韩的三边合作正式启动，这将改变东亚的地区合作秩序。第一，中、日、韩三边合作将会推动东亚区域合作。如东盟与中、日、韩三国的自贸谈判已经结束，各自的自贸区也已经或接近建成，中、日、韩之间是否谈判建立自贸区？或者，是否将东盟与中、日、韩建立的自贸区连接起来？这些可以作为未来深化东亚地区合作的方向。至少，中、日、韩三边合作将会在某些具体问题领域推动 10＋3 的合作，比如金融合作。第二，中、日、韩三边合作将会推动10+6合作。东亚峰会经过几次领导人高峰会议后越来越具有实质性的合作内容，已经就能源、气候变化等达成了具有实质意义的协议。通过中、日、韩三边合作来推动10+6合作符合中国战略利益，也有利于各国在重大利益的领域推进合作。第三，东盟自身的合作将会向纵深推进，它将会从经济、政治向安全领域推进。东盟已经提出了建立共同体的明确目标，鉴于东盟各国要应对当前金融危机带来的经济下行风险，泰国等某些东盟国家内部的政治动荡，以及东盟一些国家面临选举等，东盟一体化进程在未来几年可能主要着重于内部整合和消化现有成果。东盟内部合作的进展也决定着10+1合作进展的推进。最后，整个东亚地区也需要适时推动政治和安全合作，否则这最终将会影响到东亚地区的经济合作。当然，中、日、韩三边关系中存在着许多问题，这些也将制约着三边合作，从而也制约着东亚的地区合作。

再次，在可预见的未来，美国对东亚地区合作的态度趋向重视，美国对东亚合作的参与也将对地区合作秩序产生直接影响。从长远看，美国的角色和地位将会随着中国的兴起而逐步下降，但在可预见的时间内，美国的影响仍然无法回避。美国政府已经开始推动签署《东南亚友好合作条约》的国内程序，美国参与东亚合作能够走多远、美国如何平衡APEC合作和东亚合作还需要进一步观察。不过，美国对东亚峰会的参与无疑将会提升这个合作机制的影响。另一方面，由于日本服从于美国的亚太战略，中美关系也将直接对中、日、韩三方合作产生作用，东亚地区的国际格局决定了中日关系改善的程度取决于中美关系改善的程度，中、美、日三边对话合作机制的建立无疑也将有利于中、日、韩三边合作。

开放的东亚地区主义并不拒绝美国、欧洲、印度和澳大利亚等域外国家参加东亚地区的合作进程，金融危机对东亚的地区合作秩序已经或者正在产生影响。当然，在金融危机的背景下，反对贸易保护主义不仅符合东亚合作的利益，也符合世界合作的利益。

欧俄能源矛盾的根源：地缘政治博弈

孙敬亭*

内容提要：俄罗斯与欧盟能源问题的根源是地缘政治矛盾，因而不是市场规则所能解决的。欧俄能源关系随着双方地缘政治关系的发展而变化，并且能源也成为双方地缘政治博弈的战略工具。能源对话虽然不能从根本上解决双方的能源矛盾，但仍是协调双方关系的有效手段。

俄罗斯是欧洲最主要的能源供应国，欧洲则是俄罗斯最大的能源消费市场，欧盟消耗的天然气约有40%来自俄罗斯，而俄罗斯出口到欧洲的天然气占其出口总量的三分之二。欧盟进口的石油和煤分别有三分之一和四分之一来自俄罗斯。同时欧洲是俄罗斯石油、天然气和电气行业最大的外资来源。俄罗斯与欧洲能源关系如此紧密，地理上又相互接近，逻辑上讲这两个邻居应该

* 孙敬亭，上海社会科学院欧亚研究所副研究员。

发展良好的能源关系。而实际情况并非如此，近年来欧俄双方能源方面的矛盾不断，冲突时有发生。

是什么原因导致欧俄双方在能源领域的斗争愈演愈烈？本文认为，从根本上看，是地缘政治因素起主导作用。地缘政治是双方能源问题的根源，当然经济利益之争也是很重要的方面，只不过经济层面的争论应当视为地缘政治斗争的表象，欧俄能源问题远非市场规则所能解决的。

一、欧俄能源关系随地缘政治关系的发展而变化

要考察欧盟与俄罗斯能源关系，需要从双方战略关系演变的大背景来进行。实际上西欧与俄罗斯在能源方面的联系早在苏联时期就开始了。1968 年奥地利开始从苏联购买天然气，接着德国在 1973 年也与苏联签订了天然气购销合同。这些西欧国家积极发展同苏联的能源合作，主要是为应对当时的石油危机。此后西欧多个国家加入到从苏联购买能源的行列，能源贸易发展很快，但整个冷战时期苏联向西欧输出的油气数量与海湾地区输入西欧的石油相比还很有限，所以冷战时期苏联与西欧的能源关系仍是从商业利益出发，还谈不上政治目的。苏联解体后，叶利钦政府前期采取了“融入西方”的战略，经济改革采取西方开出的所谓“休克疗法”的政策，政治上不仅在国内照搬西方的政治体制，在国际关系上也完全倒向西方，以加入西方国际体系为俄罗斯的战略目标。相应地，能源领域也向西方开放，能源企业私有化，还放手让美欧国家对俄罗斯的能源产业大举投资，欧洲与俄罗斯能源领域的合作进入“蜜月期”。但是叶利钦国家战略完全

落空，西方仍把俄罗斯看作异己，并没有把俄罗斯纳入西方体系的愿望，相反还利用其政策失误，加紧挤压俄罗斯传统的“战略空间”，不仅东欧脱离俄罗斯的控制，纷纷加入北约和欧盟，就连从苏联本土分离出去的波罗的海国家以及乌克兰、格鲁吉亚等国也同俄罗斯离心离德，同西方打得火热。与这一时期俄罗斯地缘政治政策失败相对应，俄罗斯在能源领域也输得很惨，欧美资本与俄罗斯的能源寡头相互勾结，使俄罗斯的能源这一战略资源有被欧美控制的危险，俄罗斯战略利益受到很大威胁。叶利钦后期已经意识到包括能源政策在内的国家战略存在的问题，但是老迈的叶利钦无能为力，政策调整是普京上台后才实现的。普京面对严峻的国际国内形势，向俄罗斯人民喊出了“给我 20 年，给你一个强大的俄罗斯”的口号，确立的国家战略目标是成为国际上独立自主的大国，到 2020 年成为世界第 5 大经济体。促使普京这种战略转变的最直接原因，除了西方在俄罗斯周边积极推动颜色革命外，能源问题也是最主要因素。霍多尔科夫斯基、阿布拉莫维奇等石油寡头利用能源私有政策的漏洞，勾结美欧资本迅速积累起巨额的私人财富，并企图干预国家政治，左右国家政策。霍多尔科夫斯基还企图将他控制的尤科斯石油公司卖给美国公司。这类事件引起普京对西方力图控制俄罗斯能源命脉的警觉。同时美国发动的旨在控制中东石油资源的伊拉克战争进一步强化了普京的这种判断。因而俄罗斯意识到能源在当今地缘政治战略中的重要意义。普京一面在国内打击能源寡头的非法活动，把能源经营主导权收归国家控制，一面把能源作为主要的战略资源，在同欧洲的政治博弈中换取最大利益。尽管欧洲在各种场合指责俄罗斯利用能源作为地缘政治的工具，实际上欧美国家更早地意识到能源的战略价值。上文已经提到欧美在俄罗斯转轨初期就试图利用俄罗斯政策的失误抓住其能源的命脉，只不过控制俄罗斯能源的企图没有得逞。如果说俄罗斯把能源作为战略武器积极运用，那也是师法了美欧国家，没有什么可指责的，也是避免不了的。从上面的分析可以看出，俄罗斯对西方特别是欧洲的能源政策的变化与地缘政治的改变息息相关，当双方相互接近时(尽管这种接近是一种假象)，能源合作就顺利得多；当双方的地缘政治出现问题时，能源方面的麻烦就接踵而至。

二、能源一直是欧俄双方地缘政治博弈中的战略武器

欧俄之间把能源作为武器进行政治斗法还可以追溯得更早。尽管冷战时期苏联出口到西欧的能源数量有限，还不足以发挥战略作用，但是苏联的能源工具在欧洲的东部执行着战略任务。当时，东欧各国从属于苏联的东方阵营，是经互会成员，苏联不仅向这些国家提供了绝大多数的能源供应，而且价格远远低于卖给西欧国家的油气价格。这当然不符合经济利益最大化原则，显然是地缘政治因素扭曲了市场价格。苏联除了通过政治、经济和军事手段巩固与东欧的同盟关系，同时也通过能源利益的让渡巩固与这些国家的战略关系。当然苏联的这些手段自然影响到西欧，其战略工具虽然只作用于东欧，产生的效果却是整个欧洲：维持着欧洲两大阵营的对立状态。

冷战结束东欧转轨后，作为苏联继承国的俄罗斯也改变了对东欧的能源政策。既然俄罗斯与东欧国家之间原来的同盟关系不复存在，俄罗斯也就没有必要继续向这些国家提供低价能源。不过俄罗斯虽然对东欧国家的能源政策改变了，但它把能源作为战略工具的思路没有变化。一方面，对东欧国家能源政策的改变何

尝不是这种战略的体现；另一方面，俄罗斯又故伎重演，面对分崩离析的苏联各加盟共和国再次玩起了能源这一战略工具。俄罗斯与这些新独立的原加盟共和国组成独立国家联合体，长期向这些国家提供比国际市场价格低得多的能源，希望通过这种特别能源安排建立可靠的战略联盟。而拒绝参加独联体的波罗的海国家则享受不到这种优惠，而且随着双方关系的恶化，从2003年开始俄罗斯甚至不再向这些国家提供石油。这当然也是利用能源作为武器，为政治服务。然而，就像在东欧碰到的问题一样，独联体并不牢靠。乌克兰、格鲁吉亚等国的反对派通过西方支持的所谓“颜色革命”夺取国家政权，试图步东欧国家后尘，要求加入北约和欧盟。2005年俄罗斯开始改变独联体的能源政策，根据这些国家同俄罗斯关系的亲疏区别对待。“颜色革命”后，亲西方反俄罗斯的乌克兰、格鲁吉亚等国必须向俄罗斯支付更高的能源价格。与俄罗斯保持良好关系的白俄罗斯、亚美尼亚等则获得更为优惠的价格（尽管近年俄罗斯根据国际能源价格的上涨相应提高了这些国家的能源价格，但仍比国际价格低得多）。俄罗斯声称这是与国际能源市场接轨，是商业行为，但此举的政治意味相当明显。应该说，20世纪90年代，俄罗斯向独联体国家提供的能源价格仅为向西欧、东欧以及波罗的海国家出口的能源价格的零头，这实际上就包含了购买这些国家忠诚的因素在内。当它发现这并没有产生它所预期的效果，使用能源价格教训那些“背叛国家”就很自然成为其政策选项了。

从上文分析可以看出，俄罗斯（苏联）的能源战略在东欧随着冷战的结束而失效，在独联体也随着“颜色革命”而失败，利用能源作为战略工具构筑战略联盟的局限性是显而易见的。俄罗斯这种对同盟国家让渡了一定的能源利益，也就是用赎买的方式来加强同盟凝聚力的政策并没有收到如期的效果。尽管如此，俄罗斯别无选择，仍在周边国家实行这一政策：对关系密切国家给予能源价格优惠。当然这种战略仅限于俄罗斯与欧盟之间的边缘国家，俄罗斯与欧盟的能源博弈要复杂得多，不过指导思想是一致的，那就是利用能源武器，博取最大的地缘政治利益。

俄罗斯试图在欧盟实现的能源战略目标可以概括为：1. 加强与欧盟的能源合作，加快天然气管道的建设，利用俄罗斯天然气工业公司（Gazprom）在欧洲设立天然气中转站，这除了追求经济利益外，也巧妙地拓展了政治影响力。2. 加强与德国、意大利、法国等重点国家的能源联系，这不仅仅是因为这些国家是俄罗斯的主要能源客户，同时这些国家顾及自己的利益而在欧盟内遏止反俄势力的发展。3. 适当地发展与欧洲能源合作中的相互投资和相互持股，实现我中有你，你中有我，提高相互依存的程度，这有利于俄欧能源合作长期稳定。2007 年普京曾向德国总理提出一项资产互换建议，以俄罗斯的上游资产换取德国天然气分送网络。尽管这个提议由于德国的拒绝而搁置，但 Gazprom 同欧洲公司进行大规模资产置换的设想从来没有放弃，它与德国的 E. ON 和 BASF、意大利的 ENI 和 Enel、法国的 Gaz de France 和荷兰的 Gasunie 等欧洲主要国家的能源企业都签订了长期合同。所以俄罗斯充分利用能源工具，力图通过能源合作，发展俄欧之间稳定长期的合作关系，并抓住重点国家在欧盟内部的影响力，控制欧洲对俄罗斯政策的主导方向。

三、欧盟应对俄罗斯能源工具的地缘政治选择

尽管能源价格的不断波动对供需双方来说都是挑战，但供应

方和需求方的战略处境还是不同的。能源资源是有限的，能源供应方显然处于更为有利的地位，能从这种稀缺而又必需的产品中获益。而需求方则没有太多的选择，必须从为数不多的几个能源供应国进口，这决定了进口国能源安全的虚弱，而且供应方的风吹草动都对需求方的经济和政治稳定产生很大影响。所以能源问题对作为需求方的欧盟来说是地缘政治选择的重大变量。作为双边关系的变量，能源实际上直接关系到国家利益的两个关键因素——繁荣和安全。欧盟主要在三个方面力图改善能源问题上的不利局势。

首先，能源来源多样化。这主要应对欧盟对俄罗斯能源供应的两个担忧：一是对俄罗斯能源的过分依赖。俄罗斯已经而且还将是欧盟最主要的能源供应地。欧洲学者认为欧洲对俄罗斯的能源依赖是很危险的。不管俄罗斯是否有意，能源不可避免地成为俄罗斯要挟西方的政治武器。二是怀疑未来俄罗斯向欧洲提供充足的石油、天然气的能力。俄罗斯在能源开采方面的投入不充分，产能并没有像人们想象的那么大，国内的消耗量不断上升，而且还计划销往其他地区，比如亚洲，所以欧洲不能对俄罗斯的能源供应估计过高。以天然气为例，到 2030 年欧盟需要进口的天然气将从现在的每年 3000 亿立方米增至 5000 亿。而俄罗斯专家最新预测是，俄罗斯到 2030 年每年天然气的出口量只能达到 1000 亿立方米。[①] 面对这样巨大的缺口，欧盟拓展更多的能源供应渠道当然是明智的。但这并不意味着欧盟可以抛弃俄罗斯，俄罗斯仍是欧盟首要的能源选择。

其次，制定欧盟统一的能源政策，形成欧盟统一能源市场。

---

① David Campbell, “The Biopolitics of Security: Oil, Empire, and the Sports Utility Vehicle,” American Quarterly , pp. 951—952.

对欧盟来说，其能源安全的关键是确立共同能源政策并实现能源市场一体化。如果形成欧盟范围的共同的能源市场，那么欧盟就会有更多筹码同俄罗斯进行平等有效的能源合作，使每个欧盟成员国都从中受益。实际上里斯本条约正体现了欧盟这方面的努力。[①] 而目前欧盟的状态是，德国、意大利等国严重依赖俄罗斯的天然气，并且在俄罗斯有大量投资，这些国家会小心翼翼地同俄罗斯打交道，不敢贸然得罪俄罗斯。而对中东欧的一些成员国来说，俄罗斯“能源武器”的威胁更是欧盟对俄罗斯实行强硬政策的理由。从这一点来看，能源的联系导致欧盟对俄罗斯政策的内部分歧。所以对欧盟来说，在对俄罗斯关系上最好降低能源因素的分量，因为过分强调能源问题只会假俄罗斯以强势。至少，欧盟必须首先整合自己的内部能源市场，明确自身的对外能源政策目标，才能发展有效的能源政策。只有这样才有希望对俄罗斯用一个声音说话。[②] 欧洲经常指责俄罗斯对欧洲各国采取分而治之的策略，力图阻止欧盟形成共同能源政策。实际上俄罗斯对欧盟的能源政策只是利用了欧盟能源市场的分散状态，是欧盟能源市场现状的反应，而不是导致这种状态的因素。

再次，欧盟力图推动世界范围内的能源市场。欧盟试图确立一种新的以市场—治理理念为指导思想的对外能源政策，以欧盟内部共同能源市场为基础，在国际能源领域倡导自由市场为基础的治理理念，构建新的国际能源体系，以保证欧盟能源供应的安

① 里斯本条约将欧盟条约第122条修改为：“如果某种产品（特别是能源领域）的供应出现严重困难，理事会可以在委员会的建议下，本着各成员国相互团结的精神，采取适当的措施。”

② *Katinka Barysch*, “*The EU's new Russia policy starts at home*,” *CER* briefing note, June 2008.

全。[①] 欧盟这一能源政策思路的实质是夺取能源定价权，力图通过公开市场原则，由供销双方共同确立能源价格。这在石油方面已经得到部分地实现，而天然气的全球市场化之路还很漫长。由于俄罗斯几乎垄断着管道天然气市场，欧盟的市场—治理原则无从实施，还只能是纸上谈兵。

四、能源在欧俄双边战略中地位独特

能源问题在欧俄关系中究竟扮演何种角色？有学者认为能源决定了两者关系。[②] 这尽管有点夸大其词，但能源因素在双方的战略中所起的作用的确至关重要。冷战后战争危险只可能存在于欧俄双方的边缘地带，而双方争夺战略制高点的主要介质就是能源了，换言之，能源不可替代地成为双方战略博弈的主要内容。能源安全对能源供求双方的对外政策的形式和内容都产生影响。因此，能源安全成为各国国家利益的核心，在很大程度上左右着国家对外政策的方向。

对俄罗斯而言，在同欧盟的地缘政治博弈中，俄罗斯的军事和政治战略受到对手的挤压，已经退无可退了，能源是少数几个它可以利用的重要的比较优势之一。俄罗斯拥有世界石油探明储量的6.2%—13%，2006年其产油量占世界总产量的12%。天然气的蕴藏量约为世界总量的26.6%，煤炭储量也达到世界总量的20%左右。更主要的是，俄罗斯主宰着管道天然气贸易，

① 孙敬亭："市场与治理：欧盟能源安全新理念"，《国际关系研究》2008年第4辑。

② Loukas Tsoukalis, "European foreign policy begins with the neighbours," Europe's World, Spring 2008.

石油出口与沙特阿拉伯相当，位于世界前位。随着能源价格提高，能源出口的利润使俄罗斯在国际事务中底气足了很多，欧洲明显感觉到俄罗斯在处理对外关系上比以前更为强硬。尽管最近石油价格较前一段时间大幅回落，但能源问题仍是世界各国发展的瓶颈问题。替代能源的开发在短时间内无法替代传统能源。而且在核电、煤、电力等方面俄罗斯都有优势。所以尽管把俄罗斯称为能源超级大国有些言过其实，但不可否认的是它的确在能源领域有着其他国家不可比拟的优势。

而对欧盟来说，同俄罗斯的地缘政治博弈已经收获颇丰，其战略优势的积累足以使其为所欲为，北约和欧盟的“双东扩”并没有顾及俄罗斯的关切，更不要说挑起科索沃战争和“颜色革命”对俄罗斯战略利益的损害了。但是能源却是一个例外，欧盟希望把能源问题作为“特例”给予俄罗斯特别关注。因此，2006年在俄罗斯圣彼得堡G8峰会上首次把能源安全问题作为重大议题提出来。此后不到6个月，就爆发了俄罗斯同乌克兰之间的天然气价格冲突，很多欧洲国家纷纷指责俄罗斯把能源作为政治武器来运用。2006年11月在里加召开的北约峰会上，甚至有人建议建立“能源北约”来对抗俄罗斯。随着近年来能源价格的高企，在欧俄之间有关安全问题的讨论上，能源关系取代传统的军事均衡成为地缘政治领域令人关注的核心。西方国家担心俄罗斯的，不是它的军事力量，它们把能源看成俄罗斯最可怕的战略资产。欧洲人对北溪天然气管道（NORD STREAM PIPELINE）的关注远远超过了对俄罗斯军事部署的关注。近年来历届欧盟委员会和理事会都把能源作为首要问题进行讨论，并出台一系列政策措施。欧盟对能源如此重视，也是把能源放在地缘政治的高度来看待，能源对俄欧双方来说非常重要，同俄罗斯的能源关系成为欧盟迫切需要解决的问题。由此，俄罗斯—欧盟能源对话的出现就顺理成章了。

五、欧俄能源对话

1999年修订的阿姆斯特丹条约中，欧盟共同战略确立了同俄罗斯进行能源对话的方针。2000年10月欧盟—俄罗斯能源对话正式启动。欧俄能源对话是双方所谓四个共同空间的核心内容之一。[①] 对话的基本原则在2006年圣彼得堡G8峰会上得以确定，就是在供求双方安全和风险共担基础上加强双方相互信赖，确保能源市场的透明、可信和稳定。俄罗斯需要欧盟市场的长期稳定需求，欧盟也需要俄罗斯长期稳定的供应。

欧俄能源对话是一个开放式的对话机制，包括欧盟委员会、欧盟各成员国政府与俄罗斯政府以及双方有关企业等几个层面。因此这个对话机制既包括战略性的协商，也有事务性甚至是技术性的谈判。在较低层面的对话取得一定成果，对双方共同关注的关键问题进行协商，解决很多实际问题。最近的一个例子是关于如何更好地解决信息交流问题，防止出现2006年初遇到的供气问题。2006年10月在葡萄牙召开的欧盟与俄罗斯峰会上达成协议，建立早期预警机制。该机制将预先确认供应和需求问题，以利于俄罗斯和欧盟对可能出现的问题有充足的时间来应对。这在实践中已经显示出其有效性，2009年年初俄罗斯与乌克兰再次出现供气纷争时，欧盟遭受的损失就小很多。欧俄能源对话在较

① 2003年5月圣彼得堡峰会上欧俄双方同意形成四个共同空间，也就是在经济和能源、内务和司法、外交和安全政策以及教育和文化四个方面紧密合作，并在2005年达成四个空间的所谓“路线图”。

高层面也已经取得了相当广泛的成就，其成果主要包括：1. 俄罗斯批准《京都议定书》，这是一个巨大成就，假如没有俄罗斯的批准，该议定书就不可能生效。2. 促进重油海洋运输的安全。3. 解决竞争问题。在长期合同中设立目的地限制条款，禁止欧洲国家从俄罗斯购入石油、天然气后再转卖其他国家。4. 确定欧盟从俄罗斯进口燃料没有数量限制。5. 比较双方的能源战略，了解未来能源供求的可能趋势，以取得一个对双方都有利的政策和措施。6. 推动欧俄能源企业间的联系和交流。7. 通过工作小组和学术会议等形式对提高能源利用率、减少有害气体排放等问题进行合作。8. 在伙伴关系和合作协定框架下设立常规的能源“永久合作伙伴理事会”等。

尽管有上述对话成就，但欧俄对话在战略层面进展不大，这主要是因为上文所分析的双方地缘政治的结构性矛盾无法解决，战略互信无法建立，所以能源对话的核心目标还远远没有实现。

国际金融危机与中亚地缘格局的演化

张屹峰*

内容提要：当前，由美国次贷危机引发的国际金融危机对中亚国家经济的冲击日益显现，以哈萨克斯坦为代表的中亚国家在金融、贸易和实体经济上都面临前所未有的困难。中亚国家在经济上相继采取了应对危机的政策措施，并形成了中亚区域合作共渡危机的态势。在世界金融危机背景下，中亚区域外力量对中亚的经济投入出现分化，中亚国家面临新的战略抉择。出于现实经济利益和地缘政治考虑，中亚国家比以往更加注重区域经济合作，同时开始反思其“多元平衡”的对外战略。因此，中亚的地缘格局及其发展方向出现了微妙变化，上海合作组织和中国将在中亚地缘格局中发挥更多更大的作用。

* 张屹峰，上海社会科学院欧亚研究所助理研究员，博士。

一、国际金融危机对中亚国家的冲击

随着国际金融危机向纵深发展，中亚国家在经济上所遭受的冲击不断升级。从2008年下半年开始，国际金融危机对中亚国家的影响逐渐从金融领域向实体经济扩展，中亚国家的外国直接投资骤减、GDP增速放缓、外债比率猛升、汇率波动剧烈、失业人口大增，中亚国家在经济上面临前所未有的困境。

国际金融危机对中亚的主要影响并不在金融领域，而是集中在中亚的出口贸易和财政领域，这与中亚国家长期以来形成的资源出口型经济发展模式密切相关。自中亚国家独立以来，以石油和天然气为代表的资源产业在中亚国家经济中占有举足轻重的地位，是中亚国家经济的支柱。其中，哈萨克斯坦石油工业占GDP的30%，原油、天然气及石油制品出口占出口额的一半。[①] 2007年哈萨克斯坦矿产资源（包括油气资源）的开采业产值占全部工业产值的61.4%，矿产品的出口占出口总额的69.7%。[②] 2007年土库曼斯坦GDP 298.4亿美元，出口总额85亿美元，天然气出口占国家外汇收入的70%。土国家预算收入的40%来自天然气部门。2007年，乌兹别克斯坦出口总额89.92亿美元，其中能源占6.5%。[③]

---

① 王慧卿："提价天然气哈萨克斯坦重塑能源新格局"，《第一财经日报》2008年3月17日。

② 中国外交部网站，http://chinaconsulate.khb.ru/chn/wjb/zzjg/dozys/gjlb/1716/1716x0/default.htm。

③ 中国驻俄罗斯联邦大使馆经济商务参赞处，http://ru.mofcom.gov.cn/aarticle/ztdy/200805/20080505568375.html。

哈萨克斯坦是中亚与国际经济联系最为密切的国家。哈萨克斯坦利用其相对稳健的国内经济环境，吸引了大量的外国直接投资。2008 年 9 月 25 日，哈萨克斯坦交通和通讯部副部长杜拉特·库捷尔别科夫指出，哈萨克斯坦占据中亚国家生产总值的 70%。注入哈萨克斯坦的外国直接投资（FDI）已超过 700 亿美元，占整个中亚地区吸引外国直接投资的 80%。[①] 其中，美国是哈萨克斯坦最大的投资国，美国金融机构和企业的投资占哈萨克斯坦外国直接投资总额的 30%。[②] 2008 年 11 月美国驻哈萨克斯坦大使理查德·霍克兰德指出，美国公司对哈萨克斯坦的投资总额为 150 亿美元，其中 110 亿美元投向了油气开采领域。[③] 哈萨克斯坦经济上保持高速发展的势头。2001—2006 年，哈萨克斯坦 GDP 连续以 9%以上的速度增长，2007 年开始受到美国金融危机的冲击，但总体经济发展速度仍达到 8.5%。[④] 因此，哈萨克斯坦一度被视为中亚经济的“发动机”，哈萨克斯坦的经济发展模式也成为中亚国家的代表。

在国际金融危机背景下，曾经为哈萨克斯坦经济发展提供巨大动力的对外经济联系给哈萨克斯坦造成了巨大冲击，哈萨克斯坦成为中亚受国际金融危机冲击最严重的国家。哈萨克斯坦金融业首先遭受重创，2008 年哈萨克斯坦所有商业银行净利润总额

---

① 中国驻哈萨克斯坦共和国大使馆经济商务参赞处，http：//kz. mofcom. gov. cn/aarticle/ddgk/zwminzu/200809/20080905804081. html。

② The U. S. -Kazakhstan Relationship, Evan A. Feigenbaum, Deputy Assistant Secretary of State South and Central Asian Affairs, Press Roundtable, Astana, Kazakhstan, November 20, 2007. http：//2001－2009. state. gov/p/sca/rls/rm/2007/95676. htm.

③ 新疆日报网，http：//www. xjdaily. com. cn/news/mpasia/281608. shtml。

④ 中国外交部网站，http：//chinaconsulate. khb. ru/chn/wjb/zzjg/dozys/gjlb/1716/1716x0/default. htm。

为154亿坚戈，比2007年减少了92.9%。[①] 截至2008年9月30日，哈萨克斯坦外债总额为1054.55亿美元，已超过2007年GDP（1041.47亿美元）和2008年GDP（1350亿美元）的77%。[②] 2008年8月以来，哈萨克斯坦外汇储备持续下降。到2009年1月末，哈萨克斯坦央行和国家基金的黄金外汇储备总额为462.444亿美元，比月初又减少了1.1%。[③] 而且，随着金融危机的深入，哈萨克斯坦的实体经济由于外部资金推动力急剧减弱而陷入疲软。2008年9月以后世界原油和矿产原料价格暴跌、需求锐减，使哈萨克斯坦的资源出口收入剧减，严重影响了哈萨克斯坦的整体经济形势。哈萨克斯坦2008年工业产值仅增长2.1%，远低于2000—2007年年均9.5%的增长速度。2008年哈萨克斯坦GDP增长3.2%，哈政府预测2009年GDP增长约为2%。[④] 2008年哈萨克斯坦年均通胀率比2007年上涨了17%。[⑤] 失业人口不断攀升。据哈萨克斯坦政府的统计数据，2008年四季度哈萨克斯坦失业率为6.6%，失业人口为55.93万，比三季度增加了1.87万人（增长3.5%）。[⑥]

哈萨克斯坦经济发展面临的困难与挑战是中亚国家经济形

---

① 中国驻哈萨克斯坦共和国大使馆经济商务参赞处，http://kz.mofcom.gov.cn/aarticle/jmxw/200902/20090206026444.html。

② 中国驻哈萨克斯坦共和国大使馆经济商务参赞处，http://kz.mofcom.gov.cn/aarticle/jmxw/200901/20090106000732.html。

③ 中国驻哈萨克斯坦共和国大使馆经济商务参赞处，http://kz.mofcom.gov.cn/aarticle/jmxw/200902/20090206032354.html。

④ 中国驻哈萨克斯坦共和国大使馆经济商务参赞处，http://kz.mofcom.gov.cn/aarticle/jmxw/200902/20090206048329.html。

⑤ 中国驻哈萨克斯坦共和国大使馆经济商务参赞处，http://kz.mofcom.gov.cn/aarticle/jmxw/200901/20090105990370.html。

⑥ 中国驻哈萨克斯坦共和国大使馆经济商务参赞处，http://kz.mofcom.gov.cn/aarticle/ddgk/zwminzu/200902/20090206050628.html。

势的一个“缩影”，集中反映了国际金融危机对中亚国家经济的冲击。与哈萨克斯坦相比，中亚的吉尔吉斯斯坦、乌兹别克斯坦、塔吉克斯坦和土库曼斯坦等国经济与世界经济的一体化程度较低，受国际金融危机的直接冲击相对较小。但是，这些国家与哈萨克斯坦、俄罗斯等国经济联系密切，因此金融危机下疲软的哈萨克斯坦和俄罗斯经济严重影响了这些中亚国家的外部经济环境。因此，国际金融危机对中亚国家经济影响有所区别，一些国家主要表现在能源领域，另一些国家则主要表现在劳务层面。

首先，国际金融危机冲击中亚国家的金融稳定。虽然中亚国家尤其是乌兹别克斯坦和土库曼斯坦在经济上相对封闭，在西方的金融投资不多，金融开放程度不高，但是，国际金融危机仍冲击了中亚国家的金融形势。哈萨克斯坦首当其冲地遭遇金融危机的冲击，由于哈萨克斯坦银行从国外贷款的规模几乎与其国家外汇储备相当，因此外资的大批撤离导致哈萨克斯坦银行出现融资困难及借贷资金风险。哈萨克斯坦国家银行公布的最新数据显示，哈国家银行对外已偿付了170亿美元债务，但还有450亿美元欠款需偿还，而哈各大企业集团和公司的债务总额则高达900亿美元。国外债权方纷纷要求哈政府和企业立即偿还所有债务，哈银行系统由此可能出现信贷违约，甚至会因若干家违约而牵连整个系统。[①] 2009年2月4日，哈萨克斯坦国家银行行长马尔琴科宣布，“国家银行不支持原来（坚挺）的坚戈”，哈货币坚戈贬值25%，美元兑换坚戈的汇率由1：120变为1：150。2月5日，吉尔吉斯斯坦货币索姆也大幅贬值，美元兑换索姆的汇率一

① 张健荣：“全球金融危机对中亚的影响”，上海社会科学院上海合作组织研究中心，《上海合作组织研究简报》2009年第1期。

度达到 1：42 以上。塔吉克斯坦货币索莫尼也出现贬值苗头。[①]目前，哈萨克斯坦是中亚唯一一个实行本币贬值的国家，哈萨克斯坦金融上出现的问题不可避免地影响到中亚其他国家。由于中亚国家外汇储备低，抗金融风险能力弱，因此，一有风吹草动就会造成中亚国家金融领域的动荡，进而导致中亚国家的宏观经济形势恶化。

其次，国际金融危机加剧了国际市场资源需求和价格的下降趋势。国际金融危机客观上排除了投机操作的机会，以石油、天然气和有色金属为代表的国际资源价格急剧下跌，国际原油期货价格从 2008 年 7 月底的每桶 147 美元最低跌至每桶 40 美元左右，有色金属价格也持续在低位徘徊。更为严重的是，世界实体经济的疲软导致国际资源市场需求量迅速缩减。2009 年 3 月 2 日俄罗斯《独立报》文章称，欧佩克在 2 月中旬调低了对 2009 年全球石油需求的预测。全球的石油需求将每天减少 58 万桶，平均每天为 8513 万桶。这是最近几十年来石油需求首次下降。国际能源署的预测更加悲观，认为 2009 年全球每天的石油需求为 8470 万桶。欧佩克秘书长巴德里说，在国际石油价格下跌后，开发新油田的 130 个大型项目中有 35 个被冻结了。国际能源署的资料显示，在全球 800 个大型油田中，有 580 个油田的开采量在逐渐下降。[②] 国际市场上资源性商品，尤其是石油、天然气和有色金属等大宗商品的需求和价格持续走低，对以资源出口为主导产业的中亚国家造成严重影响。从 2008 年第三季度末开始，中亚地区的石油天然气出口量明显减少，主要依靠石油

---

① 孙长栋：“金融危机后果显现 中亚经历货币贬值恐慌”，《文汇报》2009 年 2 月 9 日第 7 版。

② 新华网，http：//news. xinhuanet. com/world/2009－03/11/content _ 10991506. htm。

天然气创汇的哈萨克斯坦、乌兹别克斯坦和土库曼斯坦等中亚国家的能源出口收入锐减，直接影响哈、乌、土三国的财政运转。

再次，国际金融危机导致中亚国家的外国投资急剧缩减。联合国贸易和发展会议发布的《2008年世界投资报告》说，由于金融危机和经济下滑等因素的影响，2008年，全球外国直接投资预计将在1.6万亿美元左右，比2007年下降约10%。[①] 冷战后，美国和欧洲国家一直是中亚的重要投资来源，投资主要集中在能源领域和基础设施领域。美国次贷危机爆发并演变为国际金融危机后，美欧金融机构深陷危机泥潭，实体经济逐渐走向衰退，成为此次金融危机的重灾区。在这种情况下，美欧在中亚的投资力度大减。同时，受金融危机和能源价格下跌的冲击，俄罗斯作为中亚国家的主要贸易伙伴和重要投资国也出现了金融风险和经济疲软，对中亚的投资大大减少。由于国外投资减少，哈萨克斯坦和乌兹别克斯坦等中亚国家新的油气田地质勘探和开采工作处于停滞状态，一些工程建筑和工业项目被冻结，已投资项目也进展不大。由于俄罗斯与哈萨克斯坦经济疲软，乌兹别克斯坦、塔吉克斯坦、土库曼斯坦和吉尔吉斯斯坦等中亚国家的其他出口贸易也迅速下降。国外市场对塔吉克斯坦的原料，特别是棉花的需求急剧减少。2008年1至8月，吉尔吉斯斯坦玻璃、水泥等主要商品出口同比分别下降13%和1.8%。哈萨克斯坦和俄罗斯是吉尔吉斯斯坦的主要贸易伙伴，预计2009年俄、哈等国进口将进一步萎缩，吉商品

---

① 段秀杰："联合国报告称金融危机使外国投资减少"，《上海证券报》2008年9月25日。

出口形势不容乐观。[①]

最后，国际金融危机导致中亚国家的境外劳务收入剧减。乌兹别克斯坦、吉尔吉斯斯坦和塔吉克斯坦是中亚主要的劳务输出国，境外劳务输出已成为塔吉克斯坦和吉尔吉斯斯坦国民经济的重要组成部分，境外劳务收入是两国外汇收入的重要来源。乌、塔、吉等国向俄罗斯和哈萨克斯坦输出了大批劳动力。根据联合国国际移民机构的统计，俄罗斯是世界上仅次于美国的第二大移民输入国。[②] 在国际金融危机背景下，俄罗斯、哈萨克斯坦的工程建筑业遭遇严重困难。2009 年 3 月 2 日，俄罗斯副总理兼财长库德林承认，严重的经济危机已使俄罗斯经济倒退了 5 年，俄罗斯 2009 年的预算赤字将达 8%，这是 10 年来的首次。俄罗斯政府调整财政支出计划，首先会停止一些新的项目计划，削减对部分非重点项目的投入。[③] 俄、哈两国建筑商投资、支付及接收外来劳务能力大幅度下降。而且，俄罗斯与哈萨克斯坦都减少了外国劳动力配额，这给乌兹别克斯坦、吉尔吉斯斯坦和塔吉克斯坦等劳务输出国造成了不小影响。2008 年 12 月 4 日，俄罗斯总理普京表示，2009 年俄罗斯外国劳动力配额减少 50%是“合理的”，并于 12 月 8 日批准有关法令。[④] 12 月 22 日，哈萨克斯坦总理马西莫夫签署了 2009 年哈萨克斯坦外国人劳务配额的政府令。2009 年外国劳务配额比例为全国就业人口的 0.75%，比

---

① 中国商务部，http://www.mofcom.gov.cn/aarticle/i/jyjl/m/200811/20081105906570.html。

② Christian Lowe，“Russia's neighbours feel pain of slowdown，” *International Hearld Tribune*，January 14，2009.

③ 新华网，“俄罗斯经济倒退 5 年 乌克兰濒临国家破产”，http://news.xinhuanet.com/world/2009－03/04/content_10938044.htm。

④ 新华网，http://news.xinhuanet.com/world/2008－12/06/content_10465841.htm。

2008 年（1.6%）下降了一半多。[①] 在这种背景下，塔吉克斯坦、吉尔吉斯斯坦、乌兹别克斯坦等国境外劳务收入急剧下降。2009 年 2 月，世界银行报告预测，全球金融危机对塔吉克斯坦、吉尔吉斯斯坦和乌兹别克斯坦等中亚国家的境外劳务收入造成不利影响。2008 年三国的境外劳务收入分别为 13 亿、10 亿和 18 亿美元，2009 年三国的劳务收入将减少 40%—50%。[②] 境外劳务收入的减少将对三国尤其是塔吉克斯坦和吉尔吉斯斯坦造成严重冲击，对塔、吉两国外汇收入和财政收支构成压力，影响塔、吉两国的居民购买力和本国消费市场的发展，甚至影响两国的社会稳定。

总而言之，20 世纪 90 年代初独立以来，中亚国家通过贸易和经济合作逐步融入全球经济，并形成了以资源出口和外国投资为基础的国民经济体系。尽管中亚国家的资源性经济发展模式存在严重的结构性缺陷，但冷战后全球经济的总体繁荣态势为新独立的中亚国家提供了相对有利的外部经济环境，在很大程度上弥补了中亚国家经济发展内在动力缺失的不足，使中亚国家得以维持经济上的发展。在国际金融危机中，美国和欧洲金融业本身首当其冲遭受致命打击，向中亚国家提供贷款的国际金融机构纷纷陷入绝境，而且，全球实体经济在国际金融危机的冲击下，衰退迹象逐渐显现。外国企业和公司在中亚国家的投资力度大大减弱，导致推动中亚国家经济发展的外部资金骤减，已投资项目也陷入停滞状态。更为严重的是，石油和有色金属等大宗原料产品价格急剧下跌，这对严重依赖资源出

---

① 中国驻哈萨克斯坦共和国大使馆经济商务参赞处，http://kz.mofcom.gov.cn/aarticle/jmxw/200812/20081205977780.html。

② 中国商务部，http://www.mofcom.gov.cn/aarticle/i/jyjl/m/200902/20090206041921.html。

口的中亚国家来说是一场灭顶之灾。这样一来，国际金融危机导致中亚国家经济的外部发展环境急剧恶化，而中亚国家又缺乏应对外部环境变化的内在经济基础，因此中亚国家在经济上第一次面临内外交困的双重压力。

二、国际金融危机与中亚国家的应对方略

面对国际金融危机的冲击，中亚各国相继采取措施应对国际金融危机的负面影响，这些政策首先是立足于各国国内的自救措施，同时也形成了一些区域性的联合应对方案。这些应对措施和联合行动表明了中亚国家在金融危机中的积极态度，有利于中亚经济顺利度过难关并尽快复苏，同时也有助于提升中亚内部经济合作层次和水平。

如前所述，哈萨克斯坦是受国际金融危机影响最大的中亚国家。但是，同时应该认识到，哈萨克斯坦也是中亚经济基础最好的国家，拥有约484亿美元的外汇储备，其中包括274亿美元的国家石油基金，抵御金融危机的能力相对较高。因此，哈萨克斯坦积极利用其优势，采取了一系列较为系统的应对国际金融危机的政策措施。

2008年10月，哈萨克斯坦总统纳扎尔巴耶夫在哈萨克斯坦政府扩大工作会议上，指示从国家基金中拨付100亿美元实施2009—2010年稳定经济计划，其中50亿美元用于新成立的国家福利基金“萨姆鲁克—卡泽纳”资本金，其余50亿美元由政府提出合理化的分配使用建议。这是哈首次动用国家基金的资金。根据哈央行数据，截止到2008年10月初，国家基金总额为275.608亿美元。2008年11月20日，纳扎尔巴耶夫在

出席“总统优质奖”奖金颁发仪式时表示，从国家基金中拨付的100亿美元中有50亿美元用于支持中小企业、农业和建筑业发展，其中中小企业10亿美元，农业10亿美元，建筑业30亿美元。[①]

2008年11月25日，哈萨克斯坦政府出台了未来三年详细的“反危机计划”。该计划的核心内容是政府、中央银行和金融机构联手向经济领域注资2.2万亿坚戈（约合183.3亿美元），稳定金融市场，支持实体经济。按照哈萨克斯坦目前的本币坚戈与美元的兑换比率120：1计算，2.2万亿坚戈约合183.3亿美元，相当于2007年哈萨克斯坦GDP总值（1041.5亿美元）的17.6%。2.2万亿坚戈的资金来源主要包括从“国家基金”中划拨的1.2万亿坚戈（约合100亿美元），以及从2009—2011年财政预算和养老基金中划拨的资金。从“国家基金”中划拨的100亿美元将用于以下五个方面：40亿美元用于稳定金融体系；30亿美元用于稳定不动产市场；10亿美元用于扶持中小企业；10亿美元用于支持农业；10亿美元用于实施基础设施建设和工业项目。哈政府总理马西莫夫指示经济和预算规划部在两周内制定出具体的分步实施方案。[②] 到2008年年底，哈萨克斯坦政府向经济领域注入总额高达150亿美元的资金，约占国内生产总值的15%，其中有50亿美元用来拯救因沉重外债而备受压力的地方银行。[③] 2009年2月，哈萨克斯坦工贸部部长B·什科里尼克在

① 中国商务部，http：//www.mofcom.gov.cn/aarticle/i/jyjl/m/200811/20081105912256.html。

② 中国驻哈萨克斯坦共和国大使馆经济商务参赞处，http：//kz.mofcom.gov.cn/accessory/200812/1228739458834.pdf。

③ Central Asia and the financial crisis：After the boom，*The Economist*，Oct 30th 2008，http：//www.economist.com/world/asia/displaystory.cfm? story_id=12523888.

部务会议上表示，2009年哈将根据“30家领军企业”规划完成总额约为25亿美元的9个项目，并将总额为8380亿坚戈（约合69亿美元）的194个项目交付给地方政府执行完成，以创造20356个工作岗位。①

哈萨克斯坦还积极与国外金融机构开展合作，努力寻求发展所需的资金。哈萨克斯坦与欧洲复兴开发银行深化合作，2008年12月4日，哈萨克斯坦总统纳扎尔巴耶夫与欧洲复兴开发银行行长举行会谈，希望深化双边合作。欧洲复兴开发银行与其合作伙伴从1991年进入哈萨克斯坦市场，参与了总额接近50亿美元的100多个投资项目，并成为哈非原料领域的最大投资方。②2009年2月初，哈俄双方签署了“俄对外经济银行参加哈俄投资项目外贸合同融资”备忘录，确定俄对外经济银行贷款总额为30亿美元，期限为10年。2009年2月23日，俄罗斯国家金融机构——对外经济银行行长V·德米特里表示，俄对外经济银行将向哈萨克斯坦“萨姆鲁克—卡泽纳”国家福利基金提供30亿美元贷款，用于哈实施国内大型投资项目，如埃基巴斯图兹2号电站扩容项目、化肥生产项目、基础设施建设项目（包括管道运输）等。哈将使用这笔贷款资金，购买并引进俄罗斯的冶金、化工、电力设备，使哈部分企业生产设施实现现代化和扩容。③

中亚其他国家由于财力有限加上受金融危机的直接冲击较小，采取的政策措施层次相对较低。2008年10月9日至10日，

① 中国驻哈萨克斯坦共和国大使馆经济商务参赞处，http：//kz. mofcom. gov. cn/aarticle/ddgk/zwminzu/200902/20090206026447. html。

② 新华网，“哈萨克斯坦希望与欧洲复兴开发银行深化合作”，http：//news. xinhuanet. com/world/2008－12/05/content_10458051. htm。

③ 中国商务部网站，http：//www. mofcom. gov. cn/aarticle/i/jyjl/m/200902/20090206069682. html。

乌兹别克斯坦总统卡里莫夫在独联体比什凯克峰会上强调，独联体国家首先应该加强经济合作，共同应对国际金融危机。会议商定建立独联体国家财政部长工作小组。乌政府出资购买“阿萨卡”商业银行的股份，将政府在该银行中的法定资本增加1亿美元，2009年将再次增购该银行的股份，将法定资本增加到2.22亿美元，以加强国家对商业银行的操控能力，应对国际金融危机对乌兹别克斯坦汽车工业等现代工业生产和出口的影响。土库曼斯坦通过增加天然气出口量和大幅度减免关税来减少国际金融危机对土经济和国民生活的影响。土库曼斯坦政府决定，将每年出口到中国的天然气从300亿立方米增加到400亿立方米。将日用商品进口关税由原来的10%至50%不等改为免征关税，服装类及其附属品关税由原来的30%至100%统一降为30%，鞋类产品从30%下调至5%。

2009年3月4日，吉尔吉斯斯坦总理丘季诺夫表示，吉国家银行将设立总额为40亿索姆（约合9700万美元）的商业银行救助基金，以帮助该国商业银行应对全球金融危机。丘季诺夫说，该基金向商业银行提供资金的唯一条件是：银行必须向涉及国计民生的重点经济领域提供贷款，首先是向农业部门提供信贷。[①] 吉尔吉斯斯坦和塔吉克斯坦还向国际货币基金组织、世行、亚行、欧佩克基金会等国际金融机构谋求援助，增加本国应对国际金融危机的能力。到目前为止，吉、塔两国已分别从国际社会获得了1500万美元和2300万美元的经济援助。

中亚国家还积极采取联合行动，通过协作形成合力从而更

① 新华网，“吉国家银行将设立商业银行救助基金”，http://news.xinhuanet.com/world/2009—03/05/content_10944762.htm。

有效地应对国际金融危机的冲击。2008年12月22日，俄罗斯、哈萨克斯坦、吉尔吉斯斯坦、塔吉克斯坦和亚美尼亚五个独联体成员国最高领导人在哈萨克斯坦举行非正式首脑会议。俄、哈、吉、塔和亚美尼亚五国决定成立100亿美元的共同基金抵御全球经济危机。[①] 2009年2月4日，欧亚经济共同体首脑峰会在莫斯科召开。欧亚经济共同体五个成员国俄罗斯、白俄罗斯、哈萨克斯坦、吉尔吉斯斯坦和塔吉克斯坦一致同意，在3个月内正式建立规模为100亿美元的反危机基金，用于抵御各成员国面临的经济和金融危机。其中，俄罗斯和哈萨克斯坦分别出资75亿美元和10亿美元，其余成员国的出资额度将在1个月内确定。俄罗斯将持有欧亚经济共同体成员国商定准备组建的反危机基金的控股权。[②] 这两个反危机基金的成立实际上就是俄罗斯和以哈萨克斯坦为首的中亚国家合作应对金融危机的重要举措。

可见，中亚国家已经提出具体的政策措施，积极应对国际金融危机。而且，在国际金融危机面前，中亚国家形成了必须通过联合行动共渡时艰的普遍共识，并达成了可行的合作意向。现在关键就在于，中亚国家如何落实各自的应对措施并切实执行所达成的合作意向。对中亚国家而言，此次国际金融危机实际上是它们融入国际经济体系过程中经历的“阵痛”，这种痛苦有其国际经济发展的背景，但更多的还是中亚国家经济发展模式中内在的缺陷所致。中亚国家必须转变其资源出口产业为主导的经济体系，否则中亚经济始终无法摆脱受国际资源

① “独联体设基金共抗经济危机”，《人民日报》（海外版）2008年12月24日第2版。

② 新华网，“欧亚经济共同体将建立反危机基金”，http://news.xinhuanet.com/world/2009－02/05/content_10764639.htm。

投机操作和国际经济发展周期冲击的命运。从这个角度看，中亚国家应对国际金融危机的政策措施仍然是被动的应景式方案，还不是实现中亚国家经济发展模式转型的根本之道。因此，中亚国家在经济上任重道远，还需要以更大的勇气和智慧制定更具前瞻性的战略性规划。

三、国际金融危机与中亚地缘格局走向

在国际金融危机背景下，中亚国家面临着独立后前所未有的国际经济格局，因此，中亚国家首先在经济上面临全新的战略选择。中亚国家经济上的战略选择又与欧亚地缘政治格局变动之间产生密切互动。这样一来，中亚地缘格局在国际金融危机推动下出现了潜在变化，这些变化对地区战略格局的发展走向具有深远影响。

如前所述，国际金融危机发端于美国次贷危机，美欧等西方经济体是此次国际金融危机的主要承受者，经济上遭受了沉重打击。曾经推动中亚国家经济发展的美欧金融业和实体经济，现在成为中亚经济疲软的主要外部因素。在这种情况下，中亚国家应对国际金融危机的政策措施的立足点主要是在国内和本地区。这一方面说明了中亚国家无法从西方获得有效帮助的客观事实，同时也在很大程度上反映了中亚国家在对外经济联系上的战略选择。自中亚国家独立以来，在经济上始终受惠于美欧等西方经济体，中亚国家甚至在西方与俄罗斯、中国之间实施平衡战略，从中实现利益最大化。在金融危机背景下，中亚国家将对外经济联系的重心向本地区倾斜，这不仅仅是中亚国家应对危机的临时措施，更多地表明了中亚国家在区域经济合作上的选择。另外，在

中亚国家应对金融危机的地区合作行动中，俄罗斯扮演了极为重要的角色。实事求是地看，俄罗斯对中亚区域经济合作的心态复杂，一方面希望通过地区经济合作获得好处，另一方面又担心中亚经济合作的发展将损害俄罗斯在中亚的经济主导地位。因此，俄罗斯在中亚区域经济合作方面始终裹足不前。在金融危机的冲击下，俄罗斯自身也深受金融危机的影响，国内经济形势疲软，自顾不暇。俄罗斯在应对金融危机中的反常行动，除了俄罗斯希望通过地缘经济合作克服自身经济困难的考虑之外，实际上也反映了俄罗斯对中亚地区经济合作态度的变化。总之，国际金融危机客观上为中亚区域经济合作提供了潜在的发展机会，而且已经形成了一些深层次合作的发展态势，这种态势对中亚的地缘经济发展走向具有深远意义，将对中亚经济合作乃至中亚经济一体化产生积极影响。

中亚地缘经济在国际金融危机下所出现的潜在变化，又受到欧亚地缘政治发展变动的影响。2008 年，面对美国主导下的北约东扩和反导系统部署问题上的战略挤压，俄罗斯以强有力的反应作出回击，并强化对中亚高加索地区的地缘影响力，俄罗斯在中亚经济领域的行动实际上也是俄罗斯实现地缘政治意图的手段。在国际金融危机背景下，美欧等西方经济体对中亚的经济投入相对减弱，为俄罗斯重塑中亚地缘经济格局提供了历史性的机会。正因为如此，俄罗斯在国际金融危机背景下不顾自身经济压力出手推动中亚合作应对危机，救人于危难之中，从而获得事半功倍的战略效果。由此，俄罗斯在中亚经济合作上的行动推动了中亚国家对外经济联系重心的调整，中亚地缘经济和地缘政治之间出现了前所未有的正相关互动的态势。

在中亚国家对外经济联系重新回归地缘经济过程中，俄罗斯对中亚经济合作态度有所转变，而且，中亚地缘经济上的内在变化也深刻影响了中亚地缘政治的发展走向。因此，当前是中亚地缘格局的关键转折期，作为中亚重要的区域合作组织——上海合作组织在这一特定时期必须发挥作用，以确保中亚地缘格局的稳健转型。

应当承认，上海合作组织在推动区域合作方面取得了卓有成效的进展，区域合作的层次和内涵进一步得到提升和充实，上海合作组织在中亚地区经济合作中的地位和功能日益加强。上海合作组织成员国之间的能源、交通、商贸和人文合作稳步推进。上海合作组织实施了一批交通、能源、通信等领域的示范性项目，同时，启动了农业、科技合作，在教育、文化、环保、救灾等领域的合作成果丰硕。贸易投资便利化进程稳步推进，国际道路运输便利化协定主协定商谈顺利结束，各成员国与联合国、亚洲开发银行等国际组织和金融机构开展密切合作。2008 年 10 月 30 日，上海合作组织成员国政府首脑（总理）理事会例行会议修订了《〈上海合作组织成员国多边经贸合作纲要〉落实措施计划》。上海合作组织成员国海关部门授权代表在会议期间签署了《海关能源监管信息交换议定书》。[①] 中吉乌公路、塔乌公路等项目稳步推进，新一批多方参与、共同受益的示范性项目即将付诸实施。上合组织内的经济合作，都是以具体项目为先导，在每一个项目合作的背后，都形成了由产业、政府和学术界参加的论坛、会议机制。[②]

在 2008 年 8 月上海合作组织成员国首脑会议阿斯塔纳峰会

---

① “上海合作组织成员国政府首脑（总理）理事会会议联合公报”，《人民日报》2008 年 10 月 31 日第 3 版。

② 卢国学：“深化合作 共同发展”，《人民日报》2008 年 10 月 31 日第 3 版。

上，上海合作组织框架下的经济合作逐渐成为上海合作组织的工作重心。[①] 在国际金融危机背景下，中亚国家和俄罗斯都将应对金融危机作为头等大事，而且，中亚国家已经意识到以资源出口为主导的经济发展模式难以持续，必须实现经济转型才能彻底摆脱发展困境。在国际能源价格猛跌和需求低迷的背景下，中亚国家经济上的疲软为上海合作组织框架内的经济合作提供了前所未有的客观环境和现实基础，上海合作组织应该抓住这一历史性机遇，突破经济合作中存在的瓶颈，推动上海合作组织框架内的经济合作向纵深领域发展提升。

上海合作组织在维护地区稳定与和平方面发挥了日益重要的作用。在上海合作组织框架内打击恐怖主义、分裂主义和极端主义的合作不断巩固，地区反恐怖机构在反恐合作中的作用进一步加强。针对阿富汗毒品生产和走私规模日益扩大的现实，上海合作组织积极推动联合国安理会将打击阿富汗毒品生产和走私问题纳入国际安全援助部队的职责范围，同时推动驻阿国际安全援助部队与阿富汗政府、邻近国家及其他有关国家合作，加强上海合作组织—阿富汗联络组的工作，筹备召开上海合作组织倡导的阿富汗问题特别国际会议，讨论共同打击恐怖主义、非法贩运毒品和有组织犯罪问题。同时促进上海合作组织与有关国家和地区性国际组织的合作，建立广泛的伙伴关系网，应对恐怖主义和毒品威胁。

同时，上海合作组织也应该认清中亚地缘政治的潜在变动，坚决杜绝本地区出现集团对抗的态势，以免地缘政治对抗损害地缘经济的发展。“求和平、谋发展”已经成为上海合作组织各成员国的共识，上海合作组织将以更加务实的态度维护地区的和

---

① 新华网，http://bt.xinhuanet.com/2008-11/03/content_14817846.htm。

平、促进地区的发展。冷战结束后尤其是普京执政以来，俄罗斯一直致力于重新树立其国际地位，以求得自己的大国声望和国际社会更加严肃的对待。从这个意义上说，俄格冲突预示着苏联地区局势将进入一个全新的阶段，可能意味着新的地缘政治版图划分和外高加索大国关系重新洗牌的开始。[①] 2008 年 8 月 31 日，俄罗斯总统梅德韦杰夫在索契接受新闻专访时宣布了“俄罗斯外交政策五项原则”，其中第五项原则就是俄罗斯关注自身在友好地区的利益。[②] 而且，梅德韦杰夫对友好地区作出了明确界定：“与世界上其他国家一样，俄罗斯也有一些存在特权利益的地区。它们就是俄罗斯传统友好国家所在的这些地区。”西方则将梅德韦杰夫的这一界定解读为俄罗斯重申它在世界上的势力范围。[③] 上海合作组织必须有效缓和俄罗斯这些狭隘的地缘政治意图，不能以任何成员国的个别利益作为整个组织的集体利益，任何成员国的个别行动不代表和影响整个组织的集体行动。上海合作组织的集体行动必须基于上海合作组织各成员国的共同利益之上，在涉及有关成员国个别利益的问题上坚持按照基本的国际法原则采取集体行动。

作为上海合作组织成员国以及俄罗斯和中亚国家的重要贸易伙伴，中国的经济实力及其强劲发展势头对俄罗斯和中亚国家具有重要的意义，也为俄罗斯和中亚国家提供了许多发展机会。而且，中国长期以来一直致力于推动上海合作组织框架内的经济合作。2008 年 8 月 28 日，胡锦涛主席在上海合作组织成员国元首

---

① 王娜：“俄格冲突：外高加索大国博弈的缩影”，《中国社会科学院院报》2008 年 9 月 23 日。

② “梅德韦杰夫宣布俄对外政策五原则”，《人民日报》2008 年 9 月 2 日第 3 版。

③ Andrew E. Kramer, Russia Claims Its Sphere of Influence in the World, *New York Times*, September 1, 2008.

理事会第八次会议上的讲话中指出："解决本地区问题，归根结底要靠本地区国家联合自强。深化区域合作，是应对当前面临的威胁和挑战的有效途径。上海合作组织成员国应该更加紧密地团结起来，共同应对各种挑战，共同分享发展机遇。"胡锦涛主席还宣布，中方将本着负责任的态度，继续向成员国提供更大规模的信贷支持，建设一批促进成员国发展经济、改善民生的基础项目，继续同有关国家协商选定实施项目，切实做好贷款落实工作。中方为成员国培训1500名专家和管理人才的工作完成后，将继续同成员国和观察员国等进行人力资源合作，为促进有关国家发展培养人才。[①] 2008年10月30日，温家宝在上海合作组织成员国第七次总理会议上就推动上海合作组织经济合作提出具体建议：第一，继续推进区域内贸易投资便利化。推动成员国间货物贸易尽快向投资、大型经济技术合作等更高阶段发展，大力改善地区贸易投资环境。中方支持成员国毗邻地区就建立经济特区开展合作。第二，实现区域内基础设施网络化。加快实施能源、交通和通信领域的示范性项目，逐步实现各国基础设施互联互通和网络化。第三，推动金融界、企业界进一步密切合作。共同加强对全球宏观经济、金融形势的研判，以及货币金融政策的协调，加强和改进金融监管。[②]

总而言之，在国际金融危机背景下，中亚国家在经济上自发形成了合作应对危机的发展势头，俄罗斯也积极参与中亚国家的联合行动，中亚地缘经济与地缘政治之间的有机互动，为中亚地区经济合作提供了有利的发展环境，成为上海合作组织推动经济

---

① 胡锦涛："携手建设持久和平、共同繁荣的和谐地区——在上海合作组织成员国元首理事会第八次会议上的讲话"，《人民日报》2008年8月29日第1版。

② "上海合作组织成员国第七次总理会议举行，温家宝出席并讲话"，《人民日报》2008年10月31日第3版。

合作的机遇。在中亚地缘格局出现转变的时刻，上海合作组织必须有所作为，一方面要大力推动地缘经济合作向纵深发展，另一方面又要防止地缘政治意图干扰地缘经济合作，从而为中亚地缘格局的平稳转型创造稳健的环境。中国作为上海合作组织成员国和俄罗斯及中亚国家的重要贸易伙伴国，应该在中亚地缘格局转型进程中发挥更大更积极的作用。

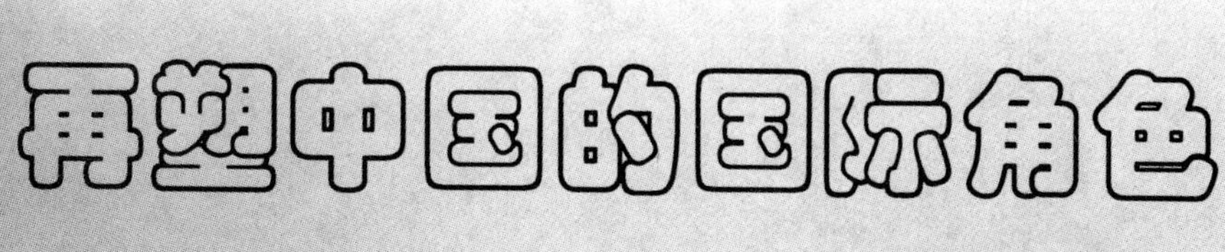

再塑中国的国际角色

体系、国家和人与一战

——兼论中国和平发展的世界影响

邹占伟　杨显生*

内容提要：德国崛起及其“世界政策”给国际体系带来的巨大冲击是一战爆发的重要诱因之一。尽管历史上伴随着大国崛起并不总是引发战争进而造成国际格局的变动，但中国的和平发展还是招致现有国际格局既得利益者的非议。近来，伴随全球金融风暴影响的日渐加深，“中国责任论”和“中国威胁论”再次甚嚣尘上。事实上在全球性相互依赖不断深化的今天，发生大规模战争的风险已大大降低，和平发展的中国从根源上就不会威胁到别国的安全和世界和平。

历史上看，如果国际体系不能很好地应对大国崛起所带来的巨大冲击，常常可能诱发战争并最终导致国际格局的变更。但大

* 邹占伟、杨显生，上海社会科学院研究生部。

国崛起与战争之间并不存在必然的因果联系，而且当国家作用于国际体系时，国际体系对国家会产生更强大的反作用。从体系、国家和人三者之间的相互作用看，无法否认德国崛起及其“世界政策”给国际体系带来的巨大冲击是一战爆发的重要诱因，但不是唯一的根本原因。尽管历史上伴随着大国崛起并不总是引起战争进而导致国际格局的变动，但和平发展的中国还是招致现有国际格局既得利益者的惶恐不安。事实上在全球性相互依赖日益加深的今天，发生世界战争的风险已大大降低了，和平发展并积极参与全球化进程的中国带给世界的更多是发展机会，而非挑战和威胁。

一、德国的崛起和“世界政策”

确切地说，德国真正意义的崛起应是在19世纪70年代实现统一之后。在此之前，尽管德意志经济已经有了长足的发展，克虏伯钢铁公司早在1860年就闻名世界，煤铁工业和纺织工业以及农业也由于铁路网的扩大、衍射而加速发展，但此时的德意志还算不上世界强国。更快的增长当是在“铁血宰相”俾斯麦领导德意志实现统一之后。国家的统一使得邦与邦之间人口自由流动的限制不复存在，各邦之间不同的货币、度量衡制度及工商业法律伴随着市场的统一而统一，从而再也没有什么能阻碍商品在统一的德国境内自由顺畅地流通。加上刚刚统一的德国正遇上将两次工业革命交叉进行的有利时机，同时有来自战败国法国的大量赔款和含有丰富资源的割地，辅以政府对经济强有力的干预。特有的天时、地利、政通及人和等因素使德国在统一后短短的30年里就完成了工业革命。德国这时才实现真正意义上的崛起，迅速从一个欧洲强国摇身一变成为世界大国。

有统计显示，“在1870年，英国、美国、德国、法国四国工业生产在资本主义世界所占比重分别为31.8%、23%、13.2%、10%；1913年，四国所占比重发生很大变化，分别为14%、38%、16%、6%”。① 从数据中可以看出，此时德国的工业生产仅仅落后于美国而跃居二位，排在了大英帝国的前面。而且它的速度实在是快得惊人，德国经济从“内向型”转为“外向型”仅仅用了30年时间，而英国则用100年才实现这一转变。此时德国的贸易也大幅度增长，“1900年对外贸易额为103.7亿马克，10年后的1913年达到208.5亿马克，增加了一倍多”。② 随着贸易的激增，德国对国际市场的依赖日益加深，因为国内已经不能消耗掉由经济腾飞和科技进步带来的巨大生产能量。崛起过程中的德国垄断资产阶级急于获得新的销售市场和原料产地，开始要求按照新的实力对比来重新分割世界，并强力推行其所谓的“世界政策”，要求获得“日光下的地盘”。德国工业的起飞改变了与世界其他国家的力量对比，造成了原有国际均势体系的失衡。跻身世界强国的德国对老牌殖民国家占有与其实力不相称的广大世界市场和殖民地再也不能视而不见了，它迫切地要求按实力重新分割世界。这样，威廉二世的“世界政策”的出台也就顺理成章了。

“世界政策”代表德国处在上升阶段的大资产阶级和容克地主的利益，他们有把德国变为世界强国的强烈愿望。由于当时世界被瓜分殆尽，因此他们要求获得“日光下的地盘”，显然，争

---

① 吴于廑、齐世荣主编：《世界史·现代史编》上卷，高等教育出版社1994年版，第30页。

② Hoffmann, *Das Wachstum Der Deutschen Wirtchaft seit der Mitte der 19 Jahrhunderts* [M], Berlin, 1965, p.524.

夺殖民地只是其“世界政策”中的一环；另一方面，建设强大的德国海军是其“世界政策”另一重要的环节。因为他们认为“只有这样才能自由地保护我们自己的海外利益”。[①] 威廉二世从上台伊始就试图拥有一只强大的海军，他在1896年的一篇演说中讲到：“海军对德国来说是不可或缺的，在海洋问题上，在任何一个遥远的地方，如果没有德国，没有德国皇帝的参加，决不允许作出任何决定。”[②] 这是德国要建立强大海军的目的之所在——获得海外殖民地并有效地保护住扩张的成果。

德国的崛起还导致德国社会结构的巨变。在工业化的过程中，不仅大大提高了商品的生产能力，还改变了工农业的比例，也改变了生产资料和消费资料的比例，重工业很快就超过了轻工业和手工业。这就促使了德国的社会阶级结构的巨变，在工业资产阶级崛起的同时，从事企业经营的容克也很快资产阶级化了。他们纠缠在一起共同登上了德国的政治舞台。“容克阶级和资产阶级的融合使德国资产阶级的扩张贪欲同容克的好战精神结合起来，融合成一种容克资产阶级侵略精神。”[③] 这种精神随着德国经济的腾飞而不断膨胀，并且日益与普鲁士历史文化中的专制主义和军国主义传统相结合，这种具有很强传统封建色彩的精神和发达的工业现代化的媾和形成了德国“世界政策”的思想根源和精神动力。

德国“世界政策”一定程度上源自其发展的客观要求。看一

---

① Seymour Charles, *The Diplomatic Background of the War 1870－1914* [M], New Haven: Yale University Press, 1918, p. 78.

② Seymour Charles, *The Diplomatic Background of the War 1870－1914* [M], New Haven: Yale University Press, 1918, p. 78.

③ 高荆民：“‘世界政策’——德国现代化特殊性的选择”，《武汉大学学报》2002年第4期，第399页。

下德国"倒霉"的周边，它西面有法国、东面有俄罗斯、东南有奥匈帝国、西北与英国隔海相望。因而不断有政治家埋怨德国周边环境的险恶，所以德国向外"扩张的原因是要克服在地理上受到诸列强包围的不安全感"。[①]"世界政策"的确为德国经济和贸易的发展立下了汗马功劳，使德国获得殖民地的同时也扩大了对外贸易，刺激了德国工商业的发展。这又为扩大海军的计划提供了强大的动力。

但选择用什么样的方式推行对外政策则完全是可以人为选择和控制的，而德国选择咄咄逼人的"世界政策"有理由让当时最大的殖民帝国——英国——相信自己再也不能置身事外了，它担心自己的利益很可能因德国的"世界政策"而受损，因为英国拥有的广阔海外殖民地，无疑是要求获得"阳光下的地盘"的德国所觊觎的目标。基于德国的崛起和对外政策的巨变，均势体系已再难维持，英国开始考虑放弃传统的孤立主义政策，试图在欧洲寻找利益上的盟友。

在德国业已失去俾斯麦时代灵活外交的特点之际，诸大国在殖民地、航海和贸易上的争夺以及在经济上的恶性竞争等诸多矛盾日益交织激化，各国因各自利益不同而采取结盟的方法来维护自身利益以防止利益受损。世界就这样日益分裂为两大对立集团，到20世纪初，先前的均势体系最终为同盟体系所取代。一战后，威尔逊在战争原因的分析上有深刻的见解，他认为"战争的原因不止于德国领导阶级的恶行，欧洲的均势也是罪魁祸首"。[②] 姑且不论均势和同盟两种体系孰优孰劣，可以肯定一点，正是德国迅速崛起引起同盟体系的不断僵化构成了第一次世界大

---

① Adam Ulam, *Expansion and Coexistence*, New York, Praeger, 1968, p. 5.

② ［美］亨利·基辛格：《大外交》，海南出版社，1988年版，第41页。

战的最深层次的原因，即肯尼思·华尔兹归纳的战争原因——个人、国家和国际体系三个层次（image）中的“体系层次”原因。

二、“后俾斯麦时代”的国际格局

同盟体系很大程度上是由于在殖民地竞争上相互冲突而促成的，也正是这些同盟体系的作用在很大程度上导致了一战的爆发。同盟体系始于1879年德国与奥匈帝国在俾斯麦策划下旨在保护德国人免受宿敌法国的攻击而缔结的防御性伙伴关系。1882年，意大利在与法国争夺突尼斯失败后也加入了德奥同盟，进而形成德意奥三国同盟。“当时，三国同盟无论就其宗旨或是盟约条款来说，都决不是侵略性的。德国和奥匈帝国都是易满足的国家，它们主要感兴趣的是维护欧洲大陆的现状。”①

尽管三国缔结同盟的主旨是防御性的，但这在当时欧陆上另外两个大国——俄、法看来则不尽然。在俄、法眼里，三国同盟无疑是针对它们的，而且还是使它们易受攻击和限制的潜在的最大威胁集团。

早在三国同盟缔结之前，德国“铁血宰相”俾斯麦早已洞察：俄、法如果表示友好并建立稳定关系，对德国将是十分危险的。他为了避免德国过早卷入海外殖民地的争端和免受法俄夹击而谨慎地实行“大陆政策”。而且他还能施展高超的外交手腕来阻止法俄亲近，俾斯麦精心“编织了这样一张处处是羁绊，各种承诺互相抵触的网。各国如同车轮上的一根根辐条，射向柏林。

---

① ［美］斯塔夫里阿诺斯：《全球通史：1500年以后的世界》，上海社会科学院出版社，1999年版，第581页。

这一体系维护脆弱和平的手段是使战争打不起来。如果任何一国动一动就要被这张网绊倒，它们就会安分守己地留在原地”。[①]然而，不幸的转变却不期而至，俾斯麦1890年在德皇压力下辞去了宰相职位，“铁血宰相”纵横捭阖的灵活外交后继无人。正如其继任者冯·卡普里维所坦言：“他没法像俾斯麦那样，同时玩要几个球而不让它们掉下来。”[②]德国外交政策的延续性就此寿终正寝，灵活有节制的外交也杳无踪迹。“德国政策的惊惶笨拙葬送了俾斯麦体系的残余，使得欧洲处于一种远不稳定、远为脆弱的状态。”[③]“后俾斯麦”时代的德国不仅在土耳其、巴尔干问题上开罪了俄国，而且在摩洛哥争夺上激怒了法国。敌对情绪在欧洲各国间激化并蔓延着。

能力不逮的卡普里维的雄心却比俾斯麦大得多，他提出“新方针”以追求更为远大的目标。“新方针”的逻辑是：法俄与英国在殖民地上的矛盾不可调和，所以它的“光荣孤立”自然无法持久，终有一天它会主动和德国合作；俄法两国对德国始终怀有不良的侵略企图，并认为外交已经不能保证德国的地位。所以卡普里维在不断加强军备的同时试图和英国发展友谊，并且在1890年主动断绝了与俄国的关系。他还把自己的政策描述为欧洲和平的希望。正是这种外交上的模式化和军事思想的僵化使得德国与周边的关系得不到改善，反而激起了“有组织的敌对”，纷纷企图通过扩军实现武力的强大，维护国家安全。

---

① ［美］罗伯特·帕斯特：《世纪之旅——七大国百年外交风云》，上海人民出版社，2001年版，第105页。

② ［美］罗伯特·帕斯特：《世纪之旅——七大国百年外交风云》，上海人民出版社，2001年版，第105页。

③ ［美］戈登·克雷格、亚历山大·乔治合著：《武力与治国方略》，商务印书馆，2004年版，第57页。

如果俾斯麦不是在德国正走向世界大国的中途辞职的话，或许情况会完全不同。当时一位沙俄外交官对此很有看法，他说："俾斯麦执政期间，根本就不会出这种事。现在的局面是德国不自量力造成的。他的胃口比俾斯麦还要大，可又不是俾斯麦这样的人。"[①] 在崛起的同时实施易引发争议的外交政策，利益受损国顺理成章地认为有联合对付德国并遏制它的必要，俾斯麦所担心的法俄亲近正是在此情景下发生的。在他离任后不久，法俄两国在 1894 年缔结了友好协定。要是英国也加入法俄协定的话，德国将面临着被包围的危险。当然法俄协定的目的不只是针对德国或是三国同盟，而且还有共同抵制英国的意图。因为俄国和法国在好几个殖民地争夺中都与英国存在激烈的冲突。

而此时的英国还不愿加入两个集团中的任何一个，因为对英国来说，"作为两个集团的仲裁者比成为其中一个集团的成员所获得的利益肯定要大得多"。[②] 但后来有两个重要原因促使英国与法俄和解而不是如卡普里维所期待的那样转向德国：原因之一是德国旨在建造世界第二的海军计划使英国再也不怀疑德国的野心，并感到自己海上霸权受到挑战，表示"深感不安"；另一原因是在英国与布尔人的战争中德国站到了英国的对立面，并由此对德国耿耿于怀。更深层次的原因当属德国经济的飞速增长并很快赶超英国，打破了原有均势成为欧陆最强。这与传统上奉行"大陆均势"政策的大英帝国的利益是不相符的。在德国笨拙地推行"世界政策"的刺激下，英国于 1907 年加入了法俄协定。至此，"一种任何一个大国都不享有主导地位和不能对它国发号

---

① Henry Kissinger, *Diplomacy*, Simon and Schuster, 1994, p. 210.

② Erich Brandenburg, *From Bismarck to the World War, 1870－1914*, Oxford Unversity Press, 1927, p. 296.

施令的事态”[1] 即所谓“均势”格局完全为同盟体系所取代。很明显，同盟并不具备均势所拥有的优点——“在均势条件下，每个国家与其余国家在倾向或意识形态上分裂到如此地步，以致无法形成联盟；但是每个国家在缺乏优势力量的情况下，都不敢太过冒险”。[2]

世界各国在“后俾斯麦”时代都选择了各自的盟友，它们均将各自的利益置于两个对立同盟中之一的保护之下。这种僵化的、不安定的、对立的同盟体系没能带来它们所期待的和平。相反，各国纷纷猜测战争将不可避免，并认为“迟打不如早打”，军备竞赛也达到白热化的程度。而且它们均竭力在人员数量和技术装备上超过对方。战争爆发前，“法国常备军达到 67.7 万人，德国 75.4 万人，俄国达到 144 万多人，奥匈帝国达 44.5 万人”。[3] 军备竞赛导致的最直接的后果是彼此力量对比的失衡，长时间的失衡就很容易造成混乱，甚至还能引起大规模的战争。尤其在两极同盟体系下，“每当发生重大争端时，两大集团的成员即使对争端持怀疑态度，也不得不支持各自的直接参与争端的盟国”。[4] 这就意味着一个小小的争端往往也可能会酝酿为严重的冲突甚至战争，事实上一战也正是由这样的一个偶发事件不断扩大引起连锁反应导致的。历史上很多类似的危机时有发生，有的决策者能在关键时刻力挽狂澜，有的却只会推波助澜。人们不

① J. B Scott，*The Classic of International Law*，Washington：Carnegie Institute，1915，p. 40.

② Hinsley，F. H. *Power and the pursuit of peace*，Cambridge：Cambridge University Press，1966，p. 51.

③ 王绳祖主编：《国际关系史》第三卷，武汉大学出版社，1983 年版，第 359 页。

④ ［美］斯塔夫里阿诺斯：《全球通史：1500 年以后的世界》，上海社会科学院出版社，1999 年版，第 581 页。

禁要问：到底应该怎么样看待历史人物？

三、双重性格的威廉二世

究竟决策者在多大程度上影响战争的爆发无疑是一个颇值深究的问题，因为人们最容易发现决策者对事件进程的作用和影响，而且通常是他们掌握着战争的最后决定权。但对个人的作用不宜夸大（事实上是常常被夸大），“过于关注个人动机会使我们忽视人们意想不到的个人行为后果，这样的行为后果是由一个更大的体系所导致的”。[①] 肯尼思·华尔兹把战争的原因归为三个层次，即他所说的个人、国家和国际体系三个“层面”（image），这种方法对于人们探究战争的根源颇有启发（尽管这一理论现在看来也存在缺陷和不足）。他也认同对个人的分析存在理论“预见力过大”（overpredicts）的问题，他所谓的理论“预见力过大”即指“它可以解释某些事情，也可解释所有的事情。这正如一只坏了的钟，每天他只有两次是正确的，而大多数时候它都是在误导我们”。[②] 的确，人们在分析第一层次的表现形式时常常努力解释人类的共性或人性，而没能分析个人的特征，因而也就不能正确进行个人与战争原因的分析。

肯尼思·华尔兹关于个人层次的分析要求把个人放在其所处的特殊环境中来研究。如果把威廉二世放在当时的国际形势下，人们会发现，一战的爆发的确是与德皇威廉二世难脱干系，威廉

① [美] 约瑟夫·奈：《理解国际冲突：理论与历史》，上海人民出版社，2002年版，第52页。

② [美] 约瑟夫·奈：《理解国际冲突：理论与历史》，上海人民出版社，2002年版，第53页。

充满矛盾的个性加重了德国崛起对世界格局的冲击，而且在很大程度上引起了其他国家的紧张不安。

德皇威廉二世身体先天有缺陷，左肩患有先天性的不治之症，在“很小的时候就有左腿、左耳和左侧头痛”。[①] 弗里德里希·瑙曼是这样分析他自相矛盾的性格的：“舞台式的铺张华丽与自然本色的朴实无华，政治上的想入非非与健康的正常理智，讨人喜欢的正直与无视真理，无微不至的关怀与不得体的举止，绝对的慷慨与过度的敏感，温暖与冷酷，怯懦与傲慢，尤其是没完没了不着边际的诅咒！”[②] 或许正是这些性格上的矛盾造就了威廉二世的愤世疾俗和刚愎自用的心理。用历史的眼光看他的从政经历，威廉二世的行为很大程度上是由于其个人状况的不如人意，因此寄希望于通过其他途径来转移困扰君主的问题。所以他幻想从政治上获得满足或是建立伟大功勋以弥补其他方面的缺陷，这很能说明为什么他的举动似乎总有些令人匪夷所思。

威廉二世上台伊始，一方面宣称“路线照旧”，同时又命令开始一条“全速前进”的“新路线”。两年后，即1890年，新皇帝迫使老宰相俾斯麦主动辞职。因为老宰相的“大陆政策”使德国海外殖民地还不及英国的10%，这显然对不上新皇帝的胃口。新皇帝坚信自己有领导人民创立丰功伟绩的责任，而“大陆政策”显然束缚了他的远大理想。之后德国的对外政策很快发生了大逆转，不但要获得“阳光下的地盘”，还要建立自己强大的海军保护海外利益。德国在1900年明确表述了其世界政策：“我们不会使自己放弃与其他大国平起平坐的机会——有一段时间德国只是个地理名词，它不被视作一个大国。今天我们已经成为一个

---

① [德] 阿·米尔：《德意志皇帝列传》，东方出版社，1995年版，第510页。

② [德] 阿·米尔：《德意志皇帝列传》，东方出版社，1995年版，第511页。

大国了；我们希望在上帝的帮助下，使我们永远是个大国。我们不会取消和限制自己对于建立在理性和思考基础之上的世界政策的要求。”[①] 威廉二世获得绝对统治权利后，军国主义、民族沙文主义、殖民主义很快占据了决策层，并很快将德国牵引上了战争的轨道。德国对外政策在威廉二世的推动下不断向本来就十分脆弱又日益僵化的国际体系施加超额负荷，使之濒临崩溃边缘。

威廉二世的“世界政策”不仅符合当时德国军国主义的胃口，又迎合了民族沙文主义的意图，也博得了大批资产阶级工业巨头的赏识，同时还顺应了德国迅速崛起的经济扩张的需要。所以他的“世界政策”的推行在上层几乎没有受到什么阻力，工业高速发展使广大的工人也从中得到很多的实惠。德皇还许诺为他们提高工资待遇，改善他们的社会状况。极端民族主义情绪高涨的德国民众对威廉的支持呼声也很高。在这样的国内环境下，鲁莽冒险的外交实在是很难避免。

威廉二世不仅外交上乏善可陈，在国内政治上也无所建树。首先，德国没有处理好国内狂热的民族主义情绪。威廉为了推行其“世界政策”，对极端民族主义和军国主义都倍加推崇。“民族主义狂热与容克资产阶级争夺海外殖民地的渴求融合在一起，形成一种浓烈的扩张侵略欲望”[②]，并且迅速蜕变为长期影响德国的“民族沙文主义”。其次，德国严重的社会问题还表现在社会内部融合程度低，民主制发展缓慢，而且封建的传统感很浓厚。这类问题的解决无疑需要相当的时间、精力和耐性，威廉领导的德国显然没舍得在这一问题上多下工夫，而是采取冒险的扩张主

---

① Seymour Charles, *The Diplomatic Background of the War 1870－1914* [M]. New Haven: Yale University Press, 1918, p. 88.

② 吴于廑、齐世荣主编：《世界史·近代史编》下卷，高等教育出版社，1992年版，第320页。

义行径试图来转移国内人民的注意力。

最后，战争原因的三个层次的构建终于“大功告成”，有庸碌自负的领导者（当时欧洲国家的领导人大都如此）、严重的国内矛盾和社会问题（各国程度不同的存在）、僵化腐朽的国际体系（各国均参与的对峙的两个同盟）。走到这一步，各国不管愿意与否，即使是想回头也是骑虎难下，本来不是不可避免的战争到这时真的是在所难免了。由此可以明确看到德国崛起与一战的关系，德国的责任不只在于其崛起，更多的是由于其幼稚的内外政策及其他国家的遏制企图。同时，深受各国政策直接或间接影响的日益僵化的国际格局更是难辞其咎，因为一战正是在两极同盟体系下由边缘地带小的争端引起的全面战争。

历史上总是不断有新的大国崛起和老的国家衰落，就如同新陈代谢般自然，但它们崛起的途径和影响却大相径庭。大国崛起的确会引起一些新的矛盾，但并一定总会导致战争和国际格局的变动。今天日益壮大的中国吸引了全世界的目光，一时间“中国威胁论”、“中国崩溃论”等各种有关“中国崛起”的悲观看法甚嚣尘上。

四、中国和平发展的世界影响

似乎“伴随着一个新的大国崛起而来的总是不确定性与焦虑，暴力冲突经常（虽然不总是）随之而来”。[①] 当初德国崛起

① ［美］约瑟夫·奈：《理解国际冲突理论与历史》，上海人民出版社，2002年版，第6页。

后推行的“世界政策”的确引起了很多国家的紧张不安，并诱发军备竞赛和恶性经济竞争、国际体系僵化等一系列复杂问题，最终导致“有组织的敌对”直至一战爆发。今天中国的快速发展几乎引起了全世界媒体的关注，“中国威胁论”甚嚣尘上。

中国改革开放以来所取得的成就世人有目共睹，现有国际体系的既得利益者担心中国的“崛起”会损害它们的利益。鉴于先前中国曾遭受西方列强近百年的屈辱，中国强大还可能导致西方国家害怕中国会向它们复仇，这也为中国的发展赢得了更多的“关注”。不能否认，中国的发展壮大（更多的人认为中国将在未来很长一段时间仍然是初级阶段的发展而不是所谓“崛起”）势必会给世界上其他国家带来或多或少的影响，特别是在国家间相互依赖日益加深、几乎谁也离不开谁的今天。几乎世界上所有国家都关注今天的中国是否会重蹈德国崛起诱发一战的覆辙。

在以美国为主导的当代国际格局中，美国的霸主地位是无可动摇的。正如布热津斯基所言：“美国是全球的领跑人，而且目前没有竞争对手。”[①] 俄罗斯的研究也表明：“美国居于首位的状况至少还要持续 20 年左右，其他国家连与之接近的都没有。”所以“在未来一个时期，美国仍将在世界事务中发挥决定性的作用”。[②] 中国的发展不会危及到现有国际格局主宰者——美国的霸主地位，由于实力和影响力有限，至少在短期内不会对美国的超强地位发起挑起。相反，中国越来越多地参与美国倡导的国际

① 布热津斯基：《大抉择：美国站在十字路口》，新华出版社，2005 年版，序言第 1 页。

② 布热津斯基：《大抉择：美国站在十字路口》，新华出版社，2005 年版，第 1 页。

社会分工与合作，与美国在反恐和防核扩散等重要领域都有很好的合作。这些举措都有利于世界和平与稳定，而不会对现有的国际格局造成大的冲击。

其次，从国家层面看，今天的中国与当年的德国不管在文化层面还是在物质层面都存在天壤之别。今天中国和当时德国所处的国际背景大相径庭，当代世界不存在对海外殖民地的争夺，也不存在开拓市场或航海争端等问题。而且，信息化的当今社会的交流比以往任何时候都更为顺畅，交流的渠道也日益多元化，这就能及时化解很多国家间的矛盾，避免矛盾进一步激化。

第三，中国是信奉儒家文明的“内向型”和“防守型”的社会主义国家。中国文明“仁”、“和”的思想具有天然的包容性和重义轻利的特征；而一战前德国文明特征则恰恰相反，属“外向型”和“进攻型”的资本主义，而且还残留着历史遗留下来的军国主义传统，并保有强烈的扩张欲，正是德国传统的扩张欲望和容克的好战精神的结合导致德国从“大陆政策”到“世界政策”的转变。所以从根源上看，中国不具备对外扩张的思想根基，而且也没有像德国当初那样强烈的帝国扩张欲望。

第四，区域集团化和全球一体化的发展。跨国公司、国际组织及其他跨国行为体日益活跃，相互交融的世界经济在现代国际关系中表现出越来越重要的作用，并在很大程度上有效地制约着战争的爆发。特别是全球化进程的日益加快使国家间相互依赖越来越深，使各国利益相互关联，几乎达到“你中有我，我中有你”的地步，因此也在很大程度上降低了战争爆发的可能性。日益全球化的今天发生世界大战的可能性越来越低，因为此时的“‘战争’已经让位于随处可以发生而往往又来源不明的非正式冲突”。[1]

中国正积极融入国际社会，融入世界经济的有序竞争和全球合作，而不是像一战前德国那样采取扩张侵略的方式获得收益。况且就当前形势而言，如果国家间矛盾真的发展到非采取行动不可的时候，经济手段也是有效的选择之一，因为经济方式常常比武力更有效而且成本比较低，往往利用贸易制裁的方式就能达到“不战而屈人之兵”的效果。所以除非在万不得已的情况下，各国宁愿选择经济或外交手段而不是军事手段来解决国家间问题。

第五，最大的国家间政府合作组织——联合国对世界和平的巨大促进作用。中国作为联合国五个常任理事国之一，积极参与世界和平进程的每次尝试，并一直主张国际间和平共处的原则；始终坚持在联合国框架下通过协商解决一切争端，坚决反对国际政治经济旧秩序、霸权主义和强权政治，中国的立场和主张赢得了积极的支持和响应。可见，中国是世界和平的有力维护者而不是麻烦制造者。

最后，核武器造成的“恐怖平衡”局面的出现。不管承认与否，核武器不是增加而是大大降低了发生战争的可能，核武器的巨大杀伤力和致命的破坏性使所有国家均把核战争看作“非理性”的外交手段。即便拥有核武器，也不敢轻言动武。此外，核武还导致大国“事实上的行为规则的产生”[2] ——为避免核战，各国均力图避免爆发冲突，因为战争一旦爆发，其毁灭性的代价谁都无力承担。中国作为核国家，自觉遵守相关规则，还积极参

① 布热津斯基：《大抉择：美国站在十字路口》，新华出版社，2005年版，第15页。

② 约瑟夫·奈：《理解国际冲突理论与历史》，上海人民出版社，2002年版，第207页。

与美国所倡导的防止核扩散的活动。

五、结论：和平发展是全球责任

就诱发战争原因的国际体系、国家、人三个层面而言，国际体系当属三者当中最为关键的一环。尽管国家既可以去适应它也可能去挑战它，但体系也可以制约其成员的不羁行为。一战前的德国依靠武力实行对外扩张，以争夺霸权，实现崛起，进而依靠侵略战争打破原有国际格局，而那时的国际体系却没能及时制止或规范德国的挑衅行为。以史为鉴，日渐壮大的中国要避免走当年德国的老路，“必须摒弃近代以来后起大国依靠侵略战争打破原有国际体系、依靠实行对外扩张以争夺霸权的崛起道路，走出一条争取和平的国际环境以发展自己、又以自身的发展来维护世界和平的后起大国和平发展之路”。[①] 要做到去适应而不是去挑战现有国际体系，争取积极融入国际社会，参与国际竞争，树立起负责任的大国声誉，努力消除别国的疑虑。

国际体系的维护或调整是全世界面临的共同问题，印度、中国等国家的发展壮大将不可避免地触动国际体系敏感脆弱的神经。仅仅依靠这些国家自觉构建和谐世界的良好愿景是远不够的，世界上其他国家也应有足够的包容去接纳新近强大的大国，认识到新崛起国家带给世界更多的是机遇而不是挑战。正如肯尼思·华尔兹所言：“全球问题的解决无法由某一国家独立承担，

① 黄仁伟：“大国兴衰的历史比较”，http：//www. phoenixtv. com/phoenixtv/76570024118059008/20050705/579611. shtm。

而只能由多个国家共同完成。”[①] 在全球化国际社会相互依赖日益加深的今天，国际社会有责任齐心协力致力于世界各国的和平共处与和谐发展。

① 肯尼思·华尔兹：《国际政治理论》，中国人民公安大学出版社，1992年版，第284页。

对当前中国角色定位和责任选择的战略思考

孙　霞*

内容提要：当前的国际体系正在经历结构上的重大变化，对于中国在国际体系中的角色定位也应做出新的认识。经过改革开放后几十年的努力，中国已基本上成为国际体系的一员，但是，这并不表明中国已完全接受了现有的国际体系结构，作为地区大国，中国还是国际体系的变革力量之一。基于以上对中国角色定位的认识，中国承担了大国应该承担的国际责任，但对于美国试图向中国转嫁更多责任的企图和目的，中国应当有清醒的认识。就中国当前的国际战略看，应当分别加强参与全球事务的能力、整合地区经济的能力和控制国内危机的能力。

近年来，中国的国际角色定位和国际责任成为学界讨论的热

* 孙霞，上海社会科学院欧亚研究所助理研究员。

点，也成为国家对外战略中的重大基础性战略问题。当前国际体系的演变、大国之间力量结构的变化以及中国与其他大国的互动等因素对中国的国际角色定位、国际责任选择都有根本性影响。2008年的金融大崩溃对美国、欧洲的经济体系、国际地位造成了极大破坏，中国地位的上升再次成为关注的焦点，西方开始要求中国承担更多的国际责任。以西方为主导的国际社会对崛起后中国的角色定位和国际责任的认知有夸大之嫌，在现阶段，中国要找准自己在国际社会的位置，为构建中国新的国际战略提供正确的参考。

一、国际体系与中国的角色定位

一般而言，国际体系是指由国际关系中起主导和支配作用的国家或国家集团基于力量对比关系而形成的一种相对稳定的互动结构和状态。从国际体系的基本要素看，“二战”后形成的现代国际体系把民族国家作为主要行为体，大国间力量悬殊，以战争与合作作为互动方式，体系内的规范和制度是“二战”后在英美霸权的主导下建立的并符合这些国家的利益。冷战后的国际体系基本延续了“一超多强”的格局，但从体系的稳定性看，由于美国独霸的大国间力量对比发生变化，体系结构开始出现松动，行为体相互依存的敏感性和脆弱性都在上升。受伊拉克战后混乱局面以及金融危机的影响，美国的实力地位相对下降，战略空间有所收缩。在“反恐”、维护中东安全、防止大规模杀伤性武器扩散等安全问题上，美国越来越离不开其他大国的合作。在东亚、中亚等地区安全事务中，美国需要调整与其他地区大国的关系，由相互竞争与排斥转向相互吸引与合作。由于中国在朝鲜核危机和朝鲜半岛无核化进程中所起的关键作用，美国已不能单独主导东亚地区事务。随着俄罗斯逐步恢复在中亚地区的影响力以及上海合作组织等地区组织的发展壮大，美国在中亚地区的影响力逐步压缩。① 美国在中东发动伊拉克战争后，中东民众乃至整个伊斯兰世界的反美情绪愈发高涨。美国在全球军事安全上的"一超"地位在受到频繁挫折后开始动摇，地区大国在国际体系，特别是在地区事务中的自主作用上升。解决地区热点问题、发展地区一体化都离不开地区国家的自主推动，如东盟在东南亚一体化中的作用，中亚国家在打击"三股势力"、建设上海合作组织中所起的作用等等。地区大国不再如同冷战时期那样，或者一味追随霸权国家，或者保持完全中立，而是在大国的竞争中起平衡、协调的作用。美国的传统盟友，如欧盟、韩国、澳大利亚等，对美国在国际和地区事务上一贯维护其霸权地位、采取单边行动的做法提出了质疑，在涉及本地区及本国安全与利益的问题上，与美国的观点也出现了分歧。② 中亚地区的哈萨克斯坦、乌兹别克斯坦等国逐步摆脱美国和俄罗斯两个大国的主宰，正是这些地区国家和"小国"开始在各大国间起到缓冲和平衡的作用。从大国间关系看，尽管欧洲、日本、俄罗斯、中国等大国在地缘政治、地区政策、联合国作用等问题上都同美国存在着激烈的竞争，但是这些大国在意识形态、政治制度、战略利益方面的分歧点也非常多，在未来 5—10 年内不会出现某些大国联合对抗美国的可能

① 中亚许多国家对于美国在"颜色革命"中的独断专行、干涉别国内政等行为开始不满。2009 年 2 月，美国在中亚最后一个军事基地——驻吉尔吉斯斯坦军事基地关闭。

② See Judy Dempsey, "U.S. Presses NATO on Georgia and Ukraine", *New York Times*, November 25, 2008; "Farmers Rally Against US-S. Korea Free-Trade Deal", *International Herald Tribune*, November 25, 2008; Raymond Bonner, "Australia's Path Bends Away From U.S.", *New York Times*, November 26, 2007.

性。总之，2008年将开启大国间实力对比发生明显变化的新篇章，国际问题的解决越来越需要大国间的合作。正如温家宝总理在第七届亚欧首脑会议上的讲话中提到的，“各国要加强政治对话，共同维护地区和平与稳定”。[①]

国际体系结构的变化决定了体系中的单元，即国家在体系中的角色定位。国家在体系中的角色定位有两个方面的内容，一是这个国家是否是现有国际体系的一员以及与现有国际体系的关系，即国际角色；二是以这个国家的实力地位，其在体系中处于什么样的位置，即国际地位。面对国际体系结构的变化，各大国都在重新衡量彼此的实力对比，寻找自己的角色定位，中国也不例外。国内外学者对中国目前的体系角色定位的看法不一，诸如中国已经是“全球大国”了，是亚洲的“地区霸权国”，是国际体系中的“受益者”和“一员”，应该成为一个“负责任的大国”、“现有国际体系的维护者”等等。具体而言，西方学者倾向于过分夸大中国现有的实力和国际地位，而国内学者对此比较谨慎和低姿态。关于中国的国际地位，西方学者认为中国已经是全球性大国，并且试图在亚洲替代美国，确立地区霸权。[②] 国内也有学者认为中国崛起逐渐被承认和接受，中国必须先积极参与东亚新秩序的建构，才可能具备引导世界秩序演变的条件。[③] 关于中国的国际角色，国内外学者基本认为中国已经是现有国际体系的一员。佐利克在2005年所作主题为“负责任的利益攸关方”的讲话中已经承认中国已成为国际体系中的“正式成员”。佐利

① “温家宝在第七届亚欧首脑会议上的讲话”，新华网，2008年10月25日。

② Denny Roy, “Hegemony on the Horizon? China's Threat to East Asian Security”, *International Security*, Vol. 19, No. 1, Summer 1994, pp. 149－168.

③ 门洪华：《中国崛起与东亚安全秩序的变革》，《国际观察》，2008年第2期，第23页。

克本人也解释，鉴于中国的成功、国力和上升的影响力，不应再把中国作为特殊的一类，并指出中国也认识到了重新界定中国在世界地位的必要性。[①] 但是，当前西方普遍认为中国是国际体系现状的修正者。[②] 持此观点者从现实主义的理论教条和历史经验认定，新兴崛起的中国不会维持现状，而是一个决心要获得地区霸权的国家，因为上升大国总是试图通过战争来挑战主导国在国际体系中的地位。[③] 而国内学者坚持认为，冷战后中国开始打破过去一直被动的角色，全面参与既有国际机制，并基本认可了当今国际体系中几乎所有重要的国际制度。[④] 今后，中国还应当成为国际机制的积极建设者和主导者。[⑤]

以上对中国国际角色和国际地位的认识有合理之处，但并不确切。从中国的国际角色看，是体系的“变革者”，还是“维护者”，不仅是由中国的实力和国际地位决定的，还取决于国际体

---

① Speech on Conference held jointly by the Peterson Institute and the Center for Strategic and International Studies, Henry Paulson, Robert Zoellick, and Craig Mundie, “The China Balance Sheet in 2007 and Beyond”, Peterson Institute, Washington, DC, May 2, 2007.

② Robert Gilpin, *War and Change in World Politics*, (Cambridge: Cambridge University Press, 1981); Ronald C. Keith, *China as a Rising World Power and Its Response to* “Globalization”, (New York: Routledge, 2005); Randall Schweller, “Bandwagoning for Profit: Bringing the Revisionist State Back In”, *International Security*, Vol. 19, No. 1 (Summer 1994), pp. 72—107; Alastair Iain Johnston, “Is China a Status Quo Power?” *International Security*, Vol. 27, No. 4 (Spring 2003), pp. 5—56.

③ [美] 约翰·米尔斯海默著，王义桅、唐小松译：《大国政治的悲剧》，上海世纪出版集团，2008 年，第 421 页；Christopher Layne, “China's Challenge to U. S. Hegemony”, *Current History*, January 2008, p. 13.

④ 门洪华：《构建中国大战略的框架：国家实力、战略观念与国际制度》，北京大学出版社，2005 年版，第 256—258 页。

⑤ 门洪华：《压力、认知与国际形象——关于中国参与国际制度战略的历史解释》，《世界经济与政治》，2005 年第 4 期，第 22 页。

系本身的性质和变化。[①] 中国已经融入国际体系，但并不代表中国支持和维护既有的国际政治体系结构和经济秩序。事实上，中国在恢复联合国的合法席位以及加入世界贸易组织时，不得不接受这一国际体系的游戏规则，包括政治上的威斯特伐利亚主权体系、联合国安理会的五大国国际权力治理方案，经济上进行自由市场改革，意识形态上参与国际人权领域的对话，等等。但是，在把这些制度和规则运用于外交战略和国内建设时，中国并没有全盘接受，而是有所保留地取舍。例如，中国正在试图向全世界传递其和平发展的理念，完成西方价值观念与中国和平发展理念的嫁接与融合。因此，当现有体系发生变化，特别是西方主导的国际政治经济制度发生问题的时候，中国尽管受到了一定的冲击和影响，但由于根源不在中国本身，中国调整起来也相对容易。在亚洲地区，中国并没有在亚洲称霸的意图，不会成为美国所担心的亚洲“地区霸权国”。其事实依据有两个：其一，中国没有如同美国当年在美洲所做的那样把美国推出亚洲，而是接受了美国在亚洲的领导地位；其二，中国没有运用战争达到打败其他地区霸权国的目的，而是在亚洲采取了睦邻友好政策。

衡量中国的国际地位需要从多个元素分析，包括中国当前的

---

① 现状的“变革者”还是“维护者”这一用法曾经用来解释“大战的起源”、“大国协调”、“对大国衰落的反应”和“追随结盟的行为”。参见 Randall Schweller, *Deadly Imbalances: Tripolarity and Hitler's Strategy for World Conquest*，(New York: Columbia University Press, 1998)；Andrew Kydd, “Sheep in Sheep's Clothing: Why Security Seekers Do Not Fight Each Other”, *Security Studies*, Vol. 7, No. 1 (Autumn 1997), 114－155; Peter Toft, *The Way of the Vanquished. Fallen Great Powers and Responses to Collapse 1815－2004*, PhD-dissertation, Institute of Political Science, University of Copenhagen, 2006; Randall Schweller, “Bandwagoning for Profit: Bringing the Revisionist State Back In”, *International Security*, Vol. 19, No. 1 (Summer 1994), pp. 72－107. 这里主要是指由于国家对待国际体系的战略不同而被区分为“维持现状的国家”和“修正主义国家”。

军事、经济等硬实力和制度、文化、价值观等软实力。既要看到中国取得的成就，也要警惕其中潜藏的问题和矛盾。中国从20世纪70年代以来持续不断的经济快速增长向国际社会展示了一个大国实力上升的趋势。但是，中国并没有把大量经济资源转化为军事实力，以扩张势力范围，而是通过普遍建立互信共赢的关系，改善外部安全环境和舆论环境，消除美国对中国在国际体系中的战略猜疑。作为全球大国，必须要有投射到世界各个地区的军事力量和部署，目前，只有美国拥有这一能力和意图。因此，从中国的国际地位看，中国仅仅是“地区大国”，而不是“全球大国”或“世界大国”，充其量只能是“负有全球责任的地区大国”。“全球大国”只是中国国家战略的目标，或者说中国正处在从“地区大国”向“全球大国”迈进的过程中。作为“金砖四国”之一，中国与其他几个新兴大国一样主要侧重于地区事务，如俄罗斯的重点在独联体和欧洲，印度在南亚，巴西在西半球，而中国必须立足于亚太地区。角色定位是确定中国责任的关键，当前中国在国际体系中的角色定位决定了中国在国际上应当承担的责任。

二、全球公共产品与中国的责任选择

中国的国际角色定位是地区国家，而不是全球国家或地区霸权国家，更不是全球霸权国家；中国既是现有国际体系中的一员，也是现有国际体系的变革者之一。找准这一角色定位，其他的事情就好办了。

关于大国的责任，布尔（Hedley Bull）曾经指出，“大国宣称自己拥有或者被赋予这样一种权利，即在涉及整个国际体系的和平与安全的重大问题上发挥着决定性的作用。它们负有义务根据所承担的管理责任对自己的政策加以调整，而且其他国家也认为大国负有这个义务。”① 布尔认为，维护“整个国际体系的和平与安全”是大国的责任。但是，究竟什么样的大国才有义务承担这种责任，布尔没有详细说明。在当前的国际体系中，只有全球大国才必须承担维护整个国际体系和平与安全的国际责任，而维护国际体系的和平与安全是全球大国的主要责任。除了这些责任之外，还有其他一些全球性问题需要所有国家共同承担才能得到解决。具体来说，包括维持国际开放的市场、遵守全球惯例、保护全球环境和人类的可持续发展等。以上这些责任从国际政治经济学的角度讲，都属于全球公共产品。全球公共产品按照不同的标准可以分为不同的类型，② 从大国责任的角度，我们可以把全球公共产品分为两大类：霸权国供给的公共产品和全球主权国家共同供给的公共产品。霸权国家充当了世界政府的角色，成为全球公共产品的最大供应者；其次是主权国家按照消费偏好、资源提供公共产品。在霸权国家地位衰落时期，该国惯于通过威逼利诱促使其他国家，特别是霸权国家的竞争国提供全球公共产品。如果全球公共产品的最大受益国（如当前的美国）不能或不愿提供大量的资源，那么将设法把责任转移到较小受益者身上，从而实现对其他国家的控制，维持霸权地位。霸权国家从全球公共产品中获得的利益份额最大，迄今为止，世界唯一的霸权国家只有美国，虽然美国开始在全球范围内收缩力量，但是其全球霸

① ［英］赫德利·布尔著，张小明译：《无政府社会：世界政治秩序研究》，北京：世界知识出版社，2003 年版，第 162 页。

② See Joseph E. Stigliz, “Knowledge as a Global Public Goods”, in Inge Kaul, Isabelle Grunberg and Marc Stern, eds. , *Global Public Goods: International Cooperation in the 21st Century*, New York: Oxford University Press, 1999.

权国家的性质依然存在。当前国际政治格局、经济秩序依然是“二战”后在美国的主导下形成的全球公共产品，符合美国的国家利益，也依然在为美国的霸权服务，美国势必要继续维持这种国际政治格局和经济秩序。但是，日渐衰落的美国却要求其他国家承担更多的责任。例如，对于气候变化等当前的全球性问题，美国连自己应该承担的那部分责任也没有承担起来（美国至今没有批准《京都议定书》），国际上并不是只有美国在为应对气候变暖而努力，美国实力再强也没有能力独自承担这些责任。美国要求其他大国承担更多的所谓“国际责任”，实际上是想要它们承担本来应该由美国来承担的部分责任，以此损耗其他竞争大国的力量，也好让自己有喘息的机会，不至于过早失去霸权国家的地位。衰落后的美国大谈特谈美中共同利益和中国责任，无非就是想让中国承担一部分责任，以便减轻自己的负担。

被国际社会接受后，“负责任大国”一直是中国对自身责任的界定。但是，负什么样的责任，如何承担责任，却没有定论。西方给中国责任的定位是首先要有能力并愿意维护国际体系的稳定和现有国际社会的秩序。佐利克声称，美国现在的任务是“鼓励中国成为国际体系中的一名负责任的利益攸关方。作为一名负责任的利益攸关方，中国不仅仅是一名成员，而且应该与我们一起共同努力维护这个使之获得成功的国际体系”。[①] 佐利克的逻辑是：既然中国是国际体系中的一员，就应当承担相应的责任，而维护这一体系的正常运转是主要责任之一。“中国有必要与其他大国一起维护、加强国际体系，正是这一国际体系维护了世界

---

① 美国国务院国际信息局（IIP）2005年9月21日发表的副国务卿罗伯特·佐利克当天在美中关系全国委员会就美中关系问题发表的讲话，题为“中国往何处去?”。

的安全、繁荣和开放。”[①] 诚然，中国与其他国家一样对于许多全球性问题，如粮食安全、气候变化、自然灾害、武器扩散和恐怖主义等负有相应责任，中国也一直在承担这些责任。因为上述非传统安全领域涉及的问题本身就是全球性问题，撇开其他国家的单独行动根本无法办到或者收效甚微。例如，能源安全问题中的能源使用安全，是指能源消费及使用不应对人类自身的生存与发展环境构成任何威胁，属于全球层面上的能源安全问题，当然需要全世界的共同参与解决。某一个国家的能源使用效率低下将对全世界所有国家和地区造成能源短缺、环境破坏等后果，甚至危及整个人类的生存。因此，单个国家的能源使用安全问题也即世界所有国家的能源安全问题。中国作为一个人口大国和经济大国，在这类全球性问题上当然要承担责任，这是任何大国都不可推卸的。然而，并不是说小国或者弱国就不需要承担这类全球性问题的责任，如果任由小国恶性发展，成为西方眼中的所谓“无赖国家”、“流氓国家”，那么其他国家的日子也不会好过。这类全球性问题需要所有国家的参与，遵循“木桶原理”。[②] 一个水桶无论有多高，它盛水的高度取决于其中最低的那块木板。同样道理，人类社会的安全取决于每个国家的安全，其中最不安全国家的安全问题可能外溢为国际安全问题，从而导致国际社会的不

---

① Speech on Conference held jointly by the Peterson Institute and the Center for Strategic and International Studies, Henry Paulson, Robert Zoellick, and Craig Mundie, “The China Balance Sheet in 2007 and Beyond”, Peterson Institute, Washington, DC, May 2, 2007.

② “木桶原理”是美国管理学家彼得提出来的，又称“短板理论”、“木桶短板管理理论”。其核心内容为：一只木桶盛水的多少，并不取决于桶壁上最高的那块木块，而恰恰取决于桶壁上最短的那块。根据这一核心内容，“木桶理论”还有两个推论：其一，只有桶壁上的所有木板都足够高，那木桶才能盛满水；其二，只要这个木桶里有一块不够高度，木桶里的水就不可能是满的。

安全。因此，每个国家都应当承担起保障人类社会安全的责任。照此推理，如果任何一个承担全球性问题责任的国家都被称为“全球大国”或“霸权国家”，那么世界上所有国家都将成为这样的国家。

在不同的历史时期，中国的责任也应当有所变化。如果中国能够从当前的国际体系获益，并且脱离当前国际体系要付出巨大代价，那么认清现状，接受既有的国际体系是最佳选择。改革开放，尤其是20世纪90年代初苏联解体之后，中国做出了融入国际体系的战略选择。事实证明，这一战略符合当时中国所处的国际环境，有效提升了中国的国际地位。但是，如果当前的国际体系已经运转不灵，中国还要做国际体系的“维护者”，承担所谓的维护和加强国际体系运作的责任，中国将失去历史赋予的难得机遇。在国际体系结构和国家的角色地位发生重大变化的时候，中国有必要重新审视、调整和修改国际战略。从中国与国际体系的关系看，中国是旧的国际体系的“变革力量之一”，但是，中国目前还没有能力单独主导建立国际新秩序，即使在亚洲地区，中国也不能离开美国的存在。作为负责任的国家，中国所要做的是与其他国家一起，改革现有国际体系中不合理的内容，维护地区稳定与国家经济的发展。

三、提升国际战略能力

从角色定位与责任选择的角度看，坚持和平发展道路的中国国际战略应注重以下三个层面战略能力的加强：

1. 增强参与全球事务的能力，与美国保持良好的合作关系。

经济上，中国已经实行了“走出去”的发展战略。“走出去”

对整个世界经济体系产生了不小的震动，国际社会最初对中国的“走出去”战略非常抵触，提出“中国威胁论”。从国际战略看，中国还要在国际社会拓展政治影响力，政治上也要“走出去”，积极拓展国际空间，创造一个有利于国家利益的国际环境。

与美国主导的外部世界保持充分联系与合作关系，既要避免在中东地区等体现大国地位的国际事务中被孤立，又要避免与美国在台湾问题、能源问题上发生大的冲突，同时充分运用联合国等多边组织和世界舆论来牵制美国。苏联解体和“9·11”事件以后，很多国家都在寻找能够替代苏联和美国的国家，来代表它们提供和修补大量的全球公共产品。但是中国要始终牢记当前在国际社会的身份地位，避免承担其他国家过多的期待。当前的国际体系仍然是美国等西方国家主导，代表的是少数发达国家的利益。中国不可能另起炉灶构建新的体系，只能在现有体系中争取更多的发言权，缩小分歧，扩大共同利益。这样就可以避免东南亚、中亚的中国邻国陷入二难选择的矛盾之中，也有利于稳定中国的国际环境。但是，不另建体系并不是说不参与全球事务。中东这一被视为只有大国才能染指的地区，成为衡量国家参与全球事务能力的风向标。主导中东和平进程的是美国等大国，中国在需要的时候提出建设性意见，但绝不能过于冒险，承担超出自身能力的责任，损害国家实力。

中国不应当急于改变现有的国际机制和规则，因为中国已经接受大部分规则并开始受益。但是，当这些机制出现问题的时候，作为其中的一部分，中国也有责任一起去改变和创新。世界不平衡的发展是历史发展的必然路径，既得利益集团会反对调整现有政治、经济秩序，使强者越强、弱者越弱，在国际和平、繁荣的背后积累越来越多的结构性矛盾和危机因素。中国的崛起正在构建这种与美国、日本等既得利益集团的全球或地区结构性矛盾。在这一国际背景下，中国需要调整开放思路，优化政治、经济资源，提高政府参与国际事务的能力，加快与国际接轨的步伐。由于对国际组织规则的相对陌生和对参与制定国际机制经验的相对不足，在相当长的一段时间内，中国对于国际机制的态度一直较为谨慎。随着外交经验的积累，中国认识到，接受以制度为基础的国际性、地区性组织和协定，是提升主权的途径而不是对自治权的限制。[①] 中国外交逐渐摆脱了过去那种谨言慎行的思维定式，以成熟、自信的姿态走向世界。国际社会也越来越认识到，中国正在成为国际舞台上积极、和平的一员。[②] 今后，中国应当遵循“睦邻”外交、“和谐”外交的理念，不断拓宽多边外交领域，大力“走出去”，积极主动地参与国际组织和国际论坛的活动。

2. 提高整合地区经济的能力，做负责任的地区大国。

中国主动参与和发起的区域多边组织主要是东亚峰会和上海合作组织。这两个组织成为中国整合地区经济能力的主要平台，国际社会也在关注中国通过这两个组织对地区经济发展所起的作用。

中国正在向发展中国家展示一种迥异于西方的发展道路，即不断创新、大胆实验、坚决捍卫国家利益。20 世纪 70 年代末和 80 年代初，许多非洲国家和拉美国家采取了国际货币基金组织和世界银行开出的调整药方，遵照所谓“华盛顿共识”，推行全盘自由化，完全市场化，完全放开。但事实证明，这些措施并未

---

① Jean A. Garrison，“China's Prudent Cultivation of ‘Soft’ Power and Implications for U.S. Policy in East Asia”，*Asian Affairs：An American Review*，Spring 2005，Vol. 32，Issue 1，pp. 25—30.

② Evan S. Medeiros，M. Taylor Fravel，“China's New Diplomacy”. *Foreign Affairs*；Nov/Dec2003，Vol. 82，Issue 6，p. 22.

对病入膏肓的国家经济产生多大疗效。中国没有采取任何西方提供的药方，依照中国国情制定发展战略，改革开放之路取得了很大的成功。正因为如此，中国成为正在寻求国家富裕的发展中国家学习的楷模。例如，目前非洲国家正在推动一场“展望东方”的运动，由最先提出这一政策的津巴布韦政府开始，尼日利亚、肯尼亚都在展开相关活动，埃及等国也开始研究如何建立本国的自由贸易区，尼日利亚的国际问题研究机构还设立部门专门研究中国的发展道路。近年来，中国的国际形象不断改善，但“中国威胁论”、“中国输出发展模式”等诬蔑中国的言论还时有耳闻。西方有些别有用心的国家一方面诬蔑中国在非洲、拉美地区推行“新殖民主义”政策，输出中国发展模式；另一方面把中国的崛起视为不可避免的威胁，认为中国的崛起不可能是和平的，如果在未来几年内中国的经济保持持续增长，美国和中国就很可能以战争的方式展开激烈的安全竞争，包括印度、日本、新加坡、韩国、俄罗斯和越南在内的中国邻国将可能加入美国遏制中国的行列。[①] 西方主流国际关系理论中的现实主义学派认为，崛起的大国必然走权力扩张的道路，国家实力的上升和下降是发生大规模战争的主要原因。持“中国威胁论”的现实主义者认为，经济上更加强大的中国将打破亚洲现有的权力平衡，并引起中国邻国的重新结盟。[②] 要打破这种偏见，在地区范围内，中国所要做的是努力维持地区稳定，并寻求更大的地区经济优势和政治影响力。

---

① Zbigniew Brzezinski, John J. Mearsheimer, “Clash of the Titans”. *Foreign Policy*; Jan/Feb2005 Issue 146, p. 46.

② “权力转移”理论和“霸权周期”理论是现实主义学派的主要观点，其主要内容参见［美］罗伯特·吉尔平：《全球政治经济学：解读国际经济秩序》（杨宇光等译），上海人民出版社，2003 年版；［美］罗伯特·吉尔平：《世界政治中的战争与变革》，坎布里奇，剑桥大学出版社，1981 年版；［美］法利德·扎卡里亚：《从财富到权力》（门洪华、孙英春译，古田校），新华出版社，2001 年版等相关著作。

中国参与了各个地区的区域性安全与经济组织，在上海合作组织和东盟“10＋3”等有重大国际影响的区域组织中，中国必须争取发挥重要的主导作用。在周边地区坚持独立自主的和平外交政策，树立负责、公允的形象，进一步争取在地区安全事务中发挥重要作用。越来越多的发展中国家将目光投向中国，选择中国作为发展经济的典范，这为整个地区经济发展，实现地区经济一体化提供了重要基础。

3. 提升控制国内危机的能力，平衡发展各种国内力量。

中国在维持国内经济持续增长和政治稳定的过程中，面临大量尚未解决的危机。有效控制各领域危机，平衡发展各种力量，并逐个解决危机，度过各个困难时期，是实现国家和平发展的必需途径。

按照中国现有的经济增长率，中国的生产能力和财富总量将很快超过亚太地区的其他强国，中国的崛起是毋庸置疑的。但是，经济崛起的同时却带来各种危机，包括能源危机、环境危机、分配危机等，其中的任何一种危机都有可能损害经济的可持续发展并带来社会的不稳定。因此，“发展”一词并不总是意味着财富的获得和经济上的收益（即“发展”的基本含义），还包括社会和人的发展，其根本是实现人的全面发展，实现以人为本、全面协调可持续的科学发展，实现人与自然相和谐的发展。要使外部国家接受中国和平发展的道路，必须首先控制国内危机，平衡发展军事、经济、文化等各种力量。中国需要全力应对国内各种危机，防止外溢为地区危机、国际危机，特别是能源安全危机、恐怖主义、环境污染危机等需要消耗并占据中国大量资源和精力的问题。如果处理不当，或者会使得中国的大国崛起之路不可行，或者会由于忽视这些问题导致危害中国经济发展的更大灾难。因此，平衡发展各种力量，提升中国控制国内危机的能力，应当成为中国国际战略的重要内容。当前中国的软实力建设相对较弱，对中国的邻国而言，北京谦恭的姿态与经济发展中的魅力比恢复中国昔日辉煌的说法更有吸引力。[①] 软实力和硬实力可以相互转化，软实力和硬实力相互结合的战略被合称为“巧实力”（smart power），成为与“硬实力”和“软实力”并列的第三种“力”。[②] 如果软实力不足，长期艰难积累起来的硬实力也将消耗殆尽。在美国等大国都在恢复、发展“巧实力”的时候，从中国自身实力的结构缺陷看，中国应尤其重视软实力的提升，以平衡发展国内各种力量。

① 李焰：“东亚外交绽放并蒂莲，中国成地区领袖?”，《华盛顿观察》周刊 2008 年第 25 期，2008 年 6 月 25 日。

② Joseph S. Nye，“ Public Diplomacy and Soft Power”，The ANNALS of the American Academy of Political and Social Science，March 2008，pp. 94—109.

和谐世界构建中的发展权问题*

刘 杰*

内容提要：发展权作为当今国际社会普遍认同的一项不可剥夺的人权，整合了集体权利和个人权利两个层面的内涵。从构建和谐世界的目标出发，所有国家的共同发展和政策协调是促进人类经济和社会进步的最佳选择，发展机会的均等是所有国家享有的一项重要权利，组成国家的个人更是享有发展权利的主体，发展政策应该使人成为发展的主要参与者和受益者。

发展权是当今人类社会最具进步意义的权利理念之一。从构建和谐世界的目标出发，所有国家的共同发展和政策协调是促进人类经济和社会进步的最佳选择，发展机会的均等是所有国家享有的一项重要权利，组成国家的个人更是享有发展权利的主体，发展政策应该使人成为发展的主要参与者和受益者。但在日趋开放和激烈的全球市场竞争中，发展中国家人民的发展权并没有比

* 本文为作者在首届“北京人权论坛”上所做的大会主题发言。

* 刘杰，上海社会科学院世界经济研究所研究员。

过去更好地实现，贫困、落后、债务及由此产生的社会动荡、民族冲突乃至恐怖主义仍然是人类社会面临的最大难题。如何更好地实现发展权，是人类社会在构建和谐世界进程中必须面对的重大问题。

一、发展权是不可剥夺的人权

发展权作为当今国际社会普遍认同的一项不可剥夺的人权，整合了集体权利和个人权利两个层面的内涵：作为国家和民族的集体权利，发展权要求所有国家和人民公平分享世界经济发展带来的经济和社会利益，敦促发达国家与发展中国家进行有效的国际合作，向发展中国家提供促进全面发展的适当手段和便利；作为个人权利，发展权确认人是发展的主体，人应该成为发展权利的积极参与者和受益者，国家有权利和义务制定适当的国家发展政策，在全体人民和所有个人积极、自由和有意义地参与发展及其带来的利益的公平分配的基础上，不断改善全体人民和所有个人的福利。这一意义上，自近代以来，维护生存权和发展权始终是发展中国家及其人民的奋斗目标。只不过，这一问题曾长期没有引起国际社会的普遍重视，在世界经济体系中处于“边缘”或“外围”的发展中国家也没有能力改变这一不合理现象。

人民的生存和发展问题是第二次世界大战后开始得到关注的。《联合国宪章》第一次代表世界各国宣布，决心“促成大自由中之社会进步及较善之民生”，“运用国际机构，以促成全球人民经济及社会之进展”。20 世纪 50 年代中期以后，大批新兴国家的独立及其在国际事务中的紧密合作极大地改变了国际关系的力量对比态势，发展权问题有了引起国际社会重视的基础。在发展中国家的推动下，1961 年，第 16 届联大一致通过决议，制定了第一个国际发展战略，确定了发展中国家国民总收入最低 5%的年增长率目标，以便缩小与发达国家的人均收入差距。1969 年第 24 届联大通过的《社会进步和发展宣言》宣布，“各会员国应有责任采取各种旨在促进整个世界社会进步，特别是帮助发展中国家加速其经济成长的对内和对外政策”。宣言虽然没有明确提出发展权的概念，但已经包含了发展权问题的几乎全部内涵。

20 世纪 70 年代以后，发展中国家在争取建立国际经济新秩序的进程中，明确提出了维护发展权的概念。1970 年10 月，第 25 届联大通过著名的 2626 号决议，不仅确定了使发展中国家 10 年内 GNP 年均增长 6%、人民生活水平提高一倍的新目标，而且还为工业、农业、贸易、金融、就业、教育、卫生、住房、科技发展制定了具体的发展战略，要求发达国家每年至少应拿出 GNP 的 0.7%用于对发展中国家的官方援助。1970 年，塞内加尔最高法院院长凯巴·姆巴耶在斯特拉斯堡的人权国际研究所发表演讲时，首次提出“发展权是一项人权，因为人类没有发展就不能生存”的主张。1977 年发展中国家在联合国第 3 届人权委员会会议上正式提出了将发展权列入人权范畴的建议。在发展中国家的强烈呼吁和积极推动下，1979 年 11 月 23 日，联合国大会通过第 34/46 号决议，发布了《关于发展权的决议》，正式宣布“发展权利是一项人权，平等的发展机会既是各国国家的特权，也是各国国内个人的特权”。1986 年 12 月4 日，第 41 届联大第 41/128 号决议通过了《发展权利宣言》，明确宣布“发展权利是一项不可剥夺的人权，由于这种权利，每个人和所有各国人民均有权参与、促进并享受经济、社会、文化和政治发展，在这种发展中，所有人权和基本自由都能获得充分的实现”。将发展问题上升到基本人权的高度，是人类社会重要的观念创新和突破，标志着发展问题受到的重视程度极大提高，成为所有国家和人民共同的努力方向。

从发展权自提出到为人类社会普遍认同的历史过程中，可以看出国际社会对发展问题的认识和重视程度总的说来是不断提高和深化的，这也是当代人类社会不断走向进步的重要标志之一。但应该看到，发展权问题的进展主要体现在观念的变化和受重视程度的提高方面，在现实中，发展权并没有得到切实的解决和实现，20 世纪 60—80 年代联合国制定的三个“发展十年”的目标都没有能够实现，发达国家基本没有兑现对发展中国家的援助承诺，发展中国家与发达国家之间发展水平的差距不仅没有缩小，反而进一步扩大。从很大程度上，可以说，发展权问题是历史留给当代人类社会构建和谐世界的首要难题之一。

二、发展权的人本主义诠释

在人类社会致力于构建和谐世界的今天，发展权在本质上是对传统世界经济秩序下几乎所有世界经济理念的革命性冲击，试图使人们对经济发展的本质认识回归人本主义的结论，真正使人成为和谐世界的参与者和受益者，使每个人和所有国家人民均有权参与、促进并享受经济、社会、文化和政治发展，只有在这种协调而全面的发展中，人权和基本自由才能获得充分实现，和谐世界的目标才有实现的可能。因此，发展权的维护和强化不仅关系到经济全球化的进程和发展步伐，更关系到人类的共同进步和世界秩序能否向着公正合理的方向发展。发展权是不可剥夺的人权，这一理念决不因经济环境和经济条件的变化而有所改变，获得平等的发展机会也决不是对发展中国家的恩赐，而是所有国家和人民生存与进步的基本要求。具体来说，发展权外化了如下一系列关于经济发展的人本主义理念：

第一，发展权超越了传统经济主义的狭隘视野，使传统的发展理念得到了人性的升华和超越。作为权利的发展权与纯粹经济学意义上的发展有着巨大的差异，在传统理念下，发展是一种状态或一个过程，在很大程度上不以人们的意志为转移，一国经济水平的提高不一定意味着所有人都能够从中获益，世界市场的扩大也不表明每个国家享有平等的发展机会。发展权则是一种规范和价值判断，是关于所有国家及其人民共同分享国内经济和世界经济发展带来的好处的国际共识和制度保障，它确信通过各国的共同努力可以极大地提高人民的福利，进而充分体现了对人民参与经济、社会和政治发展权利及从中受益的进步精神和人文关怀。

第二，发展权强化了合作、平等、机会均等、公平等新的人文价值理念。传统上被各国尤其是发达国家奉为圭臬的市场法则是"弱肉强食"、"优胜劣汰"，发达国家从不试图为发展中国家提供公平的市场条件和平等的合作机会，而是在极力保护国内市场的同时长期利用价格"剪刀差"对发展中国家实行经济和市场掠夺。在构建和谐世界的视野下，发展权则要求为所有国家提供平等的发展机会，通过平等的国际合作促进发展中国家的经济发展。

第三，发展权体现了对个人权利的高度重视。传统世界经济中主张的主要是国家的权利，个人权利的保护则被严格界定为国家的责任，这使得一些经济制度不公平的国家即使有所发展，也呈现出严重的贫富悬殊现象。而发展权则把权利保障的视野直接针对每一个人，强调人是发展的主体，所有人单独地和集体地对发展负有责任，这种责任本身就可确保人的愿望得到自由和充分的实现。

第四，在发展权这一基础和核心的权利理念下，人权构成了一个不可分割的整体。发展权不是单独存在的，它必须与其他权利一起构成人权的完整内涵，正是在此意义上，《发展权利宣言》明确提出，“所有人权和基本自由都是不可分割和相互依存的”，在保护发展权的进程中，“对实施、增进和保护公民、政治、经济、社会和文化权利应予以同等重视和紧急考虑”。

基于新的人本主义理念，人们可以更好地梳理出构建和谐世界与发展权之间的互动逻辑：

第一，和谐世界的主张为发展权注入了新的理念。人类社会越来越深刻地认识到，仅仅依靠发展中国家的自身努力无法使这些国家的人民实现发展权。与和谐世界的理念相适应，实现发展权也已成为不同国家能否和谐相处的问题，所有国家都应该拓宽视野，把发展权的实现放在构建和谐世界的大潮中加以考虑。

第二，在和谐世界的视野下，发展权能否实现不仅关系到发展中国家人民的生存状况的改善，也直接制约着发达国家的经济发展前景。在当前，发展中国家日益紧密地融入了世界经济体系之中，发达国家的发展前景越来越有赖于对发展中国家市场的开拓程度，发展中国家沉重的债务危机也威胁到发达国家金融秩序的稳定，加之发展中国家在 WTO 等全球性经济组织中占有重要地位，有关的贸易自由化谈判和全球金融改革等如果得不到发展中国家的支持，根本无法进行下去。这促使发达国家也不得不给予发展权问题以更多的关注。

第三，构建和谐世界的努力也有助于增进发展权的实现。和谐世界的构建在严格的国际规范下运行，通过必要的制度安排来促进。在规范化和制度化的世界市场上，发展中国家可以赢得相对公正和合理的发展条件，通过合法途径争取发达国家提供更多的资金和技术援助。同时，努力构建和谐世界还有助于推进发展中国家国内经济体制和市场运作的有序化程度，提高政府保障人民发展权的意识和能力。

第四，和谐世界目标还为发展权的实现提供了前所未有的发展机遇，有利于它们发挥后发优势，实现跨越式发展。当前的经济全球化进程在很大程度上是以信息技术为代表的高新技术产业推动的，这使得发展中国家有可能直接介入高新技术领域的竞争，在相对平等的起点上寻求发展机遇，以信息化带动工业化的发展。而且，发展中国家还可以利用跨国公司世界性资源配置的机会发挥人力资源优势。

必须强调，在当前的现实下，构建和谐世界对于发展权的促进作用主要是一种理性层面的价值追求，提供给发展权的，更多的是机遇和可能性，是人们对于实现发展权的终极价值判断和新自由主义性质的理性预期，发展权在人类构建和谐世界的进程中要得到彻底实现还有很长的路要走。

三、和谐世界目标下发展权问题面临的新机遇与新挑战

发展权是一个经济问题，更是一种基本人权。它在现实的实践中不可避免地带有浓厚的政治色彩和利益冲突性质，只能在协调和曲折中逐步得到实现。进入 21 世纪以来，发展权问题呈现出了一些积极的新机遇和新取向，这主要表现在：

第一，发展权问题得到了人类社会更加广泛的重视。近 10 余年来，国际社会采取了一系列有助于增进发展权的行动。早在 1990 年 9 月，联合国就在巴黎召开了第二次最不发达国家问题

会议；1994 年，时任联合国秘书长加利发表《发展纲领》，强调了解决发展权问题在当前的极端紧迫性；1998 年，联合国人权委员会提出建立有关开放性政府间工作组，作为落实《发展权宣言》的后续机制；近年来，联合国多次召开发展筹资会议和可持续发展世界首脑会议，要求各国从发展权、从人权的高度去审视发展援助问题。

第二，发达国家对发展中国家的债务减免问题开始给予关注。如 1999 年西方七国首脑会议制定了“科隆计划”，决定拨款 1000 亿美元逐步解决 40 个最贫穷国家的债务问题；2000 年的冲绳八国首脑会议再次把发展中国家的债务问题作为主要议题，正式决定首先减免坦桑尼亚、乌干达等 9 个国家 150 亿美元的债务。

第三，作为实现发展权重要因素的国际经济合作不断扩大。联合国这一全球性合作组织在发展领域的作用日益显著，WTO 和国际货币基金组织分别在国际贸易和金融方面发挥着越来越大的规范与协调作用，以欧洲联盟、北美自由贸易区、亚太经合组织为代表的区域性和双边与多边合作组织的出现或作用增强使国际经济交往规模空前扩大，这不仅将绝大多数国家紧密地纳入了统一的世界经济体系，而且参与合作的国家都能从中获得各自的相对利益。

当然，在看到发展权取得了积极成就的同时，人们也注意到，国际社会中的发展权问题还远远没有得到彻底解决，某些方面还出现了新的恶化趋向。这主要表现在：

第一，发达国家与发展中国家间贫富差距没有缩小，反而有所扩大。从表面数字看，20 世纪 90 年代以来大多数发展中国家的经济增长率高于发达国家，但由于统计基数和经济规模的差别，发展中国家的经济增长总量远不及发达国家，除东亚和东南亚少数国家外，多数发展中国家的人均收入和产值与发达国家的差距仍在扩大。

第二，大多数发展中国家的发展不够稳定，少数国家人民的发展权甚至有所倒退。当前大多数发展中国家的经济增长质量和效益并不高，国民经济的支柱产业仍然是传统的农业和轻重工业，出口商品也是以低附加值的初级加工产品或原材料为主。发展后劲远远不如以高新技术为依托、以第三产业为经济新增长点的发达国家。这一切，加上在发展中国家中普遍存在的政局不稳、市场经济体制不够完善、自然灾害频繁等因素，它们的发展常常缺乏稳定，容易因意外原因导致发展步伐的放慢或停顿，东南亚金融危机就是最典型的事例。

第三，南北对话没有新的进展，发达国家没有增加对发展中国家的援助，南南合作有所退步。随着经济全球化步伐的加快，发达国家在与发展中国家的关系中进一步占据了主动地位，不仅导致新的全球性南北对话不再能够举行，甚至也没有履行把国民生产总值的0.7%用于援助发展中国家的承诺。传统的南南合作也在逐渐被视野和伙伴多样化的合作方式取代，南方国家的分化成为难以扭转的现实。

第四，全球性的发展权问题日益突出，尤其是全球性的贫困和债务危机仍在持续。鉴于发达国家对外援助逐年减少，一些发展中国家的处境更加恶化，根据世界银行统计，目前全球日均生活费用不到1美元的人数已从1993年的13亿增加到15亿。与此同时，20世纪90年代，发展中国家的债务平均每年增加近1300亿美元，1999年发展中国家债务总额高达2.6万亿美元，而且，由于清偿债务能力的不断下降，发展中国家缓解债务危机的希望十分渺茫。

第五，与发展权相关的其他人权矛盾有所激化。这不仅表现在一些国家以国际人道主义干预的名义，肆意在人权问题上干涉发展中国家的主权和内政，而且还常常把发展援助与人权状况挂钩。如“科隆计划”即明确规定，只有负债国的人权状况以及“民主化”程度符合西方标准的国家才能减免债务，这就进一步增加了发展中国家实现发展权的难度。

21世纪是人类社会在实现发展权进程中希望与困难并存、机遇与挑战同在的世纪，国际社会正在为解决长期困扰人类的发展权问题进行不懈的积极努力，也在不断地取得引人瞩目的成就，但存在的障碍和问题也同样是十分明显的。只有人类社会携手努力，推动建设持久和平、共同繁荣的和谐世界，尊重各国人民自主选择发展道路的权利，帮助发展中国家增强自主发展能力，改善民生，缩小南北差距，发展权问题才能得到妥善解决。

金融危机的边际效应

共同安全、合作安全和人类安全概念辨析

傅　勇*

内容提要：共同安全是冷战后期发展出来的一个概念，共同的安全认识、共同的安全利益以及共同维护安全是共同安全的主要内容。合作安全认为在国际社会无政府状态无法改变的情况下，国家间可以通过合作的方式解决安全困境，国家间的共同利益有可能通过合作来实现。人类安全强调“以人为本”的安全理念，关注的是现实中的人，强调人的需求和人的权利。对这三个概念内涵进行准确的辨析和把握，对于理解当前的非传统安全具有重要的启发意义。

* 傅勇，上海社会科学院欧亚研究所副研究员。

一、共同安全

共同安全是冷战后期发展出来的一个概念，共同安全观认为在世界互相依存的环境下，人类拥有共同一致的安全利益，各国之间的生存与安全是相互依赖的，因此，各国都有避免战争的共同责任。这一概念突出了安全的相互依存性和非零和博弈的特点，强调与对手共同寻求安全，而不是相互对抗，竞争双方可以得到共同安全，而不是此消彼长的零和关系。共同的安全认识、共同的安全利益以及共同维护安全是共同安全的主要内容。共同安全理念在推动缓和与裁军、促进南北合作、南南合作等一系列国际问题上也曾发挥较大的影响力。

20 世纪 80 年代初，在东西方对峙加剧的情况下，欧洲提出共同安全的思想，旨在通过增加东西方间的合作，建立信任措施来缓解核战争威胁和两极对抗。1982 年，以瑞典首相帕尔梅为首的“裁军与安全问题独立委员会”（Independent Commission on Disarmament and Security Issues）率先提出了“共同安全”的概念。该委员会报告《共同安全：一种生存蓝图》认为两极对抗和大量的核武库正在成为整个人类的灭顶之灾，武器正在由威胁少数人的安全逐渐演变为威胁多数人的安全，由保护个别人发展到毁灭整个人类。[①] 因此，“避免战争，尤其是避免核战争是一种共同的责任。确保安全更为有效的方式在于开启各种能够通往国际和平与裁军的过程……接受共同安全作为一种组织原则，

① 马志良：“社会党国际‘共同安全’思想与现时代”，《当代世界社会主义问题》2003 年第 1 期。

以减少战争爆发危险，限制军备和走向裁军，意味着在解决冲突时以合作代替对抗”。[①] 然而，核武器也导致两个敌对的超级大国美国和苏联之间形成了一种战略相互依存关系，其中任何一方都不能通过牺牲对方的安全来实现自己的安全。也就是说，它们每一方用来确保自己安全的手段如果实际使用，最终就会变成确保相互摧毁的保障。[②] 因此，共同安全的主要思想是管理东西方之间的核对抗，旨在改变超级大国军备竞赛永久化的思维观念，减少核武器储备并促进裁军谈判，相互保证共同生存。它不主张进行威慑，特别是核威慑，主张与对手一起合作寻求安全，通过合作、裁军和建立信任措施等方式获得安全，使各国摆脱安全困境。

联合国也阐述了它对共同安全这一概念的理解。在 1985 年发表的题为《安全战略》的报告中，认为在相互依存时代，没有一个国家能够依靠自己的行为获得安全。共同安全的目的就是推动一种积极的进程，最终导致和平和裁军，其结果应是更安全、更稳定的国际秩序。当时的联合国秘书长佩雷斯·德奎利亚尔也对“共同安全”做出了解释。他认为应该从政治、经济、军事、社会、地理和技术因素的日益增长等方面的综合角度来分析安全问题；安全是所有国家的共同安全，各国都有权并有责任参与寻求建设性的解决安全问题的进程；尽管各国因种族、语言、历史、习惯、意识形态、政治体制、社会经济制度、以及发展水平的不同呈现多样性，但不应以此阻碍为了寻求和平与安全所进行的国际合作；裁军与军备限制，特别是核裁军，是实践国际和平

① The Independent Commission on disarmament and Security Issues，《Common Security：A Blueprint for survival》，New York：Simon and Schuster，1982.

② 克雷格·A. 斯奈德：《当代安全与战略》，吉林人民出版社，2001 年版，第 139 页。

与安全的一个重要途径。

东欧剧变和苏联解体后，北约和欧洲安全与合作组织继续致力于欧洲共同安全的实现。1997 年 5 月，俄罗斯和北约签署《俄罗斯联邦和北大西洋公约组织相互关系、合作与安全的基本文件》。该文件从欧洲安全不可分的原则出发，重申俄罗斯和北约均不把对方看作敌人，双方的共同目标是消除过去对抗和角逐的残余，加强相互信任与合作，为在欧洲建立全面和共同的安全作出贡献。2003 年 5 月，欧盟外长会议决定制定共同安全战略，以应对国际安全形势的变化，并在安全问题上加强各国之间的协调。欧洲共同安全战略主要包括欧盟对大规模杀伤性武器、恐怖主义、地区冲突以及难民潮等国际安全问题的分析与评估，以及欧盟为解决这些问题可能采取的措施与行动。

冷战后共同安全概念得到普遍认同，其内涵也不断得到深化。随着全球化的进展和全球问题的突出，各国面临着自身无法解决的跨国问题和非传统安全问题，共同的安全利益增加，安全越来越不可分割。"9·11"恐怖袭击事件的发生、非典等传染性疾病的肆虐、印度洋海啸的巨大破坏等严重的非传统安全威胁提醒各国，人类已经进入了一个共同安全威胁日益增多的时代。非传统安全威胁不仅针对个别国家，而是大多数国家共同面临的问题，在这些非传统安全威胁面前，一个国家的能力是有限的。因而非传统安全威胁使各国在安全问题上的共同利益增多，为在国家之间培育共同安全意识提供了客观基础。世界上越来越多国家开始认同共同安全理念，欧洲安全与合作组织、上海合作组织以及东盟地区论坛等组织在推动地区的共同安全方面也发挥了积极的作用。

共同安全也是中国的新安全观的重要组成部分。中国认为在全球化和非传统安全背景下，国家之间的安全不是排他性的，而是一荣共荣、一损俱损的关系。国家之间的安全是相互依赖的，安全是共同拥有的，必须共同维护，任何国家都不能也不应该在损害其他国家利益的情况下增进自身利益，营造共同安全才是防止冲突和战争的可靠前提。而且，在国际反恐、环境、打击跨国犯罪、公共卫生以及防范经济金融危机等非传统安全领域，中国与相关国家之间也存在着广泛的共同利益。

二、合作安全

合作安全是与安全困境紧密相关的一个概念。合作安全理论认为在国际社会无政府状态无法改变的情况下，国家间可以通过合作的方式解决安全困境，国家间的共同利益有可能通过合作来实现。合作安全的中心目标是避免战争，它强调缓进的机制建立过程，并强调行为方式的非正式性。合作安全不针对第三国，主要是借助安全机制的构建获取安全，具有平等性和包容性等特点。[①] 冷战后的一些安全问题，如跨国犯罪、环境问题等都无法通过单边军事行动来处理，要求国家间以及一些国内的相关行为主体采取合作行动。

“合作安全”最早由当时的加拿大外长克拉克在 1990 年 9 月的联合国大会上提出。不久加拿大又进一步提出了“北太平洋合作安全对话”的具体倡议，建议由环太平洋的七个国家即美国、前苏联、韩国、朝鲜、日本、中国和加拿大进行安全对话，以期建立北太平洋安全共同体。1992 年，美国布鲁金斯学会的约翰·斯坦因布鲁纳出版了一本题为《合作安全新概念》的专著，

① 王光厚：“东盟合作安全问题论析”，《学术探索》2004 年第 7 期。

较为系统地阐述了合作安全理论。1993年9月，当时的澳大利亚外长埃文斯在联合国深入地阐述了合作安全的概念，他认为合作安全就是用协商代替对抗，用保证代替威慑，用透明度代替保密，用预防代替惩罚，用相互依存代替单边主义。[①]

但是作为一个概念，合作安全至今还没有一个明确的定义。有学者认为合作安全是21世纪国际发展的趋势，是一种综合性的共同性的安全。[②] 它主要指的是国际社会或一个特定区域中所有成员以共同努力的方式来防止任何使用武力或军事威胁的可能。[③] 澳大利亚前外长埃文斯把合作安全描述为："一种广泛的安全取向，它在范围上是多向度的，在性情上是渐进的，强调确保而非威慑，是包容性的而非排斥性的，在成员上没有限制，喜好多边主义胜过双边主义，在军事解决办法和非军事解决办法之间并不偏爱前者，认为国家是安全体系中的主要行为者，但也接受非国家行为体扮演重要的角色，不要求创立正式的机制，但也不拒绝，强调在多边基础上形成对话的习惯。"[④]

合作安全强调透明胜于隐密、对话胜于对抗，依赖预防、管理和解决冲突的合作机制，否定了专门或主要依靠军事手段来实现安全的方法，它从一个更加广阔而非仅仅防御军事威胁的角度

---

① Radmila Nakarada and Jan Oberg (eds.), *Surviving Together* (Hampshire: Dartmouth Publishing Company, 1989), pp. 39—41; David B. Dewitt, "Concept of Security for the Asia-Pacific Region", in Bunn Nagara and K. S. Balakrishnan (eds.), *The Making of a Security Community in the Asia-Pacific* (Kuala Lumpur: Institute of Strategic and International Studies, 1994), p. 24.

② J. Nolan, *Global Engagement: Cooperation and Security in the 21st Century*, Washington D. C., the Brookings Institution, 1994, p. 5.

③ 王光厚："东盟合作安全问题论析"，《学术探索》2004年第7期。

④ Paul M. Evans (ed.), *Studying Asia Pacific Security: The Future of Research, Training and Dialogue Activities*, Toronto: Joint Center for Asia Pacific Studies, 1994, p. 38.

来认识安全，这使得传统军事手段在追求国家利益中的作用产生了新的变化。在全球化和相互依存加深的背景下，国际冲突开始让位于国际合作，合作机制将对解决各国面临的全球问题起到关键的作用。一国的安全需要在很大程度上建立在合作安全的基础上，安全不能靠单边安全来实现，要通过双边或多边合作来实现。

合作安全是对共同安全概念的发展，二者既有相同点也存在差异。首先，两者都强调一种广义的安全概念，它们包括了各种军事和非军事的要素，安全议题需要超越传统的直接军事威胁，把环境、生态、人口等可能加剧国家间紧张关系甚至导致动用武力的非传统安全挑战也包括在内。其次，两者都是包容性的，即试图与对手进行交往，强调需要超越意识形态和“威慑”这种思维方式。既包容观点一致的行为主体，也要包容观点不一致的行为主体，也就是说不论其政体性质如何，不论其在国际机构中的地位如何，也不论其是否参与其他多边论坛及其对某一国际问题的态度如何，各国均可参与其中。再次，两者都主张安全是相互依赖和不可分割的，通过合作方式来实现安全。两者都摒弃了“零和”及安全困境等传统的安全观念，认为不存在明确的对手，解决方式也是非对抗性的，通过对话和磋商、建立信任措施、预防性外交等方式达成共识，并试图使各方从心理上消除威胁。但是，二者也有区别，合作安全设想了一种更为渐进地发展多边机制的途径，同时认为这种多边主义可以是一种比较特别的、非正式的和灵活的安排，也可以是一种制度化的多边机制。

欧盟是世界上尝试合作安全较早，同时也是比较成功的区域合作组织之一。从欧盟创建的理念到欧盟共同外交与安全政策的形成，其合作安全取得了举世瞩目的成果。二战以来欧共体的理论和实践已经为欧洲合作安全奠定了坚实的基础，冷战后欧盟合作安全理念得到进一步发展，体现了政府间的多边主义合作性质。欧盟不断寻求成员国之间的共同利益，通过对话协商缩小分歧，深化合作领域，确立有效的规则，共同对付大规模杀伤性武器扩散、跨国犯罪、环境恶化、恐怖主义等多种跨国威胁的挑战，从而维护欧洲乃至世界的安全与稳定。东盟地区论坛（ARF）是合作安全在亚太地区的成功实践。1994年东盟地区论坛正式创立后，多边安全对话在亚太地区第一次形成了制度化的机制，并成为解决该地区安全挑战的主要途径之一。东盟地区论坛不仅通过建立成员间的相互信任措施为各成员国间的安全合作搭建了新的舞台，还通过与东亚各国及世界主要大国的安全对话，减少了外部势力的干预，维护了东南亚地区的和平与稳定。上海合作组织是中国、俄罗斯和中亚国家之间建立起来的地区多边合作组织，该组织的主要任务之一是通过成员国之间相互合作，减少国际恐怖主义、分裂主义和宗教极端主义对本地区安全与稳定的威胁。目前，上海合作组织框架下的安全合作已经成为中国新安全观实践的典范，并且正在对欧亚地区乃至北太平洋地区的安全合作提供了新启示。

三、人类安全

在冷战后非传统安全威胁上升的时代，“人类安全”或“人的安全”问题凸显，并且受到国际社会的普遍重视。人类安全是非传统安全的一个重要组成部分，是指整体的人类和个体的人的生存和发展的权利不受威胁和侵害的状态。不同于综合安全、共同安全和合作安全等以国家为主体的概念，人类安全强调“以人为本”的安全理念，关注的是现实中的人，强调人的需求和人的权利。人类安全观认为安全不再只局限于保护国家的安全，而应该保护人民或人类的权利和福祉，并将安全关注的首要目标转向对社会、群体和个人安全的非军事威胁。

人类安全关注的是对个人、群体和整个人类的生存与发展构成的各种威胁，这种威胁可能来自国内也可能来自国外，可能是自然的也可能是人为的，可能是外来入侵的威胁，也可能是个人日常生活中面临的威胁。对人类安全的主要威胁来自多方面，1994 年联合国开发计划署《人类发展报告》列举了人类面临的六大全球威胁，它们是人口失控增长、经济发展不平衡、国际移民、环境恶化、毒品生产和走私、以及国际恐怖主义。这些威胁是不同于战争和大规模冲突造成的硬威胁，它们被称为“软威胁”。《人类发展报告》也列举了个人面临的安全威胁，包括来自本国的威胁、来自其他国家的威胁、来自其他种族和集团的威胁、来自犯罪集团、组织和个人的威胁、对妇女儿童的暴力、自杀、吸毒等自我威胁。①

此外，发展的问题需要从人类安全的角度去重新界定。在后冷战时期，以往的东西之间的安全问题有些甚至已经不再成为动乱的根源。相比较之下，南北之间的发展问题成为对人类安全的主要威胁之一。粮食不足、人口过多、经济落后、贫富差距加大等问题不再是单纯的经济问题，需要从安全的角度去衡量它们对于国际社会可能造成的冲击。经济不发达和经济危机（收入减少、结构性失业）、人口移动压力（非法移民、经济性移民）、生态环境破坏（空气和海洋污染等）、跨国有组织犯罪（走私和贩毒）、国际恐怖主义（爆炸、纵火、暗杀）也都对人类安全构成

① United Nations, Human Development Report 1994, New York: United Nations Development Programme, 1994.

严重威胁。[①] 发展中国家极度贫困的民众为了改善其生活环境，或者因种族、宗教斗争迫害所致，开始逃往其他地区，这种人口的迁徙和流动造成发展中国家内部族群之间的恶性循环，并给政府在安置难民以及处理难民潮时带来各种政治、经济、社会与环境问题的压力。人类安全威胁还包括人口增长所带来的过度开发使用和分配问题、争夺水资源和能源以及环境的恶化。发达国家在发展过程中所造成的环境污染使全球安全受到威胁，而发展中国家的农田、林地和森林的不适当使用或砍伐，也威胁到人类赖以生存和发展的全球环境。流行性疾病（AIDS、SARS 和禽流感等）、自然灾害（地震、海啸）也对人类安全构成重大威胁。

对人类安全比较权威的定义是 1994 年出版的联合国《人类发展报告》[②]，按照联合国的定义，人类安全主要指两个方面：一是“免于饥饿、疾病和压迫等多种威胁的安全；二是意味着免于日常生活方式的突然和有害的破坏——不管这种破坏发生在家庭、工作还是社会中”。[③] 人的安全可以分为七个方面：经济安全、粮食安全、健康安全、环境安全、个人安全、社区安全、政治安全。[④] 尽管冷战后国际上多数的非传统安全研究仍旧是以国家安全为基础展开的，但是，对人类安全的研究越来越成为学术界的关注热点。因此，在定义非传统安全概念时，也不仅仅局限于对国家安全的非军事威胁，已经考虑到这些因素对个人安全以

① United Nations Development Program, “Redefining Security: The Human Dimension”, *Current History*, May 1995, pp. 229－236.

② United Nations, Human Development Report 1994 , New York: Oxford University Press, 1994.

③ United Nations, Human Development Report 1994 , New York: Oxford University Press, 1994. p. 23.

④ United Nations, Human Development Report 1994 , New York: Oxford University Press, 1994. p. 24.

及整个人类安全的威胁。

人类安全经联合国提出之后，人类安全问题在世界各地得到更多的重视，人类安全的概念的确已经纳入安全研究领域探讨的话题当中。一些国家已经将人的安全融入其外交政策的目标。日本、加拿大、东南亚、西欧及北欧国家也纷纷对人类安全议题开展讨论，并希望它能成为政府外交政策的一部分。日本是人类安全的积极推动者，加拿大特别把人类安全当作外交政策的原则之一，西欧和北欧国家虽然没有明确采纳人类安全，但它们的外交政策所追求的目标实际上与人类安全相同。美国政府在克林顿时期对人权和经济安全的重视，也显示了对人类安全的关注。在亚太地区的许多国家，也有越来越多的讨论是以人类安全为基础的。在各国政要的对外演讲中，也有越来越多的是以人类安全为主题的。可见人类安全被接受的程度越来越高。

对人类安全所包含的两个基本方面——免于恐惧的自由和免于匮乏的自由，在不同国家和地区存在着不同的认识。加拿大和日本是全球积极推动人的安全的国家，但加拿大比较偏重人类安全中有关确保人民免于恐惧的自由，强调民主化、人权法律规范、战犯与违反人权法的审判，以及人道干涉。[①] 日本强调免于匮乏的自由，强调人道主义重建援助、发展、环保和科技。而在免于恐惧方面，日本的态度是有所保留的，倾向于采取传统国家安全的思维，强调国家领土和主权的保护，免于匮乏的自由并不比免于恐惧的自由次要。总之，亚洲国家政府总体上强调人的安全中的“发展权”，亚太地区在理解和促进人的安全方面，认为免于匮乏的自由比免于恐惧的自由重要得多，不赞成通过人道主

① Lloyd Axworthy, “Canada and Human Security: The Need for Leadership”. *International Journal*, Vol. 52, No. 2 (Spring 1997), p. 184.

义干预方式解决人的安全问题，认为国家主权和不干涉内政原则仍然是该地区的国际关系指导原则。而西方国家使用这一概念则比较强调其政治内涵，因此成为西方人权和自由民主运动的一部分，成为西方国家肆意干涉他国主权甚至危害人权的借口。实际上，免于恐惧的自由和免于匮乏的自由之间存在着重要联系，这两方面不是相互排斥的，而应是相互补充的关系。

传统上国家安全与人类安全是两个不同层次的概念，但在非传统安全背景下，它们都成为安全关注的主体。人类安全"不仅是国土的安全，而且是人民的安全；不仅是通过武力来实现的安全，而且是通过发展来实现的安全；不仅是国家的安全，而且是个人在家中和工作岗位上的安全；不仅是防御国家之间的冲突，而且是防御人与人之间的冲突"。[①] 国家安全仍然强调民族国家为主要行为体；而人类安全研究将个人视为分析单位。国家安全回答的问题是国家安全面临哪些威胁；人类安全回答的问题是谁面临威胁。国家安全追求的主要是国家的生存、领土的完整、政治的独立以及国内秩序；人类安全寻求个人的安全与自由，以及人民的福祉。对国家安全的威胁主要来自其他国家的政治、军事与非军事（包括经济、社会、环境等）威胁；对人类安全的威胁包括直接来自国家或非国家行为体、以及来自国家本身内部或国家外部的威胁。国家安全的维护主要依靠军事力量的作用；而人类安全的实现则需要通过合作和发展来达成。

事实上，人类安全概念只是对国家安全的一种补充和修正，

---

① 马赫布卜·乌尔·哈克：《发展合作的新框架》，《联合国纪事》（中文版），1993年第4期，第10卷，第42页。转引自李东燕：《联合国的安全观与非传统安全》，《世界经济与政治》（月刊），2004年第8期，第4页。

人的安全与国家安全应该是相互支持的。① 传统的国家安全太注重军事安全，将资源用在武器的制造和发展上，忽略了人类的发展和福利。人类安全并没有否定国家安全和国家利益，人类安全的维护主要还是靠主权国家的努力。因此，国家安全与人类安全同样重要，两者相辅相成。国家虽不是人类安全的充分条件，但可以确定的是，国家是人类安全的必要条件，国家若不存在，人类安全便无法得到保障。② 因此，国家安全与个人安全之间的关系应该是互动的。

综上所述，综合安全、共同安全、合作安全、人类安全等安全概念与非传统安全具有某些共同的属性，但在内涵和外延方面还是有很大的不同。非传统安全是对冷战后出现的新安全问题的总体概述，是指来自非国家行为体的对国家的主权和利益以及个人、群体和全人类的生存和发展的非军事威胁和侵害，它以共同安全为基础，包括了综合安全研究的非军事领域。

---

① William T. Tow, "Alternative Security Models: Implications for Asean", in Andrew T. H. Tan and J. D. Kenneth Boutin (eds.), *Non-traditional Security Issues in Southeast Asia*, Singapore Institute of Defense and Strategic Studies, 2001, p. 267.

② Barry Buzan, "Human Security in International Perspective", Paper presented to 14th Asia Pacific Roundtable, Kuala Lumpur, 3—7 June 2000, p. 8.

全球化时代的福利国家：争鸣与探索

孙伊然*

内容提要：时隔近70年后，全球金融系统又一次陷入深重危机而濒临崩溃。始于美国房地产次级抵押贷款市场的风波，最终演变为旷日持久的金融风暴。在席卷全球的金融风暴中，所有人都深刻感受到了市场这一无形之手失去控制时会爆发出怎样的破坏力。作为最后的避风港和最强大的行为体，各国政府成为万众瞩目的焦点。一时间，要求政府出手救市、采取措施稳定市场秩序的呼声不绝于耳。这一切不禁使人回想起1929年的大危机以及此后凯恩斯主义福利国家的兴起。

似曾相识的场景背后隐藏着不变的事实：无形之手与有形之手、市场与政府之间的永恒互动。每当其中一方走得太远、酿成祸端之时，另一方总是被寄予厚望。二战之后的半个多世纪里，资本市场国际一体化取得了

* 孙伊然，上海社会科学院世界经济研究所助理研究员，经济学博士。

迅猛发展；也正是在同一时期，关于现代福利国家的悲观主义论调似乎已成不言自明之理。然而，事实往往迫使人们对一些先入之见进行反思。全球化时代的福利国家将趋于衰微吗？——金融风暴的来袭再度提醒我们：关于这一重大问题，必须审慎做出回答。

一、引言

“全球化”与“福利国家”二者，自来即是社会科学研究的焦点所在。以其牵涉甚广、意蕴甚深之故，众多学者倾力于此，研究文献可谓浩如烟海。[①] 各派观点之争鸣、交锋自然亦不鲜见。惟二者之关联，或曰“全球化对福利国家有何影响?”20 世纪 90 年代之前却少有争论。正如妮塔·鲁德拉（Nita Rudra）所言，此前多年的传统观点是，现代福利国家在全球化面前将难逃一劫。[②] 传统理论的高度一致，在相当程度上主导着人们对该主题的理解与认知，以致于这一阶段几乎无人质疑上述论点的合理性与适用范围。尽管在 20 世纪 70、80 年代，卡梅伦（Camer-

① 此两者皆为宏大复杂之主题，因此引来不同学科领域研究者的共同关注。全球化之涉及政治、经济、社会、文化等等自不待言，即以福利国家而论，其复杂性亦毫不逊色。关于福利国家的三种理论视角，即决策过程的多元理论、政府政策的经济理论、福利国家的功能理论，乃分别源自于政治学、经济学与社会学。伊恩·高夫(Ian Gough) 在其著作中对此给予了评价和批判。参见［英］伊恩·高夫著，古允文译：《福利国家的政治经济学》，台北：巨流图书公司，1995 年版，第 10—13 页。另见 Ian Gough，“Theories of the welfare state：a critique”，*International Journal of Health Services*，Vol. 8，No. 1，1978，pp. 27—40.

② Nita Rudra，*Globalization and the decline of the welfare state in less developed countries*，Los Angeles，California：University of Southern California，dissertation，August 2000，p. 1.

on)、卡赞斯坦（Katzenstein）就从经验意义上证实了北欧诸国高度开放的经济与规模庞大的公共部门之间存在着正向关联，[①]从而潜在地挑战了新自由主义者关于全球化时代福利国家的宿命论，但他们的研究在这一时期并未引起应有重视，而至多只是为后来的论争埋下了伏笔。

及至20世纪90年代中期，无论是从理论还是实证角度，对传统看法（conventional wisdom）的质疑和挑战已渐成气候。其中率先揭开论争序幕、引发热议的是罗德瑞克（Rodrik）。[②] 随后，加勒特（Garrett）就论争中相互对立的两派观点予以界定，分别称之为"效率假说"（the efficiency hypothesis）和"补偿假说"（the compensation hypothesis）。简而言之，前者认为全球化将迫使福利国家面临收缩的压力，后者则恰恰相反，认为全球化进程中的福利国家将成功得以维系甚至扩张。[③] 这一区分很快得到众多学者的接受和采纳，后续研究如雨后春笋一般纷纷涌现。十多年间，一批高质量的学术论文陆续刊发于国际关系领域，特别是国际政治经济学（IPE）领域的权威期刊，如《国际组织》（International Organization）、《世界政治》（World Poli-

① David R. Cameron, "The Expansion of the Public Economy: A Comparative Analysis", The American Political Science Review, Vol. 72, No. 4, Dec. 1978, pp. 1243－1261. Peter Katzenstein, *Small States in World Markets*, Ithaca, N. Y.: Cornell University Press, 1985.

② Dani Rodrik, "Sense and Nonsense in the Globalization Debate", *Foreign Policy*, 107, summer 1997, pp. 19－37. Dani Rodrik, "*Has Globalization Gone Too Far?*", Washington, D. C.: Institute for International Economics, 1997. Dani Rodrik, "Why Do More Open Economies Have Bigger Governments?", *Journal of Political Economy*, Vol. 106, No. 5, 1998, pp. 997－1033.

③ Geoffrey Garrett, "Globalization and Government Spending around the World", Paper presented at the annual meeting of the American Political Science Association, Atlanta GA, September 1－5, 1999.

tics)、《国际研究季刊》(International Studies Quarterly) 等等,其中尤以《国际组织》为学术争鸣的重镇和代表性平台。①

这场争论之所以引人注目,端在于其理论渊源与现实意义皆可谓深远重大,不容忽视。就理论渊源来说,"全球化是否将导致福利国家的衰微"虽属当下时代的新问题,但却承袭着绵延至今的国家与市场、政治与经济、平等与效率之争。对于这一核心问题,持"效率假说"的论者多从经济逻辑出发,强调全球经济格局给各国政府带来的竞争压力,以及在这一背景下政策选择余地的缩小和国家自主性的削弱。② 尽管他们在立论、阐释的角度或方式上或有不同,但就本质而言,其理论均折射出鲜明的新自由主义色彩。③ 与之相反,"补偿假说"的支持者则更为强调政

① 1995—2008年间,《国际组织》刊发的论文中,以"福利国家"为主题词或标题词的就有七篇;《世界政治》刊发了五篇。2004—2008年,以"福利"为标题词,《国际研究季刊》刊发了两篇论文,其主题与经济开放、社会福利均高度相关。

② Michael Brown, *Remaking the Welfare State*, Philadelphia, Pa: Temple University Press, 1988. Moshe Sherer, "Welfare States: An Overview of Problems and Prospects", in *Modern Welfare States: A Comparative View of Trends and Prospects*, edited by Robert R. Friedmann, Neil Gilbert, Moshe Sherer, New York: New York University Press, 1987, pp. 290—298. Robert Morris, *Testing the Limits of Social Welfare*, London: Brandeis University Press, 1988. Alfred Pfaller, Ian Gough, and Goran Therborn. *Can the Welfare State Compete? A Comparative Study of Five Advanced Capitalist Countries*, Houndmills, U.K.: Macmillan, 1991. Stephen Gill, "Globalization, Market Civilization, and Disciplinary Neoliberalism", *Millenium: Journal of International Studies*, 24 (3), 1995, pp. 399—423. Philip Cerny, "Globalization and the Changing Logic of Collective Action", *International Organization*, 49 (4), 1995, pp. 595—625. Isabelle Drunberg, "Double Jeopardy, Globalization, Liberalization, and the Fiscal Squeeze", *World Development*, 26 (4), 1998, pp. 591—605. John Gray, *False Dawn: The Delusions of Global Capitalism*, New York: The New Press, 1998. William Greider, *One World, Ready or Not*, New York: Simon and Schuster, 1998. Susan Strange, "The Erosion of the State", *Current History*, 96 (613), 1997, pp. 365—69.

③ 鲁德拉对效率假说作了进一步区分,参见 Nita Rudra, *Globalization and the decline of the welfare state in less developed countries*, p. 13.

治逻辑，他们指出：全球化或国际经济一体化给各国内部的社会群体带来了经济风险，使其不得不面对更剧烈的波动和不确定性，随着开放程度的提高，各国政府将对开放过程中的受损群体予以补偿，以维系甚至扩张福利国家的方式做出回应。[①] 不难看出，这一派论者更多地表现出干预主义的色彩，他们相信国家在全球化时代仍然有着远大前程，仍将是如同亚里士多德所言“至高而广涵的社会团体”，孜孜不倦地追寻着“最高而最广的”善业。[②] 就现实意义而言，置身于全球经济一体化的浪潮之下，无论各国的决策者还是民众，均不能不关注福利国家在当今时代的发展趋势与前景，以便拟定应对之策。肇始于贝弗里奇甚至俾斯麦的福利国家制度曾在二战后数十年经历了一段黄金时期，[③] 此间马歇尔（Marshall）所言的“社会权利”被许多国家及其民众所广为接受并付诸实施。[④] 然而，随着全球化进程的深入，福利国家仍然能够独善其身吗？显而易见，对争论之核心问题的不同回答，将直接影响到各国的政府支出、社会政策，乃至公民福祉。

尽管自20世纪90年代中期之后，争论已经引来越来越多的关注，研究成果层出不穷，但迄今为止，就这一主题的认知仍然

---

① Geoffrey Garrett, “Global Markets and National Politics: Collision Course or Virtuous Circle?”, *International Organization*, Vol. 52, 1998, pp. 787－824. Geoffrey Garrett, *Partisan Politics in the Global Economy*, New York: Cambridge University Press, 1998. Dani Rodrik, “*Has Globalization Gone Too Far?*”, 1997. John Gerard Ruggie, “International Regimes, Transactions and Change: Embedded Liberalism in the Postwar Economic Order”, *International Organization*, Vol. 36, 1982, pp. 379－416.

② ［古希腊］亚里士多德著，吴寿彭译：《政治学》，北京：商务印书馆，1965年版，第3页。

③ 周弘著：《福利国家向何处去》，北京：社会科学文献出版社，第25—70页。

④ Thomas Humphrey Marshall, *Citizenship and Social Class*, Cambridge: Cambridge University Press, 1950.

呈现出“横看成岭侧成峰”的局面。[①] 学者们在一些环节上达成了共识，但在更多地方的分歧依旧。对“全球化—福利国家”关联的研究在一定程度上佐证了“真理越辩越明”的格言，然而在更大程度上却呈现出扑朔迷离的景象，恰似心理学中著名的“罗夏测试”（Rorschach Test）[②]：同样的客体在不同主体那里映射为截然不同的意象。学者们各执己见，而其研究方法不可谓不规范、不科学，这就使以辨析现象之间规律性联系为己任的社会科学工作者面临如下问题：怎样看待当下的论争？尤其是，怎样理解论争中的分歧？未来研究应做出哪些改进，以深化我们对该主题的认知？于是，厘清纷争头绪、求同辨异即成为必要之任务，这也正是本文的目标。

概而言之，本文试图对以下三个问题做出解答：首先，迄今为止，对“全球化—福利国家”关联的研究主要取得了哪些进展？其次，对于目前的共识和分歧，应当如何看待？最后，未来研究可能在哪些方面得以改进？本文接下来的内容将分别对此展开分析。第二节从变量设定、传导机制与样本选择等三个方面对近年来研究的进展做出评介。第三节归纳当前的共识和分歧，并追溯其根源。第四节在评价此前研究得失的基础上，对未来的可

---

① 国内学者郑秉文、周弘也注意到了福利国家在全球化时代面临的挑战。参见郑秉文：《全球化对欧洲合作主义福利国家的挑战》，载《世界经济》，2002 年第 6 期，第 38—45 页。周弘：《福利国家向何处去》，载《中国社会科学》，2001 年第 3 期，第 93—112 页。

② 又名罗夏墨迹测试，系由瑞士精神病学家罗夏于 1921 年编制，是具有代表性并在当今世界上广为使用的投射测验。它主要通过观察被试者对一些标准化墨迹图形的自由反应，来评估被试者所投射出的个性特征。本文作者受到布龙与加勒特（Brune and Garrett）论文的启发，沿用了“罗夏测试”这一术语。参见 Nancy Brune and Geoffrey Garrett，“The Globalization Rorschach Test：International Economic Integration，Inequality，and the Role of Government”，*Annual Review of Political Science*，Vol. 8，2005，pp. 399－423.

能改进提出建议。

二、“全球化—福利国家”的因果关联：变量设定、传导机制与样本选择

时至今日，关于全球化与福利国家之间因果联系的探讨，已从初始阶段新自由主义论调的一统天下，发展到两种代表性观点的相互对峙。自 20 世纪 90 年代中期之后，随着全球化的加速推进，IPE 学界对该主题的关注程度也迅速上升，其势头至今未有消减。学者们从不同角度入手，各自阐发其认为最关键的因果联系，并选择不同方式对之进行检验。缘此之故，这一时期的研究可谓百家争鸣。尽管如此，无论早期的定性分析，还是此后蔚然成风的定量分析，实际上都是循着“全球化→福利国家”的路径而展开的。其中，箭头所示的含义即全球化凭以影响福利国家的传导机制。

上述分析路径亦可表示为一个简单的函数形式，即 $y=f(x)$。其中 y 代表因变量，在本文所关注的主题背景下即为福利国家；x 代表自变量，即全球化；f 则代表着自变量与因变量之间的函数关系，研究当中，这一关系往往通过具体的传导机制而得到体现。[①] 在提出理论假说之后，通常还需要对其进行检验——无论是以案例分析还是统计分析的方式，这时就要考虑样

① 绝大多数研究关注的是从全球化到福利国家的单向因果关联，不过也有少数学者反其道而行之，如卡赞斯坦（Katzenstein），里格与莱布弗瑞德（Rieger and Leibfried）等。参见 Peter Katzenstein, *Small States in World Markets*, 1985. Elmar Rieger and Stephan Leibfried, “Welfare state limits to globalization”, *Politics & Society*, Vol. 26, No. 3, Sept 1998, pp. 363－390.

本选取及适用范围等问题。三十年来，观点的冲突、碰撞自不在少数，然而也正是藉此方得以推动了理论的进步与认识的深化。接下来，我们就从变量设定、传导机制与样本选取这三个方面，对此前理论研究的进展做一番梳理和评价。

（一）诸变量的设定及其合理性

1. 自变量[①]

毋庸置疑，对于"全球化—福利国家"关联的研究而言，将核心概念予以操作化，使其准确反映题中之义、并且易于测度，显然是重要的任务。为此，首先要确定何者为矢、何者为的。由于绝大多数研究旨在阐发并验证从全球化到福利国家的单向因果联系，故此在这些文献中，全球化一般都以自变量的形式出现。接踵而至的问题是：对于全球化这样一个包罗万象、内涵丰富的概念来说，研究者究竟应当从什么角度、选取哪些指标来把握乃至测度？回答该问题不仅要考虑到选择的合理性——即变量的设定是否能涵盖全球化的本质特性，还要考虑可操作性——即变量是否易于测度、相关数据是否易于获取等等。[②] 从现有研究看，学者们大多关注经济意义上的全球化，其自变量的设定通常都在以下三者之列：贸易开放、资本/金融开放、生产的国际化。至于具体研究中究竟选取何者，则因各自理论的侧重点和目标而异。

卡梅伦着眼于贸易总量，提出了一种关于北欧诸国开放经济

① 在诸多研究文献中，"全球化"当然是核心自变量。不过，全球化对福利国家的影响往往需要通过某种中间机制或传导机制来发挥作用，体现为多元回归分析中，即为方程式右侧的"干预变量"。就其实质而言，干预变量亦属自变量之一。

② 参见阎学通、孙学峰著：《国际关系研究实用方法（第二版）》，北京：人民出版社，2007 年版，第 86—100 页。

与庞大公共部门之间联系的解释。[①] 这一研究取向被许多 IPE 学者所接受，迄今为止，以贸易量作为衡量全球化的指标之一，仍是最为通行的做法。罗德瑞克就是典型的例证：在他那篇广为引用的论文中，贸易水平被作为关键的自变量，最终得出的结论也与卡梅伦相似，即贸易与政府支出之间存在着稳健的正向相关。[②] 与之相比，另一种做法是着眼于资本流动性，探究其与政府自主性、再分配政策之间的关系，如奎因（Quinn）、斯旺克（Swank）、施瓦茨（Schwartz）、加勒特与兰格（Garrett and Lange）等等。[③]

当然，也有许多学者不满足于以单一的贸易或资本开放程度来衡量全球化，而是同时采用两者甚至更多指标，试图更全面地把握这一概念。其中，加勒特采用贸易和资本流动两个指标来反映全球化的进展程度，他指出：这样做的原因在于贸易与资本流动之间的跨国相关程度非常弱，如果贸易的扩张与国际金融活动的扩展并不同步，那么仅仅关注两者之一所得出的结论就很可能

① David R. Cameron, "The Expansion of the Public Economy: A Comparative Analysis", pp. 1243－1261.

② Dani Rodrik, "Why Do More Open Economies Have Bigger Governments?", pp. 997－1033.

③ Dennis Quinn, "The Correlates of Change in International Financial Regulation", *American Political Science Review*, Vol. 91, No. 3, September 1997, pp. 531－51. Duane Swank, "Funding the Welfare State: Globalization and the Taxation of Business in Advanced Market Economies", *Political Studies*, 46 (4), 1998, pp. 671－92. Herman Schwartz, "Small States in Big Trouble: State Reorganization in Australia, Denmark, New Zealand, and Sweden in the 1980s", *World Politics*, Vol. 46, No. 4, Jul. 1994, pp. 527－555. Geoffrey Garrett and Peter Lange, "Political Responses to Interdependence: What's Left for the Left", *International Organization*, Vol. 45, No. 4, Autumn 1991, pp. 539－564.

并不适用于另一方。[1] 或许是基于同样的考虑，考夫曼与塞格拉（Kaufman and Segura），鲁德拉，布雷迪、贝克菲尔德与赵（Brady，Beckfield，and Zhao），格默尔、内勒与桑兹（Gemmell，Kneller，and Sanz）等也采用了类似的做法。[2]

尽管学者们在以贸易或金融开放程度作为全球化指标上有着基本的共识，然而一旦涉及具体的测度方式，就立刻呈现出激烈的纷争。以贸易为例，在实证检验环节就出现了"总量"与"边际"（marginal）之争。卡梅伦与罗德瑞克在各自的研究中均以贸易总量作为解释变量（亦即自变量）。然而加勒特对此提出了质疑，他认为这可能导致统计上的偏误，更为适当的做法是在变化量即"边际"意义上衡量全球化的进展程度。[3] 其次，关于进出口总量是否能够准确反映贸易开放度，同样存在争议。加勒特与米切尔（Garrett and Mitchell）就认为：对福利投入形成重要

① Geoffrey Garrett, "Globalization and Government Spending around the World", *Studies in Comparative International Development*, Vol. 35, No. 4, Winter 2001, p. 16.

② Robert R. Kaufman and Alex Segura-Ubiergo, "Globalization, Domestic Politics, and Social Spending in Latin America: A Time-Series Cross-Section Analysis, 1973—1997", *World Politics*, Vol. 53, No. 4, July 2001, pp. 553—587. Nita Rudra, "Globalization and the Decline of the Welfare State in Less-Developed Countries", *International Organization*, Vol. 56, No. 2, Spring 2002, pp. 411—445. David Brady, Jason Beckfield, and Wei Zhao, "The Consequences of Economic Globalization for Affluent Democracies", *Annual Review of Sociology*, Vol. 33, 2005, pp. 313—334. Norman Gemmell, Richard Kneller, Ismael Sanz, "Foreign investment, international trade and the size and structure of public expenditures", *European Journal of Political Economy*, Vol. 24, 2008, pp. 151—171.

③ 加勒特指出：贸易水平一贯很高的国家，其贸易增速未必同样引人瞩目。因此，究竟选择总量数据还是边际数据就成为一个至关重要的问题，它直接影响到分析结果。参见 Geoffrey Garrett, "Globalization and Government Spending around the World", pp. 13—14.

制约的不仅仅在于贸易总量，更在于从低工资国家进口的数量，因此，对市场一体化的界定既应当包含前者，也应当包含后者。[①] 持类似观点的还有伯贡（Burgoon），他指出：相对于全面的贸易开放而言，进口方面来自于发展中国家或低工资经济体的竞争更容易激起国内群体对补偿性福利政策的需求。[②]

以金融市场的国际化来说，在如何操作（operationalization）的环节上同样有着许多争论。通常做法是以资本流动总量来衡量一国资本市场的国际化程度，不过，加勒特指出：最适于衡量大样本条件下各国资本流动性的方法，是观察其资本账户的相关政策；从资料的可得性来看，在 IMF 的连续出版物《外汇交易安排与限制的年度报告》中，就可以方便地查询到各国政府对国际资本流动的限制。[③] 与此相似，考夫曼与塞格拉也采用了资本账户自由化状况而不是资本流动总量来衡量金融开放程度。[④] 最后，在生产的国际化方面，学者们已注意到其对福利国家的影响可能全然不同于金融市场一体化所带来的影响，因而引入外国直

① Geoffrey Garrett and Deborah Mitchell, "Globalization, government spending and taxation in the OECD", *European Journal of Political Research*, Vol. 39, 2001, p. 146.

② Brian Burgoon, "Globalization and Welfare Compensation: Disentangling the Ties That Bind", *International Organization*, Vol. 55, No. 3, Summer, 2001, pp. 509—551.

③ Geoffrey Garrett, "Globalization and Government Spending around the World", p. 15.

④ 两位作者认为，资本流量通常只能反映宏观经济的波动幅度，而不是金融开放程度；尤其是在拉丁美洲这样不稳定的地区。参见 Robert R. Kaufman and Alex Segura-Ubiergo, "Globalization, Domestic Politics, and Social Spending in Latin America: A Time-Series Cross-Section Analysis, 1973—1997", p. 563.

接投资（FDI）这一指标来进行分析。[①] 其间亦有细微差异，比如加勒特与米切尔着重于 FDI 流入与流出的总量，而格默尔等更为关注 FDI 流入量对福利国家的效应。[②]

2. 因变量

“福利国家”之由来可谓源远流长，其内涵的复杂性较之于“全球化”相比亦毫不逊色。[③] 反映在相关文献中，关于这一概念的操作化方式也各不相同。总体而言，随着理论与实证研究的进展，学者们对福利国家的认识和测度也经历了一个从整体到局部、从总量到结构的逐步深入的过程。

起初，研究者们试图从最为直观的意义上把握福利国家这一概念，他们选择“政府支出”作为观察与测度的对象。在卡梅伦

① Geoffrey Garrett and Deborah Mitchell, “Globalization, government spending and taxation in the OECD”, pp. 145－177. Kenneth Scheve and Matthew J. Slaughter, “Economic Insecurity and the Globalization of Production”, *American Journal of Political Science*, 48 (4), 2004, pp. 662－674. Norman Gemmell, Richard Kneller, Ismael Sanz, “Foreign investment, international trade and the size and structure of public expenditures”, pp. 151－171.

② Geoffrey Garrett and Deborah Mitchell, “Globalization, government spending and taxation in the OECD”, pp. 164－165. Norman Gemmell, Richard Kneller, Ismael Sanz, “Foreign investment, international trade and the size and structure of public expenditures”, p. 159.

③ “福利国家”这一术语早在 20 世纪 20 年代后期就出现于德国，及至 40 年代又在英国得到更广泛的使用。参见伊恩·高夫著，谢雨译，张小娅校对：《欧洲福利国家：对其发展过程的阐释及其可资发展中国家借鉴的经验教训》，中国社会学网，第二届社会政策国际论坛之一，社会政策理论（学术讨论第二十八期），2006—09—25，http://www.sociology.cass.cn/shxw/xstl/xstl27/P020060925362679375467.pdf，下载于 2008 年 11 月 3 日。进一步了解可参见［加拿大］R·米什拉（Ramesh Mishra）著，郑秉文译：《社会政策与福利政策——全球化的视角》，北京：中国劳动社会保障出版社，2007 年版；约翰·伊特韦尔、默里·米盖尔特、彼得·纽曼编：《新帕尔格雷夫经济学大辞典》第四卷（Q-Z），北京：经济科学出版社，1996 年版，第 968—970 页。

之后，罗德瑞克也采取了相似做法：他以政府支出水平来指代政府规模的大小。[①] 加勒特也把注意力放在政府支出、公共经济部门的扩张之上，不过他的分析更为细致，还包含了货币自主权等宏观经济政策层面的因素。[②] 此后，有学者对先前以“政府支出”作为因变量来衡量福利国家的方式提出了质疑，其理由在于：政府支出包含许多组成部分，其性质各不相同，并非都用于福利支出。最明显的一例就是国防开支，后者在政府支出中占到相当比重，但却与福利国家毫不相关。[③] 基于这种考虑，对福利国家予以更合理的操作化、选择更恰当的指标就成为当务之急。

鲁德拉以中央政府在社会保障与福利服务方面的支出（及其占 GDP 的比重）作为衡量福利国家的指标。[④] 与此相似的还有希克斯与佐恩（Hicks and Zorn），他们和皮尔森（Pierson）一脉相承，更为关注福利的收缩，即社会服务范围的有计划的削减。[⑤] 为此，他们集中考察一系列政策事件，如养老、救济费用的变化等等。在这一阶段，研究者的注意力明显从总量意义上的福利开支转向更为精细化的福利“结构”与“成分”。其中，加

---

① Dani Rodrik，“Why Do More Open Economies Have Bigger Governments?”，pp. 997—1033.

② Geoffrey Garrett，“Global Markets and National Politics：Collision Course or Virtuous Circle?”，pp. 787—824.

③ Nita Rudra，“Globalization and the Decline of the Welfare State in Less-Developed Countries”，pp. 424.

④ Nita Rudra，“Globalization and the Decline of the Welfare State in Less-Developed Countries”，pp. 424—425.

⑤ Alexander Hicks and Christopher Zorn，“Economic Globalization，the Macro Economy，and Reversals of Welfare：Expansion in Affluent Democracies，1978—94”，*International Organization*，Vol. 59，Summer 2005，pp. 631—662. Paul Pierson，“The New Politics of the Welfare State”，*World Politics*，48（2），1996，pp. 143—79.

勒特与米切尔对公共支出中的社会服务与收入转移两种用途做出了区分；[①] 考夫曼与塞格拉不仅考虑了拉美诸国福利支出变动的总体水平，还将社会福利支出分解为社会保障、卫生保健和教育等组成部分，以利于更细致的分析。[②] 伯贡则指出：把注意力集中于福利供给总量概念的做法是有缺陷的，原因就在于，对那些由于经济开放而受到影响的不同群体来说，很可能某一类型的福利政策具有补偿性质，而另一类却恰恰相反。因此，他区分了劳动力市场政策、保健、家庭救济、职业培训与再就业协助等性质与影响各异的福利计划。[③] 类似地，威贝尔斯（Wibbels）对用于人力资本的社会支出和用于社会保障的支出做了区分。[④] 鲁德拉将政府的社会支出分为教育、保健、社会保障与福利等几类，分别探讨其受到的影响。[⑤] 格默尔等从生产性、非生产性的角度对公共支出予以划分，在其看来，社会福利保障与公共服务支出当属于非生产性之列。[⑥] 马雷斯（Mares）则与上述做法皆不相同，她采用一种“社会保障覆盖范围”的新指标来考察开放与社

① Geoffrey Garrett and Deborah Mitchell, “Globalization, government spending and taxation in the OECD”, p. 146.

② Robert R. Kaufman and Alex Segura-Ubiergo, “Globalization, Domestic Politics, and Social Spending in Latin America: A Time-Series Cross-Section Analysis, 1973－1997”, p. 561.

③ Brian Burgoon, “Globalization and Welfare Compensation: Disentangling the Ties That Bind”, *International Organization*, Vol. 55, No. 3, Summer, 2001, p. 525, Figure 1.

④ Erik Wibbels, “Dependency Revisited: International Markets, Business Cycles, and Social Spending in the Developing World”, *International Organization*, Vol. 60, Spring 2006, pp. 433－468.

⑤ Nita Rudra, “Openness, Welfare Spending, and Inequality in the Developing World”, *International Studies Quarterly*, Vol. 48, No. 3, 2004, pp. 683－709.

⑥ Norman Gemmell, Richard Kneller, Ismael Sanz, “Foreign investment, international trade and the size and structure of public expenditures”, p. 165.

会保护之间的关系。[①]

如果仔细审视上述研究，可以发现它们有共同的视角，即着眼于社会支出的用途或去向。换言之，目光所聚皆在于福利之供给。有别于此，另一种视角则着眼于社会支出的来源，亦即税收。更具体地，它所关注的内容包含税收政策、税收负担的相对变化以及税种差异等等。罗德瑞克曾经指出，全球化可能使公共支出的筹资来源——即税负——由资本转移至劳动力身上，从而削弱公共部门对财富与风险的再分配职能。[②] 此后，许多学者开始引入税收等相关因素作为因变量，以检验其理论假说。例如，在加勒特与米切尔对福利投入的定义中，不仅包含了公共支出，还包含税收；后者进一步细分为对资本课征的有效税率、资本劳动比率和消费税等几个指标，以衡量税收系统的累进性（progressiveness）。[③] 斯旺克考察了资本市场全球化是否将导致企业在社会保障、工资与利润等方面税收负担的降低。[④] 艾曾曼与詹加拉克（Aizenman and Jinjarak）区分了“易于征收的”税种与“难以征收的”税种，并指出贸易和金融开放对这两类税收有着

---

① Isabela Mares, “Economic Insecurity and Social Policy Expansion: Evidence from Interwar Europe”, *International Organization*, Vol. 58, Fall 2004, pp. 745—774. Isabela Mares, “Social Protection Around the World: External Insecurity, State Capacity, and Domestic Political Cleavages”, *Comparative Political Studies*, Vol. 38, No. 6, 2005, pp. 623—651.

② Dani Rodrik, “*Has Globalization Gone Too Far?*”, 1997.

③ Geoffrey Garrett and Deborah Mitchell, “Globalization, government spending and taxation in the OECD”, p. 164.

④ Duane Swank, “Funding the Welfare State: Globalization and the Taxation of Business in Advanced Market Economies”, pp. 671—692.

不同的影响。[①]

3. 控制变量

社会现象与生俱来的复杂性，使得力求探询事件之间确切关联的社会科学工作者常常面临棘手之局。其中最为常见的问题就是，如何分离并考察某一自变量对因变量所单独造成的影响。如“福利国家”这般宏大的变量，其成因当然远非某个或某几个因素就可以涵盖。于是，当研究者选定某个角度进行分析时，就势必将其所关注的核心自变量与其他并非研究目标、但同样可能造成影响的变量相分离，以剔除后者带来的扰动。显而易见，选取控制变量（control variables）并加以测度的过程，在相当程度上决定了研究结果是否准确可信。

就“全球化—福利国家”之关联而言，学者们很早就注意到了控制变量的重要意义。在罗德瑞克开创性的经验研究中，他引入了地区虚拟变量和一系列控制变量，如人均 GDP、赡养比率、城市化水平、国土面积、人口规模等等。[②] 鲁德拉将老年人口与赡养人口的数量、城市化水平、人均 GDP 及其增长率、债务水平、私有化程度、民主程度等均作为控制变量。[③] 考夫曼与塞格拉同样引入了许多控制变量，如人口规模、城市化水平、公共债务、政府收入等，以及一系列关于通货膨胀、汇率、GDP 波动、

① Joshua Aizenman and Yothin Jinjarak, “Globalization and Developing Countries-A Shrinking Tax Base?”, *NBER Working Paper No. 11933*, January 2006, Revised May 2007, Cambridge, Mass.: National Bureau of Economic Research.

② Dani Rodrik, “Why Do More Open Economies Have Bigger Governments?”, pp. 997－1033.

③ Nita Rudra, “Globalization and the Decline of the Welfare State in Less-Developed Countries”, pp. 411－445.

GDP滞后、GDP增长的虚拟变量。[1] 总体而言，GDP、人口规模、城市化水平、公共债务等因素更多地受到研究者关注，并且被列为控制变量。究其原因，主要在于这些因素都很可能对各国的社会支出或福利水平产生影响，从而给“全球化—福利国家”关联的分析造成扰动。以GDP为例，由于该变量在很大程度上代表着一国的经济发展水平，而后者通常与福利支出之间存在明显的正相关性，因此若不加以控制，计量检验所得到的结果就很可能是有偏误、从而不足为信的。像人口规模、城市化水平与公共债务等变量之所以被引入且加以控制，其原因亦大抵如此。

（二）传导机制

对于任何旨在解释“全球化—福利国家”关联的理论来说，探究二者之间的传导机制都是最为核心的任务。效率假说曾经长期占据理论上的主导地位，其主张所赖以成立的传导机制在于：经济全球化一方面使资本的跨国流动更为容易，从而显著提升了其选择余地，另一方面又使劳动力面临更为激烈的来自国外的竞争，从而严重削弱了其讨价还价的能力；两者力量的此消彼长，使资本的要求更容易得到满足，——而对于一心追求利润最大化、成本最小化的资本来说，降低社会福利支出显然是其喜闻乐见之事。与效率假说相反，补偿假说的传导机制在于：经济开放可能给一国内部造成社会紊乱、经济波动以及政治上的不稳定，面对这些威胁与冲击，政府有动机为那

① Robert R. Kaufman and Alex Segura-Ubiergo, “Globalization, Domestic Politics, and Social Spending in Latin America: A Time-Series Cross-Section Analysis, 1973—1997”, pp. 553—587.

些在开放中受损的部门或群体提供福利支出或转移支付，以补偿其所遭受的损失。[①]

对比以上两种假说，可以发现：效率论者在阐发其传导机制时，强调经济意义上的效率以及由此而生的竞争压力；补偿论者则强调经济变动所引发的政治需求。表面上看，似乎前者所执的是一种纯粹的经济逻辑，即“效率优先”，后者所执的是政治逻辑，即“公平至上”。但究其实质，这两种假说的传导机制却有着相当的共通之处，可谓一体之两面：它们的成立都极度依赖于国内政治状况，只不过前者为隐含，后者为明示而已。效率假说看似与国内政治无涉，仅仅强调国际经济竞争所造成的压力，但它隐含地假定了一个对“国际竞争力”极度敏感、惟资本之命是从的国内政府和决策机构；在它的理论脉络中，国内政治决非不重要，而只是被先入为主地设定为“效率至上”，从而易于遭到忽视罢了。事实上，正是这个常常被忽视的关于国内政治的隐含假定，却恰恰是效率假说的灵魂所在。至于补偿假说，其传导机制中“国内政治”的重要性就更加不言而喻了。

围绕着国内政治这一核心传导机制，学者们选择了不同角度分别做出阐释。根据其理论侧重点的差异，部分学者主要从单一视角进行考察，另一些则更倾向于多重视角。前者以皮尔森、鲁德拉为代表，后者则包括加勒特、考夫曼与塞格拉、马

① Geoffrey Garrett, “Globalization and Government Spending around the World”, *Studies in Comparative International Development*, Vol. 35, No. 4, Winter 2001, pp. 3—29. 实际上，这一派观点的思想渊源可以追溯至卡尔·波兰尼，参见 Karl Polanyi, *The Great Transformation*, New York: Farrar & Reinhart, 1944. 中译本见：卡尔·波兰尼著，冯刚、刘阳译：《大转型：我们时代的政治与经济起源》，杭州：浙江人民出版社，2007 年版。

雷斯等。皮尔森对福利国家的灵活性与适应能力提出了一种机制意义上的解释，他认为：发达国家内部形成的跨阶级联盟阻止了福利国家的衰落；在工业化国家，高度发达的各个利益集团意味着福利计划的受益者能够被有效地动员起来，进而抵制任何削减社会支出的企图。[①] 鲁德拉对这一观点进行了补充，她指出，在国际市场、劳工力量与欠发达福利国家（less-developed welfare state）[②] 之间存在着一种关联，其间的核心传导机制在于劳工阶层的政治力量。为了更准确地阐释并验证其观点，鲁德拉并未采用通常的工会覆盖率指标，而是自行构造了“潜在劳工力量”（PLP）这一指标来对欠发达国家的劳工政治力量进行测度。[③]

加勒特可能是最早采用多重视角分析“全球化—福利国家”关联的学者。他强调两种因素——即政党之间的力量对比、组织化的劳工政治力量，认为此两者在相当程度上影响着全球化进程中各国的政策反应。具体说来，如果劳动力市场机制能够在政府

---

① Paul Pierson, “The New Politics of the Welfare State”, pp. 143—79.

② 这一概念取自于普法勒等（Alfred Pfaller et al.），意指运用国家权力以承担如下责任：保护民众免于经济困境，保障所有人享有一定的生活水准等。转引自 Nita Rudra, “Globalization and the Decline of the Welfare State in Less-Developed Countries”, p. 416.

③ Nita Rudra, “Globalization and the Decline of the Welfare State in Less-Developed Countries”, p. 426. 该思路源自于权力资源理论（Power Resource Theory），参见 Walter Korpi, *The Democratic Class Struggle*, London: Routledge and Kegan Paul, 1983. Julia O'Connor and Gregg Olsen, *Power Resources Theory and the Welfare State*, Toronto: University of Toronto Press, 1998. 在鲁德拉与哈格德（Rudra and Haggard 合作的一篇论文中，“潜在劳工力量”（PLP）与“民主政体”等因素均被纳入了计量模型加以考察，结果发现在开放经济条件下，民主政体能够比专制政体更好地化解外部压力，从而维持福利支出水平。参见 Nita Rudra and Stephan Haggard, “Globalization, Democracy, and Effective Welfare Spending in the Developing World”, *Comparative Political Studies*, Vol. 38, No. 9, November 2005, pp. 1015—1049.

与劳工之间有效地起到协调沟通的作用，那么全球化就可能伴随着左翼劳工运动的进一步壮大，各党派之间的差异也能够得以维系。[①] 与之相似，考夫曼与塞格拉考察了两组因素对全球化与社会支出之间关系的影响，它们分别是政党势力均衡与民主制度下的选举压力。其中，选择前者的用意在于观察利益群体与政党之间的权力平衡，为此，考夫曼与塞格拉以当职总统所在党派的政治倾向和选民基础作为衡量指标。选择后者的用意则在于检验一种相关假说，即民主制度下的执政者由于面临着选民的压力，因此更有可能对补偿需求做出回应，从而提供社会服务与福利。[②] 马雷斯着眼于国家能力和国内不同群体关于外部风险的政治分歧这两个因素，考察开放与社会保护之间的关联。其统计结果表明：首先，外部风险与出口集中度的相互作用，在很大程度上决定了社会保障覆盖率的国家间差异；其次，开放对社会保护的影响程度还取决于既存的国家制度与能力是否足够强大。[③]

（三）样本选取

从理论假说的构思到检验，都离不开研究者对特定范围样本的观察与分析。通常而言，理论假说首先是基于对某一样本范围

---

① Geoffrey Garrett, "Global Markets and National Politics: Collision Course or Virtuous Circle?", pp. 787－824.

② Robert R. Kaufman and Alex Segura-Ubiergo, "Globalization, Domestic Politics, and Social Spending in Latin America: A Time-Series Cross-Section Analysis, 1973－1997", pp. 553－587.

③ Isabela Mares, "Economic Insecurity and Social Policy Expansion: Evidence from Interwar Europe", pp. 745－774. Isabela Mares, "Social Protection Around the World: External Insecurity, State Capacity, and Domestic Political Cleavages", pp. 623－651.

内特定事件的观察而提出的，意在解释事件或现象之间的规律性联系。[①] 在假说得到正式表述之后，还需以某一样本（无论是案例还是数据形式）来检验其解释能力和适用范围。其间所遵循的即为波普尔所言“可证伪性原则”。[②] 由于社会科学研究者所关注的现象历来以错综复杂而著称，探究其理论假说所基于和适用的样本范围，就显得尤为必要。以本文讨论的主题而言，学者们对样本的选取也经历了一个从“中心”到“外围”、从发达国家到发展中国家的演变过程。

起初，不管是卡梅伦还是卡赞斯坦，其理论均是针对西欧、北欧高福利国家，如奥地利、瑞典、荷兰等国而提出的。[③] 此后一段时期，盛行的做法是以经济合作与发展组织（OECD）诸国作为研究样本，如艾弗森与丘萨克、加勒特与米切尔、格默尔等皆是如此。[④] 其原因一方面在于 OECD 诸国有着良好的资料与数据可得性；另一方面，作为率先实现工业化、相对富裕民主的国家，OECD 诸国也确实更容易受到研究者的重视。出于类似的原因，其他一些学者集中关注更有限的几个发达工业化国家，例

---

① 关于理论的功用及判别标准，可参见肯尼思·华尔兹著，信强译：《国际政治理论》，上海：上海人民出版社，2003 年版，第 1—23 页；苏珊·斯特兰奇著，杨宇光等译：《国家与市场》（第二版），上海：上海人民出版社，2006 年版，第 4—6 页。

② ［英］卡尔·波普尔著，傅季重、纪树立、周昌忠、蒋弋为译：《猜想与反驳：科学知识的增长》，上海：上海译文出版社，2005 年版，第 47—52 页。

③ David R. Cameron, “The Expansion of the Public Economy: A Comparative Analysis”, pp. 1243－1261. Peter Katzenstein, *Small States in World Markets*, 1985.

④ Torben Iversen and Thomas R. Cusack, “The Causes of Welfare State Expansion: Deindustrialization or Globalization?”, *World Politics*, Vol. 52, No. 3, April 2000, pp. 313－349. Geoffrey Garrett and Deborah Mitchell, “Globalization, government spending and taxation in the OECD”, pp. 145－177. Norman Gemmell, Richard Kneller, Ismael Sanz, “Foreign investment, international trade and the size and structure of public expenditures”, pp. 151－171.

如：塞尔尼与埃文斯（Cerny and Evans）以英国为样本来考察国家在全球化进程中的作用；[①] 谢维与斯劳特（Scheve and Slaughter）同样以英国为考察对象，探究全球化所导致的经济波动；[②] 斯坦莫（Steinmo）研究了福利国家体系在瑞典的变化与调整；[③] 皮尔森则以英国、美国、德国、瑞典为样本案例，检验其关于福利收缩的假说。[④]

随后，OECD诸国之外更开阔的景象进入了学者们的视野。加勒特与尼克森（Garrett and Nickerson）、加勒特以中等收入国家为研究对象，[⑤] 考夫曼与塞格拉、威贝尔斯与阿奇（Wibbels and Arce）则集中考察拉美各国。[⑥] 近年来，随着研究的深入，鲁德拉、尹（Yoon）等少数学者已开始将发展中国家或欠发达国家作为考察对象，并且得出了与OECD诸国明显不

---

① Philip G. Cerny and Mark Evans, "Globalisation and public policy under new labour", *Policy Studies*, Vol. 25, No. 1, 2004, pp. 51－65.

② Kenneth Scheve and Matthew J. Slaughter, "Economic Insecurity and the Globalization of Production", pp. 662－674.

③ Sven Steinmo, "Globalization and Taxation: Challenges to the Swedish Welfare State", Comparative Political Studies, Vol. 35, No. 7, 2002, pp. 839－862.

④ Paul Pierson, "The New Politics of the Welfare State", pp. 143－79.

⑤ Geoffrey Garrett and David Nickerson, "Globalization, Democratization and Government Spending in Middle Income Countries", June 2001, Yale University, unpublished manuscript, http://www.international.ucla.edu/CMS/files/midinc.pdf, 下载于2008年11月。Geoffery Garrett, "Globalization's Missing Middle", *Foreign Affairs*, Nov/Dec 2004, Vol. 83, Issue6, pp. 84－96.

⑥ Robert R. Kaufman and Alex Segura-Ubiergo, "Globalization, Domestic Politics, and Social Spending in Latin America: A Time-Series Cross-Section Analysis, 1973－1997", pp. 553－587. Erik Wibbels and Moisés Arce, "Globalization, Taxation, and Burden-Shifting in Latin America", *International Organization*, Vol. 57, Winter 2003, pp. 111－136.

同的结论。[①] 分类研究的理由主要是OECD诸国与发展中国家在经济发展水平、政治制度、劳工力量、公民社会等许多方面都有着巨大差异，而这些差异很可能会带来至关重要的影响。为理论与实证研究之严谨计，分别对其进行考察可能是更为适宜的做法。当然，在对不同类型的国家群体加以区分的基础上，也有学者同时考察不同样本并加以比较，如威贝尔斯、艾曾曼与詹杰拉克等。[②]

至于研究样本的时间跨度，多数学者截取的时段都在20世纪60、70年代至90年代中后期（或21世纪初）之间。当然，基于研究目标、数据可得性等因素的考虑，在起始与结束时点的选取上也存在一定差异。后文还将论及这些差异所造成的影响及其含义。

三、收缩还是扩张？

任何理论都旨在加深人们对现象之间规律性联系的认知和理解。那么，就本文所关注的主题而言，此前研究在何种程度上实现了这一目标呢？或者，更具体地说，我们已经知道了些什么？我们是如何知道的？这些认知可靠吗？还有什么是未知但可望获

① Nita Rudra, *Globalization and the decline of the welfare state in less developed countries*, 2000. Jungkeun Yoon, *Globalization and the welfare state in developing countries*, Claremont, California: Claremont Graduate School, 2007, dissertation.

② Erik Wibbels, "Dependency Revisited: International Markets, Business Cycles, and Social Spending in the Developing World", *International Organization*, Vol. 60, Spring 2006, pp. 433－468. Joshua Aizenman and Yothin Jinjarak, "Globalization and Developing Countries-A Shrinking Tax Base?", May 2007.

知的？其中，前两个问题已在上一节得到了初步探讨，本节则试图以此为基础，对迄今关于该主题的基本共识与分歧做出评介，并追溯分歧的根源所在。

（一）共识与分歧

全球化进程中的福利国家将面临扩张还是收缩的压力？就这一问题而言，目前所取得的共识更多体现在研究视角与方法论的意义上。换言之，学者们对于如何寻找理论切入点、如何加以检验有着基本的一致。首先，他们几乎都认可国内因素尤其是国内政治在“全球化—福利国家”关联中的重要性，并将其视为核心传导机制而加以探究。这一理论路径显然受到了“反转的第二意象”（second image reversed）之深刻影响。① 其次，随着定量分析方法逐渐被广为接受，20 世纪 90 年代中期之后的多数研究都试图通过对大样本、长时段的数据进行多元回归分析，来验证自己的理论假说。这与先前定性分析占据主导地位的格局形成了明显对比。当然就方法本身而言，定性、定量分析各有所长，并无高下之分。

如果说在理论视角与研究方法上存在基本的一致，那么研究结果就多少让人感到莫衷一是了。尽管已有如许之多的相关论文与著作，但学者们就“收缩还是扩张”的方向性判断，却往往彼此矛盾、相去甚远。其中最为明显的分歧出现在关于

① Peter Gourevitch, “The Second Image Reversed: The International Sources of Domestic Politics”, *International Organization*, Vol. 32, No. 4, 1978, pp. 881－912. 基欧汉与米尔纳（Keohane and Milner, 1996）主编的论文集就是运用这一视角进行研究的重要成果，该文集主要关注国际化与国内经济政策、政治制度的联系。参见中译本：罗伯特·基欧汉、海伦·米尔纳主编，姜鹏、董素华译：《国际化与国内政治》，北京：北京大学出版社，2003 年版。

OECD诸国与发展中国家的研究之间。以OECD诸国为分析对象的学者大多认为：对于早已实现工业化的富裕民主国家来说，全球化进程中的福利国家已经表现出、并且仍将表现出强大的适应能力；与之相应，各国政府在福利支出方面的态度也将一如既往的慷慨。① 反之，以发展中国家或欠发达国家为研究对象的学者则指出：发展中国家通常并不具备那些有助于维系福利支出的国内政治条件；与发达国家相比，正是这一关键差异使得发展中国家难以抵御全球化给福利国家带来的压力和冲击。②

相对于以上情形来说，另一类分歧则更加令人感到困惑：针对几乎同样的目标群体，选取大致重叠的考察时段，实证分析得出的结论却大相径庭甚至完全相反。在加勒特与米切尔关于OECD18国（1961—1993年）的研究中，结论表明贸易和金融的开放与福利支出之间存在显著的负相关，这在某种程度上印证了效率假说的预测。③ 而在希克斯与佐恩的同样关于OECD国家（1978—1994年）的研究中，结论是贸易和金融开放与福利收缩之间存在负相关，而外国直接投资则与福利收缩呈正相关。也就是说，贸易与金融开放对福利国家的效应似乎遵循着补偿假说，

---

① Geoffrey Garrett，"Global Markets and National Politics：Collision Course or Virtuous Circle?"，pp. 787－824. Geoffrey Garrett，*Partisan Politics in the Global Economy*，1998. Elmar Rieger and Stephan Leibfried，"Welfare state limits to globalization"，pp. 363－390.

② Alex Segura-Ubiergo，*Globalization，domestic politics and the welfare state in the developing world：Latin America in Comparative Perspective，1973－1997*，Columbia University in the City of New York，dissertation，2002. Nita Rudra，*Globalization and the decline of the welfare state in less developed countries*，2000.

③ Geoffrey Garrett and Deborah Mitchell，"Globalization，government spending and taxation in the OECD"，pp. 145－177.

而外国直接投资的效应遵循着效率假说。[①] 到了格默尔等关于OECD各国（1980—1997年）的研究中，结论又有不同：贸易开放、外国直接投资与政府规模之间并不存在显著的相关，这既不支持效率假说，也不支持补偿假说。然而，如果把目光转向社会支出占政府支出的比重，那么贸易开放所产生的效应将更接近于效率假说，而外国直接投资的效应更接近于补偿假说。[②] 诸般景象真可谓“乱花渐欲迷人眼”，那么，研究者究竟应当怎样看待这些分歧？

（二）分歧缘何而生？

第一类分歧是相对易于理解的。任何理论均有其适用范围，如果研究对象本身分属于不同性质的群体，那么针对某一群体的分析就很可能得出与其他群体不同的结论。罗德瑞克曾经指出：对于发达的工业化国家而言，贸易增长不大可能带来很高的经济风险；然而这一点并不适用于发展中国家，后者的贸易模式通常更为狭窄、更具局限，因此可能面临更为严重的经济风险。[③] 由于彼此国内政治经济状况的差异，在OECD国家和发展中国家，全球化所引发的补偿需求或收缩压力可能呈现出迥然不同的模式。

除了考察对象不同所引起的分歧之外，研究者对自变量、因变量的界定和测度也会导致不同的分析结果。如前文所述，贸易

① Alexander Hicks and Christopher Zorn, “Economic Globalization, the Macro Economy, and Reversals of Welfare: Expansion in Affluent Democracies, 1978－1994”, pp. 631－662.

② Norman Gemmell, Richard Kneller, Ismael Sanz, “Foreign investment, international trade and the size and structure of public expenditures”, pp. 151－171.

③ Dani Rodrik, “*Has Globalization Gone Too Far?*”, 1997.

开放和金融开放对福利国家的影响未必是同一方向的，更不必说是同一程度了。衡量因变量的指标也不仅仅限于政府支出或福利支出，还至少涉及到社会保障、卫生保健、教育等几个方面。正如考夫曼与塞格拉所指出的：研究者有必要对不同类型的社会支出加以区分，因为它们很可能受到截然不同的政治、经济因素的影响。[①] 显而易见，反映在分析结果中，全球化对不同类型的社会支出完全可能有着迥异的效应。[②]

至于第二类分歧的根源，比较合理的解释可能在于复杂现象之间往往存在着多重因果关系。社会科学、尤其是国际关系学领域所关注的现象通常既宏大又复杂，彼此间有着千丝万缕的联系。以因果关联而论，更多情况下存在的并不是单一因果链条，而是纵横交错的因果网。研究者一般只能择其自认为最重要的因果链条进行阐释和验证。如此一来，由于选取并分离出来的因果链条（即进入研究者视野的传导机制）并不相同，得出的结论彼此有异也就在所难免。不过，结论的矛盾和对立未必表示其中有一方非真。完全有可能出现的是，自变量以多种传导机制同时影响着因变量，其间各个传导机制的效应互不相同甚至截然相反。

---

① Robert R. Kaufman and Alex Segura-Ubiergo，"Globalization，Domestic Politics，and Social Spending in Latin America：A Time-Series Cross-Section Analysis，1973－1997"，pp. 553－587.

② 卡斯尔斯（Castles）指出，因变量范围越广，研究的问题就会越大；其中必须审慎考虑以下几个因素：a. 复杂的政策过程背后几乎不可能只有单一的决定性因素；b. 影响社会政策的因素很可能会随时间而改变；c. 没有理由假定不同类型的政策输出结果源于相同的决定因素；d. 不同的政策输出会以种种复杂方式影响到不同的福利结果。参见 Francis Geoffrey Castles，*Comparative Public Policy*：*Patterns of Post-war Transformation*，Cheltenham：Edward Elgar，1998，p. 4. 转引自伊恩·高夫：《欧洲福利国家：对其发展过程的阐释及其可资发展中国家借鉴的经验教训》。

从另一方面来说，得到实证分析支持的理论假说，固然有更高的可信度。但研究者仍需清楚地认识到，这种实证意义上的“支持”并不是“证明”。近些年来定量分析尤其是多元回归分析方法被广为使用，但往往为人所忽视的一点是：计量分析本身并不能“证明”任何因果关联，它所表明的是相关性，也只能是相关性。尽管因果关联必定意味着相关，但相关并不必然意味着因果性。我们完全无意于贬低定量分析方法的重要价值和作用，只是想表明：在评价一种理论假说时，首要的步骤在于推敲其前提假定是否适当、逻辑链条的推演是否确凿无误，随后才是考察其定量分析的技术和数据是否严谨精确。

四、结论及可能改进之处

经过三十年，尤其是近十年的探索与争鸣，IPE学者们在“全球化—福利国家”关联的研究方面取得了丰硕的成果。这极大地拓展和深化了人们对该主题的认知与理解。通过对核心自变量、因变量予以进一步的细分，学者们就各自所关注的因果链条展开分析，探究其中的传导机制，最终得出或相似或对立的结论。其中，已经达成的共识自然为下一步研究提供了坚实的基础；即使是尚存的分歧，亦有相当部分源于如下事实，即：面对现实世界中纵横交错的因果网，论者往往只能各执其最感兴趣的一条因果链而构建理论假说，随后围绕其选择的链条加以检验。如此引发的分歧并不必然意味着孰是孰非，毋宁说各有所见、各有所得。不同理论假说未必处于直接竞争冲突的境地，而更可能是体现了一种互补。

尽管如此，仍有待回答的问题是：如果从自变量到因变量之间的传导机制不一而足，那么其中何者最为重要或居于主导地位？或者说，纵有千百条影响渠道，但万流终须归宗，最终的总体效应又是怎样？迄今为止，学者们的解释多能做到“自圆其说”，但彼此理论假说之间的直接交锋却并不多见。因此，对不同传导机制予以比较、综合，或许能够打开一条前景更为广阔的分析路径。

总体而言，关于该主题的研究还存在两方面的不足。首先，一些理论假说所阐释的因果链条尚不够清晰，其间往往存在疏漏之处，这些疏漏已经引起了研究者的关注和批评。例如，支持补偿假说的观点一般都隐含地假定：全球化导致一国的经济波动加剧。但是该假定的可信性遭到了不少学者的质疑，其中既包括政治学家，如艾弗森与丘萨克，[①] 也包括经济学家，如布伦纳与纳克诺（Brunner and Naknoi）等。[②] 其次，对假说的检验方面，也存在相当的改进余地。目前通行的方法是采用多元回归分析，[③] 然而正如布龙与加勒特所指出的：当前占据主导地位的跨国定量分析存在某些局限，分析技术与测度方面的微小差异常常导致截然不同的结论。[④] 这就容易让人

---

① Torben Iversen and Thomas R. Cusack，“The Causes of Welfare State Expansion：Deindustrialization or Globalization?”，pp. 313－349.

② Allan D. Brunner and Kanda Naknoi，“Trade Costs，Market Integration，and Macroeconomic Volatility”，IMF Working Paper No. 54，2003，Washington，D. C.：International Monetary Fund.

③ Michael Shavev，“Limits and Alternatives to Multiple Regression in Comparative Political Economy”，http：//www. geocities. com/michaelshalev/Papers/Shalev_Limits. pdf，下载于 2008 年 12 月。

④ Nancy Brune and Geoffrey Garrett，“the Globalization Rorschach Test：International Economic Integration，Inequality，and the Role of Government”，p. 419.

质疑统计结果的稳健性。另外，统计分析通常可以在一系列限定条件下回答“是否存在相关性”的问题，却不能回答“为何存在相关性”，后者只能依靠更为成熟的理论；而更为定性化的研究方法对此可能是有帮助的。例如，考夫曼与塞格拉讨论了全球化、政治压力与社会支出之间关联的一系列解释，但正如作者所承认的：在很多情况下，他们并不能确定是哪一种具体的因果机制在发挥作用。[①]

有鉴于此，未来的研究者可以从两方面着手，改进目前存在的不足，从而更深入和全面地回答“全球化—福利国家”关联这一重大问题。首先，就理论假说的推导与构建来说，研究者必须致力于因果链条的完备性与清晰化。换言之，必须对全球经济中谁受益、谁受损、损益如何转化为相应需求、需求又如何转化为政策结果等一系列环节有清晰的认知，而不是理所当然地从因果链的一环跳至另一环。其次，就实证研究来说，已有许多学者指出：采取案例研究与比较研究的方式可能会大有裨益，它们能够对大样本研究起到很好的支持和补充作用。[②] 根据考夫曼与塞格拉的意见，必须更细致地考察变化中的受益者与受损者，而这类问题最适合通过小范围的比较研究和案例研究来加以探讨。[③] 与此相似，斯蒂勒与克斯伯根（Stiller and Kersbergen）更倾向于

---

① Robert R. Kaufman and Alex Segura-Ubiergo，“Globalization，Domestic Politics，and Social Spending in Latin America：A Time-Series Cross-Section Analysis，1973—1997”，p. 581.

② Nancy Brune and Geoffrey Garrett，“the Globalization Rorschach Test：International Economic Integration，Inequality，and the Role of Government”，p. 419.

③ Robert R. Kaufman and Alex Segura-Ubiergo，“Globalization，Domestic Politics，and Social Spending in Latin America：A Time-Series Cross-Section Analysis，1973—1997”，p. 582.

在西方国家内部进行跨国比较研究。[①] 毋庸置疑，路漫漫其修远兮，研究者仍需上下而求索。

① Sabina Stiller and Kees van Kersbergen, "Welfare state research and the (in) dependent variable problem: What to explain and how to explain?", Paper presented at ESPANet conference, Fribourg, Swizerland, Sepetmber 22—24, 2005.

浅析雅各宾派的恐怖统治：恐怖主义的意识形态化起源及其演化机制

盛文沁[*]

内容提要：法国大革命期间雅各宾派的恐怖统治为恐怖合法性提供了较为完整的意识形态及其演化机制。通过研究雅各宾派上台，建立恐怖统治直至覆亡的历史，本文指出：雅各宾恐怖揭示了民族利益诉求转化为恐怖统治这一过程的机制。民族主义诉求并不必然导致恐怖，但雅各宾派使用“阴谋论”，导致意图先于事实本身，阴谋者范围无明确边界，导致恐怖扩大化。而恐怖的更深层次的根源在于将之视为道德革命的手段，从而将恐怖意识形态化，使其获得合法性。

法国大革命期间，1793 年至 1794 年雅各宾派的统治被称为

* 盛文沁，上海社会科学院欧亚研究所助理研究员。

"the Reign of Terror"。研究当代恐怖主义的学者多未将雅各宾派的统治视为现代意义上的恐怖主义，但是雅各宾派的恐怖统治为恐怖合法性提供了较为完整的意识形态学说，因此从这一角度考察雅各宾派的恐怖统治殊为必要。

一、雅各宾派上台

法国大革命是近代历史上最为波澜壮阔、风云诡谲的社会大变革。在此滚滚浪潮中，众多政治派别与势力集团纷纷登场，施展各自的政纲，相互斗争，势力消长变换不定。1789 年法国大革命爆发伊始，雅各宾派原本只是一支实力很小的政治激进派别，与倡导君主立宪制度的立宪派等主流派别的政治倾向差异极大。其获得统治地位的过程深刻反映了法国大革命从温和走向激进的演变。此一过程在三个层面同时展开：从主张君主立宪到要求废黜与处死国王；民族救亡目标与维护新制度交织不可分；正义的标准从法理合法性向道德合法性转化。

从 1789 年大革命爆发至 1791 年春夏，国民议会完成了改组法国的工作。然而特权阶级极力寻求恢复权势的手段，利用一切混乱的机会向新制度进攻。而在国外，英国、奥地利、普鲁士与俄国组成了反法同盟，意欲扑杀革命。法国的流亡贵族推波助澜，鼓动各国进攻法国。1791 年 6 月，国王的出逃事件成为革命激进化的推动器。国王出逃暴露了君主制与外国的勾结，国王暂时被停止行使权力。但就如何处置国王，是保留其王位还是使其退位，各政治党派之间意见尖锐对立，党派分歧充分暴露。1792 年 4 月法国对奥宣战。战争使得法国的革命运动重新活跃起来，王权则成为它的第一个牺牲品。初战很快便告失败。这导致法国全民族情绪高涨，人民怀疑战争失败是贵族与宫廷的阴谋。8月10日，群众在王宫前示威起义，要求废黜国王。此次起义成立了一个革命政权——8月10日起义的巴黎新市政府[①]，它将国王投入了监狱。起义市政府的领袖是丹东。该机构逐渐建立起一套非常统治形式，包括建立特别刑事法庭审判反革命罪行，派出特派员逮捕嫌疑犯等，尽管粗陋，却可以说是日后雅各宾恐怖统治的预演，其顶点则是9月大屠杀。

反法同盟军队节节胜利，8月30日兵临凡尔登城下。当9月2日凡尔登失陷的消息传到巴黎后，大屠杀开始了。从2日到5日，大批人群涌入监狱，在没有任何司法程序审判的情况下，屠杀那些被认为是对巴黎人构成威胁的反对派人士，在三天之内，被关押在巴黎各监狱的一千多名囚犯被杀。

不难看出，在大革命不断深化过程中，废黜国王的要求始终与抵御外敌、拯救民族相连，雅各宾派正是在民族救亡压倒个人自由的形势下，在废黜与处死国王一事中政治地位逐渐上升的。在此事件中雅各宾党人所阐述的观点也是形成之后恐怖统治的理论基础。

从韦尼奥、布里索到丹东，他们将废黜国王的理由集中于一点：国王与外敌勾结。这样一来，由外敌入侵激发的民族恐慌与担心旧制度复辟的社会恐慌交织在一起。大革命的其他任何时刻都没有像这样如此鲜明地表现出民族问题与社会现实之间的内在联系。维护民族独立与维护新制度便是一体的。米涅认为，从8月10日起，法国大革命的中心问题性质发生改变，“要达到的目

① 米涅著作中称为“巴黎公社”，见米涅：《法国革命史》，商务印书馆，1977年，第136页，本文依阿尔贝·索布尔《法国大革命史》（中国社会科学出版社，1989年）的用法。

的已不再是争取自由，而是救国了”。[①] 与其说救国压倒自由，不如说救国等同于自由。正是在此意义上，大屠杀的合法性稳固确立。

民族情绪压倒秩序要求仅是问题的一个方面。另一方面，在没有司法审判程序下进行的屠杀竟是正义的，这揭示了在大革命进程中，人们对正义的理解正从法理合法性向道德合法性转变。以道德激情冲破障碍，以政治上的道德判断转换政治上的技术讨论，法律的权威岌岌可危。

两个月之后的国王审判案中，则可以看到道德合法性与法理合法性的现场辩论。1792 年 11 月，议会进入辩论，国王是否能够受审？能否由国民公会审理？按照 1791 年宪法，国王不受审判。但国王又不能不受审判。问题是没有能宣判他的法庭，没有对他适用的刑罚。雅各宾派成员圣如斯特突发惊人之语，把这一问题从司法范围一下子转移到道德范围来讨论，“国王应作为敌人来审判，我们要的不是审判他，而是打倒他”。[②] 罗伯斯庇尔的立场更为彻底，他说：

“公民们，大会不知不觉地离开了问题的本质。在这里没有什么提出诉讼的理由……你们的任务不是对某人作出有罪或无罪的判决，而是采取拯救社会的措施，起到国民先知的作用……人民的审判不同于法庭的审判，他们不作判决，他们像闪电一样地予以打击，他们不裁判国王，他们把国王化为乌有……路易应该死，因为祖国需要生。”[③]

罗伯斯庇尔向前跨了一大步，不是要求以何种理由审判国

① 米涅：《法国革命史》，第 142 页。

② 同上，第 168 页。

③ 陈崇武：《罗伯斯庇尔评传》，华东师范大学出版社，1989 年版，第 130—132 页。

王，而是直接以道德法庭处死国王。“路易当死，祖国必生”，这一主张的要点在于用政权更迭代替判决，不根据任何法律，也不讲任何程序，如此一来，只有处死国王才能使大革命合法化。没有任何人比罗伯斯庇尔本人阐述得更明白，“提议用某种方式审判路易十六，这是向君主和立宪专制制度的倒退，是一种反革命观点。因为这样就使大革命本身成了问题”。[①] 1793 年 1 月，国王路易十六被处死。英国修正派史家科班在《法国革命面面观》中准确点明了此事的后果：“国王受审并处死一案，开启了一个先例：从此，出现了一系列政治性的审判和指控，在这些审判和指控中，所有司法公正的观念统统被废黜了。”[②]

国王之死使得各党派冲突无法调和，同时增加了革命的外部敌人。欧洲反法同盟对这些弑君者们发动了无情的战争，革命的法国与全欧洲作战；旺代地区的贵族又掀起叛乱。而法国国内财政危机导致生活费用迅速上涨，这使得共和国在 1793 年春几乎陷于崩溃。于是，自 1793 年春天起，人们开始酝酿建立革命政府，雅各宾专政初现端倪。

可以说，从 1793 年春至 6 月，雅各宾派与吉伦特派围绕一系列革命措施是否正当所展开的辩论与争斗其实已是雅各宾派恐怖统治的开端，并鲜明显示出这种恐怖统治的一些特点。

首先，雅各宾派以道德正义者自居，区分敌我，将政见不同者视为阴谋家。此论调早在废黜与处死国王之时便显现出来。在 1793 年与吉伦特派的斗争中，“阴谋家”之说再次浮现。从国民公会开始成立，雅各宾派就称吉伦特党人为阴谋家。“他们经常

① 阿尔贝·索布尔：《法国大革命史》，中国社会科学出版社，1989 年版，第 214 页。

② Cobban：*Aspects of the French Revolution*，New York，1968. p. 171. 转引自朱学勤：《道德理想国的覆灭》，上海三联书店，1994 年版，第 215 页。

在俱乐部里谴责吉伦特党。‘在古罗马，有一个演说家每天说：必须消灭伽太基。’那么，现在也应该有一个雅各宾派的人每天走上这个讲坛，来说这句话：必须消灭阴谋家。嗯！谁能反对我们？我们打击的是富有者的罪恶和烜赫一时的权势，但是真理、正义、贫穷、道德是在我们一边的。’”[①]

其次，尽管遭到吉伦特党人的反对，雅各宾派成功迫使国民公会同意设立专门机构与法律惩治敌对分子，包括创设革命法庭、庞大的检查监视机构以及制定惩治逃亡贵族的严刑峻法。早在 1792 年 9 月大屠杀之前，一个用于审判反革命分子的特别刑事法庭就建立了。1793 年 3 月创设革命法庭。各革命监视委员会在 1793 年 3 月 21 日成立。惩治逃亡贵族的法律在 1793 年 3 月 28 日完成修订，变得更为严厉。1793 年 4 月 5—6 日创建了救国委员会（the Committee of General Safety），它取代了 1 月 1 日成立的行动不力的总防御委员会。该委员会“获得了大量的新权力：有逮捕权、可以安置官僚机构成员，任命和罢免将军，以及控制了政府派驻军队与各省的专员”。[②] 在紧急情况下，它还有权采取全面防御措施。

第三，实行经济统制政策。1793 年 4 月 11 日，通过了关于纸券强制流通的法令，禁止实行两种物价和硬币交易，抵制纸券者将受到惩处。关于限价的呼声一直很强烈，1793 年 5 月 4 日，国民公会规定了各省谷物和面粉的最高价格。

在这一系列激进法律与社会政策确立以后，吉伦特派与雅各宾派的决斗进入最后阶段。1793 年 5 月 31 日和 6 月 2 日，雅各

① 米涅：《法国革命史》，第 179 页。

② Frank A. Kafker & James M. Laux (ed): *The French Revolution: conflicting interpretations*, Florida, 1989. p.185.

宾派领导起义，8万国民自卫军包围了国民公会，通过了逮捕29名吉伦特派议员的决议。这些人被拘禁在各自家中，由人民监视。吉伦特派就这样灭亡了，革命进入了所谓的“恐怖统治”时期。

二、雅各宾派恐怖统治：恐怖意识形态化

吉伦特派领袖韦尼奥在失势之前就预感到革命的激进化就是一个可怕的黑洞，在吞噬敌人的同时也将毁灭革命者自身，他曾经大声疾呼：

“我们从犯罪到赦免，又从赦免到犯罪，一再反复。有很多公民甚至分辨不清什么是捣乱的暴动，什么是争取自由的伟大起义，人们甚至认为匪徒的挑衅是示威，抢劫是维护公安的措施。而且这种怪诞的自由学说已经发展起来，这种学说等于说：你们自由了，但是你们的思想必须和我们一样，否则我们就要人民来惩罚你们；你们自由了，但是你们必须在我们崇拜的偶像前低头，不然，我们就要人民来惩罚你们；你们自由了，但是你们必须和我们共同迫害那些我们所害怕的诚实和博学的人，不然，我们就要人民来惩罚你们！公民们，恐怕革命要像萨图恩一样把自己的儿子一个个都吞食掉，最后导致专制暴政，和随之而来的种种灾难。”①

一语成谶。当6月起义后，雅各宾派上台执政，革命的激进

① 米涅：《法国革命史》，第185页。萨图恩（Saturne）是希腊罗马神话中的农神，传说他杀死父亲并夺其王位；为了避免日后自己的王位被篡夺，把自己的儿子全都在刚生下来就吞食掉了。

化到达顶峰，恐怖之门打开，最后也终结了自身。

与以前执政的各个党派一样，雅各宾派的统治面临的外部环境十分严峻，欧洲反法同盟入侵干涉的威胁始终未消；国内贵族及反对派人士的叛乱频频发生。因此，雅各宾派统治从一开始便是一种应对战争的非常态统治体制。事实上，这种战争体制早在1792年7月议会发出“公民们，祖国在危急中”的公告时便初步确立了。随着内外动乱加剧，以及导致社会动荡频仍，经济状况不断恶化，这一体制对社会生活的全面控制也逐渐加深。

在雅各宾派执政的初期，即从1793年6月至7月，他们并没有立刻加快革命激进化步伐。主要原因是顾及到有产者与温和派人士，意欲通过将人民运动限制在窄小的范围内来安抚资产阶级和外省居民，消除他们对巴黎无套裤汉专政的顾虑。然而，内战还是不可避免地蔓延开，旺代地区的叛乱愈演愈烈，外敌入侵的危险也越发严重。英国、普鲁士、西班牙等国在法国各个边境步步紧逼，而国民公会的军队却节节败退。英国也封锁了法国所有港口，没收驶往法国的中立国运粮船只。这种前所未有的，旨在饿死法国人民的手段与内外军事威胁交织，加剧了1793年春以来的经济危机。“较之1790年6月，1793年6月小牛肉价格上涨了90%，一般牛肉的价格则上涨了136%。几乎到处都发生了由生活费用上涨引起的骚乱。”[①] 物价飞涨，纸币贬值，投机盛行，商品囤积。人们纷纷提出实行普遍限价和制定惩治囤积者法的要求。人民按照自行规定的价格瓜分商品的行为时有发生。

不断恶化的现状裹挟着雅各宾派往激进的道路上狂奔。雅各宾派的领袖们明确将推行“恐怖政策”。如前文所述，雅各宾恐怖政策在社会表层体现为一种战时体制。换言之，为了保卫国家

① 阿尔贝·索布尔：《法国大革命史》，第249页。

与民族独立，必须实行一种非常态的、全面控制社会各种物质要素的体制。而在当时，捍卫民族独立与维护新制度，防止旧制度复辟是等同的。也就是说，从逻辑上，一个全面控制个体自由的战时体制的目的竟是为了维护人的自由权利！巴雷尔（Barere）在要求全民皆兵时发表的激情演说淋漓尽致地表达了为了自由而战的观点，“自由已经变成所有公民的债权人……每个公民都应向它流血。总之，法国人不分男女老幼，都应响应祖国的号召，保卫自由。一切物质力量或精神力量，一切政治手段或经济手段，都要为自由服务……共和国好比一个被包围的大城市，整个法国应当是一个巨大的军营。”[1]

恐怖政策的第一步便是改组救国委员会。从 1793 年 7 月至 1794 年 6 月，救国委员会“成为各项活动的中心和国民公会的政权机构”。[2] 所有的部长、将军和法定社团都被置于救国委员会监督之下。它还同作为新行政组织支柱的各县建立直接通讯联系。

第二步，实行全民皆兵。8 月底，全国总动员法令颁布。雇人代替应征的制度被废除了，凡年满十八至二十五岁的法国人都武装起来。共和国一时拥有 14 个军，兵额 120 万。

第三，推行统制经济，颁布限价法令。法国变成了军营，但军备和给养很成问题。为了供给征召所提供的大量人员，必须实行统制经济。政治问题和经济问题、国防问题不可分割地联系在一起。在 9 月 4 日原则上通过的统制经济也是在巴黎群众的压力下才最后建立起来的。11 日，规定了全国谷物和面粉的最高限价；29 日，通过了普遍限价法，由此限定了食品和工资的价格。

---

① 米涅：《法国革命史》，第 208 页。

② 同上，第 208 页。

劳动日的价格也随之限定，各市镇的工资额限定在比 1790 年的工资高一半的水平上。此法的推行非常困难，需要更为严厉的手段、更高的集中化控制。恐怖和专政由此得到决定性的发展。

第四，肃清反对派。对于激进派而言，共和国已然成了一座军营和工场；而对于反对派，却是一座监狱。从 9 月起，各行政机构都开展了声势浩大的清洗运动。9 月 17 日，国民公会通过了《惩治嫌疑犯法》。该法律给嫌疑犯下了很广泛的定义，使之能牵涉一切革命的敌人。“据此，逃亡者的亲属、所有被拒绝发给公民证的人，被停职或被开除的公职人员均被视为嫌疑犯。从更普遍的意义上讲，所有在举止或交往上、言谈或文字方面颇似‘暴政或联邦主义拥护者和自由之敌’的人，所有不能说明自己有正当谋生手段的人（这是针对投机商而言的）也都被视为嫌疑犯。一切革命委员会都负有开列嫌疑犯名单的责任。”[①]

这一骇人听闻的肃反清洗运动史称“大恐怖”（the Terror）。末代王后玛丽—安托瓦内特 10 月 6 日上了断头台；21 名吉伦特党人则是 10 月 31 日被处死。该党的其他领袖如罗兰夫人、巴纳夫等人也相继被处死。“在 1793 年的最后三个月里，395 名被告中被判死刑的有 177 名，占 45%。1793 年 8 月底，被拘于巴黎各监狱的囚犯约有 1500 人，到 10 月 2 日增至 2398 人，到 12 月 21 日又猛增到 4525 人。”[②] 在外省，恐怖的规模取决于叛乱的严重程度和国民公会特派员的气质。没有内战的地区往往没有恐怖，备受旺代叛乱蹂躏的西部各省，如南特等主要城市都有军事法庭在活动。在南特，特派员纵容群众不经审判就将犯人淹死，用这种方式在两个月内处死两三千人；土伦则实行过大规模集体

① 阿尔贝·索布尔：《法国大革命史》，第 261—262 页。

② 同上，第 266 页。

处决。富歇等人在里昂组织了大规模镇压，“1667 人被判死刑。执行死刑时用断头机来不及，还辅以步枪排射和机枪扫射”。[①]

这一系列集中化政策在抗击外敌时产生了积极作用。到 1793 年底，入侵敌军已在全线撤退。12 月 19 日收复了土伦，23 日粉碎了旺代叛乱。

恐怖统治难道不可以就此松懈，专政难道不可以就此缓和吗？事实是，雅各宾恐怖统治反而向一种彻底的社会改造发展开来。也正是在这一阶段，雅各宾恐怖作为现代恐怖主义开端的特征明显显露，即恐怖意识形态化。恐怖已不再只是应对时局的权宜之计。与此同时，其内部开始出现反恐怖的质疑之声，不同人的不同倾向产生出错综复杂的势力斗争。

问题是，战时体制又是如何演变为对本国国民施加恐怖暴政？

这里存在着一个非常重要的导致恐怖扩大化的因素，即雅各宾派，甚至普罗大众的精神状态已悄然改变，崇拜革命、美化暴力、要求塑造道德新人等。

精神上的变化首先体现在一种革命崇拜兴起了。这一过程最早从非基督教化运动开始。随着大革命的宗教政策对天主教势力的沉重打击以及革命向激进化深入发展，革命崇拜取代了传统的天主教地位，逐渐演变为新宗教。“通过公民节庆、纪念仪式、盛大葬礼（如为米拉波举行的葬礼）等，这种新宗教的各种教仪慢慢约定俗成地建立起来。”[②] 对自由殉道者的崇拜随着非基督教化运动发展起来。1793 年 7 月，雅各宾派领袖之一马拉遇刺身亡，掀起了一股道德狂潮。马拉死后，心脏悬挂

---

① 阿尔贝·索布尔：《法国大革命史》，第 267 页。

② 同上，第 268 页。

于雅各宾俱乐部大堂，成为圣物——“美德的象征”，国民公会也竖起了他的半身胸像。新宗教信仰的各种特征由此开始明确起来。马拉、勒佩勒蒂埃，加上在里昂被反革命分子杀害的夏利耶，形成了一个革命的三人偶像群。非基督教化运动成为殉道者崇拜的推动力。

什么可以取代宗教，统合全社会成员的精神追求？罗伯斯庇尔诉诸美德。雅各宾派将“公共美德”确立为其政治目标。罗伯斯庇尔明确了这一点：“什么是支持和推动这个政府的主要动力？是美德，我指的是公共美德，这种美德曾在希腊和罗马创造过许多奇迹，它将会在共和主义的法国创造出更加惊人的奇迹。”[①]

毫不奇怪，雅各宾派将塑造道德新人的教育革命放在首位。1793年6月23日，雅各宾派执政的第一个月，即公布教育体制改革的法令。围绕如何通过教育塑造道德新人，雅各宾派诸人纷纷著书说明。俾约·瓦伦出版了一本《共和主义基础知识》的小册子，提出革命者必须承担起“提高人民道德”的责任，国家必须代替父权，抓起年轻一代的教育。他盛赞斯巴达教育“是转向道德的一个明显例证”。佩蒂埃则规划了儿童从5岁到12岁的教育方案：“所有的孩子都从父亲身边领走，交由国家教育……他们必须割掉与家庭的联系，形成新的人种，爱劳动，有规范，守纪律；他们形成一道不可逾越的屏障，与我们已经腐烂的那一部分人类隔离开来。”[②] 圣如斯特比他更彻底，不仅要瓦解公民与家庭的联系，代之以公民之间紧密的道德联系，来奠定新型道德国家的社会基础；他还强调必须对外国人保持警惕。最后，在他

---

① 王养冲，陈崇武编：《罗伯斯庇尔选集》，华东师范大学出版社，1989年版，第231页。

② Jaures, J.: *Histoire Socialiste de La Revolution française*, Paris. Volume. 8, p. 25. 转引自朱学勤：《道德理想国的覆灭》，第217页。

设想的道德理想国中，还要选举道德模范，设立道德监护。罗伯斯庇尔与他们的观点一致。在其1793年7月13日的国民公会演讲中，他明确提出创造新人的口号："人类被我们旧的社会制度的罪恶所腐蚀，我确信，必须来一次全盘更新。如果让我以这种方式来表达我的意见，那就是：创造一种全新的人。"他区分教育与制度，教育作为观念先行，优先于制度建设："我们在确立一种制度以前，必须确立这种制度的基础。制度只能播益于少数人，教育却能播益于所有人。"①

由于要全力应付战争，革命政府没有切实实施这项法令。但是，雅各宾派执意贯彻其道德教化主张。在烽火年代里，他们抓紧了对于社会承认的教化。1793年，国民公会成立"国民教育委员会"，以新的教化手段推进法兰西社会再生的伟大工程，新人教化全面铺开。

首先，规定了一种新的纪元，改变年份的划分和日与月的名称；用共和历取代基督教历。新纪元始自共和国奠定之日，即1792年9月22日，12个月的月名废弃罗马诸神的名字，而是随当月的自然物候命名：葡月、雾月、霜月、雪月、风月、芽月、花月、牧月、获月、热月、果月。每月30天，每年多余5天最初被定名为"无套裤汉日"，后来又分别定为"才智节"、"劳动节"、"美德节"、"舆论节"和"报酬节"。

其次，通过文艺与演出宣传革命思想与文化，和对出版物进行道德审查。1794年5月，救国委员会专门颁布法令，号召文学家大写革命的主旋律作品。据统计，十年革命中所产生的革命歌曲多达三千余首。1793年8月2日，国民公会还下令在指定

① 《罗伯斯庇尔全集》第10卷，法兰西大学出版社，1967年版，第31页。转引自朱学勤：《道德理想国的覆灭》，第220页。

的一些剧院，必须每周上演三次表现革命题材的剧目，还规定不得上演败坏道德和宣扬王权迷信的戏剧。政府成立的专门审查剧目的委员会多达12个，它们在两个月内就查禁了150部戏剧。民间出现了焚书运动，尽管国民公会一度通过了一些保护图书的法令，但是一部分激进人士还是要求从严审查书目，以免漏过“毒草”。

第三，设立众多国民节日与人民游行。1793年12月关于组织国民教育的法令中，全国和地方性的节日与公民会议、剧场、军事演习等一起被列入“国民教育第一阶段”的内容，来反复激发人民的革命热情。节庆的主题设计罗伯斯庇尔都亲自过问。节庆活动通常都设计成人民大游行，人人都必须参加，并按照行业、性别、年龄排成队列，井然有序地通过广场。这种全民参与的“广场政治”，是典型的民粹主义的政治动员方式，领袖与民众直接对话，吸取民粹资源，动员民粹激情。广场上的山呼海啸使得一切远离政治的“暗室”无所隐藏，如个人情趣、家庭空间、私人氛围，乃至各种不含政治成分的消费生活。

革命文化甚至横扫了政治以外的整个社会生活领域，比如地名革命化浪潮。1793年夏秋时分，改地名活动进入高潮。超过三千个市镇一夜易名，凡尔赛改为“自由摇篮”，沙多—梯也里改为“马恩河畔的平等”。有些市镇虽沿用旧名，但加之以“人民”一词。不仅如此，革命越过公共生活领域，渗透到人们日常生活的一切方面。在巴黎任何一个市民家庭，“首先起来迎客的一个孩子，可能已不叫让·皮埃尔、玛丽这类取自法国传统的宗教名字，而是叫着‘马拉、布鲁图斯、卢梭、自由、平等、山岳’这类革命化的名字。在父亲的鼻烟壶上你可能会看到一句口号：‘为国家而死，无上光荣’，在母亲的梳妆镜上，你会发现另一句口号：‘我们情同手足，祖国永存’。一家人再穷，墙上总有大幅革命宣传画，神龛里也会摆上一尊廉价的革命先烈石膏像。”[①]

在1793年底以前的革命进程中，恐怖行为屡有发生，比如1792年9月大屠杀，却一次又一次在正义的名义下得到谅解。雅各宾派成员对恐怖政策的认识基本没有分歧。然而，随着道德肃杀的扩大化，雅各宾派内部开始分裂，罗伯斯庇尔凭借道德杀人，埋下了日后毁灭的隐患。

1793年底，丹东公开提出重建“司法与人道”的尊严，“释放20万嫌疑犯”。他呼吁“珍惜人类的鲜血”。丹东何以反对本党的政策？究其原因，他清醒地意识到，革命是有边界的。丹东明确提出“革命范围”之说。他所谓的“革命范围”，“在政治上，满足‘人道’、‘自由’等资产阶级的要求；在经济上，体现财产自由、产权保护的原则，反对统制经济。由此出发，他坚决反对那些‘企图引导人民超出革命范围的人’。”[②]罗伯斯庇尔的恐怖政策在他看来，就是越界恐怖。1794年3月，丹东及其同党被捕，丹东以“乱党”、“叛国”的罪名被送上断头台。

丹东之死已然昭示：罗伯斯庇尔的统治陷入恶性循环。当道德革命的进程遭遇世俗阻力时，“他不会认为这是社会的反弹，这是必须改弦更张的信号。相反，他会认为这一信号只不过更为印证了‘德被天下’的必要，还须加强道德救赎的力度……不是内敛收缩，而是外向进攻，强行遏制社会之反弹”。[③]不仅是将

① 朱学勤：《道德理想国的覆灭》，第224页。

② 同上，第253页。

③ 同上，第255页。

困境归咎于外在的社会“邪恶”，更断言这种邪恶势力在扩大。换言之，越追求道德完善与道德救赎，越不会反躬自省，也越可能夸大外在邪恶。如此一来，道德与恐怖终于紧紧相连。罗伯斯庇尔在共和二年雨月 17 日（1794 年 2 月 15 日）《关于指导国民公会的政治道义原则》的报告中，阐述了两者的关系。

“如果和平时期人民政府的动力在于道德，那么革命时期人民政府的动力便在于道德和恐怖。没有道德的恐怖是有害的，没有恐怖的道德是无力的。恐怖无非是迅疾、严厉而不可动摇的正义，因此也是道德的一种表现。它与其说是一项特殊的原则，不如说是适应祖国最迫切需要的普遍民主原则的结果。”①

丹东派被镇压之后，罗伯斯庇尔的道德改造工程达到登峰造极的程度。1794 年 5 月 7 日，即花月 18 日，他以救国委员会名义向国民公会提出“关于宗教、道德思想与共和国各项原则的关系，关于国家节日”的报告，并附“关于最高主宰崇拜和国家节日法令”的草案。历史学家将其统称为“花月法令”。所谓“最高主宰”，罗伯斯庇尔言其“是不断地求助于正义”。牧月 20 日（1794 年 6 月 8 日），最高主宰教开教大典举行，盛况空前，广场上出现最后一次道德狂欢。史学家饶勒斯评论道：“罗伯斯庇尔创造的宗教一旦被人作为国家力量加以利用，变成人们思想与道德的准则，一旦被利用来干预国家政治生活，就会使过去的宗教面目与习惯做法很快地重新出现，把法国重新拉回到古代不容异端的状态中去。”②

果然，几天之后，罗伯斯庇尔与库东向国民公会提出了简化司法程序的牧月法令。空前的“大恐怖”开始了，持续两个月。

① 阿尔贝·索布尔：《法国大革命史》，第 290 页。

② 沙尔·拉波波尔：《饶勒斯传》，三联书店，1982 年版，第 213 页。

该法令规定：被告的辩护权和预审均被取消，陪审员仅凭精神方面的证据就可定罪，法庭只能在开释和死刑之间做出选择。大革命之敌的定义也大大扩展，“凡以践踏、诽谤爱国主义来赞助法兰西之敌者，凡图谋降低士气、破坏风俗、改变革命原则的纯洁性与活力者，凡以任何手段和披着任何伪装来危害共和国的自由、统一与安全，或力图阻挠共和国之巩固者”。[①] 这样做的目的，“不在于惩罚他们，在于消灭他们”。经此法令，司法权力被抽空，成为执行行政权力意志的盲目工具。

设定在革命者的内部与外部总有敌人与阴谋，这是大革命激进化过程中从若隐若现直至昭然可见的一个关键论调和使得恐怖扩大化的重要推力。贵族是最早被视为“阴谋者”的。勒费弗尔曾指出：人民群众与大革命的领袖们针对“贵族的阴谋”（aristocratic plot）表现出“防御反应”与“惩罚意志”，正是从这里产生了民众的激动情绪和各种屠杀事件。也是从这里，自 1789 年以来陆续产生了那些常设委员会、搜查委员会和治安委员会。在雅各宾派上台之后，恐怖渐渐正规化与合法化了。而在牧月法令之后，所谓“贵族的阴谋”被扩展至所有反对现政权的人。甚至，“在此之前大恐怖一直是针对大革命的敌人的，而现在它已在伤及各政府委员会的反对派。各委员会不断加强控制。”[②] 在恐怖统治的最后阶段，人们一般采用“大杂烩”的方法审案。人们可以在一次诉讼案中控告一群相互间无所关连的被告。巴黎各监狱挤满了嫌疑犯，达八千余人。“从 1793 年 3 月到共和二年牧月 22 日这一期间，在巴黎处死过 1250 人，可从牧月法令颁布到热月 9 日的一个多月里，竟有 1376 人上了断头台……‘脑袋如

① 阿尔贝·索布尔：《法国大革命史》，第 304 页。
② 同上，第 303 页。

板岩似的纷纷落地’。”被处死的人数，“据多纳尔德·格里尔估计，约在3.5万—4万之间”。[1] 革命开始大量吞食革命之子，处死者中属于原特权等级者逐步减少，“6月只占16.5%，7月更降到5%，其余均为资产阶级、下层群众、军人、官员，其中下层群众则高达40%以上”。[2]

雅各宾派失尽人心，国民公会内种种反对派势力开始蔓延。与此同时，日益恶化的经济危机使得现政权一天也离不开恐怖统治。限价，对经济专制性的管理和领导，并不能保障巴黎居民充足的供应。最高限价法实施不力。为照顾生产者、种植者、手工业者与商人，救国委员会不顾无套裤汉的指责，渐渐放松了对民用粮食供应的管制。“生活必需品的价格虽被限定，但政府并不征集这些物品，只满足于供应面包。面包的分配归各市政当局负责。巴黎市府明确宣布，对私人从外地调运食品的活动将不作任何限制，并命令逮捕所有阻碍贸易的人。”[3] 这种做法导致黑市活跃，破坏了限价制度。更甚者，巴黎市府野蛮镇压了要求增加工资的工潮，热月5日（1794年7月23日）颁布的巴黎工资最高限额表使这种限制性政策发展到顶峰。工人工资被强行大幅度降低，这导致雅各宾派恐怖统治的社会基础不断缩小。

到了1794年春夏，革命政府在军事上大获全胜，迫使反法联盟各国媾和。这使得恐怖统治变得更加难以维持与忍受。在胜利的条件下镇压已显得不再必要，巴黎和全国都出现了厌倦恐怖统治的舆论。7月27日，热月政变爆发，罗伯斯庇尔被

---

① 阿尔贝·索布尔：《法国大革命史》，第305页。

② 朱学勤：《道德理想国的覆灭》，第265页。

③ 阿尔贝·索布尔：《法国大革命史》，第322页。

捕。两天后，他与圣如斯特、库东以及他们的 19 名拥护者未经审判被送上断头台。罗伯斯庇尔既倒，雅各宾派恐怖统治彻底垮台。

三、结论

法国革命自爆发起，即面临反法同盟的干涉侵略危险，因此，雅各宾派的恐怖统治在一定程度上的确是时势所需。然而历史的诡谲正在于此，为保护国家独立、国民生命的战争体制反过来却成了吞噬人的恶兽，无法不令后人唏嘘长叹。

诚如前文所详细展露的，恐怖扩大化问题的关键在于越过了恐怖统治的边界。20 世纪 80 年代起，国内史学界关于雅各宾派专政的观点出现重大修正，即是意识到了边界问题。目前史学界的共识是：雅各宾派专政在一定阶段内是产生积极效果的，但是在应该收缩恐怖政策的时候，恐怖却扩大化了。如果我们仔细审视这一修正观点，就会发现，这种观点认为雅各宾恐怖在某一阶段内合法，很大程度上来自于对民族独立的认同，以及对付外敌的首要性。也就是说，民族主义的诉求是其合法性基础。

但是，民族主义的诉求并不必然导致恐怖统治。因此，一个值得注意的问题是，在民族权力诉求的名义下，恐怖统治横行的机制是如何形成的？从上文中，我们可以发现，一个极为突出的现象是：大革命中“阴谋”论盛行，雅各宾人总是说外敌与国内有所勾结，这一方面扩大了叛国者的范围，又渲染了生死存亡的紧迫性，这就为其恐怖扩大化提供了合法性。大革命的信条是平等、自由与博爱，结果却是暴力与恐怖。法国史学家弗朗索瓦·傅勒就指出："平等观念……它并不直接产生革命动力，革命动力要经过一个中继环节，中继环节与革命动力是直接并联的……它引发冲突并为暴力辩护：这就是所谓贵族阴谋。"[①] 在革命意识形态中，利用和接受阴谋论的例子比比皆是，行动就是根据这个概念来组织和思考的；有了这个概念，对发生的事情做什么样的解释和辩说都可以。阴谋论的最核心之处在于意图优先于事实本身，这就导致需打击的对象变得模糊不确定，阴谋者的范围是弹性的，无明确边界的，甚至无处不在。

难道当时法国不是处于生死存亡的关头吗？在这样的困境中实行革命的恐怖不是形势所迫吗？的确，反法同盟从建立到意欲干涉，直至出兵，以及国内反对派势力叛乱活动，使得社会局势愈益紧张。但并非国家危难关头的任何局势都必然将人民引向革命恐怖。傅勒将这种以形势所迫为理由来解释大革命的理论称为"形势"理论。仔细体味一下"形势"理论的逻辑套路，它不过是阴谋论一个无杀伤力的版本罢了，更多的是对事不对人。换言之，"形势"的客观影响力无法否定。然而，"事实上，在法国向各国国王开战的过程中，即使革命恐怖总是拿危难关头来做理由，常常也是独立于军事局面的：1792 年 9 月的'野蛮屠杀'发生在隆维失守之后，而 1794 年春，罗伯斯庇尔派为首的政府搞'大恐怖'人头落地之时，军事局面其实已经得到扭转。"[②] 在此意义上，革命者利用了局势，甚至可以说，那时的形势在很大程度上是它促成的。

---

① 弗朗索瓦·傅勒：《思考法国大革命》，生活·读书·新知三联书店，2005 年，第 80 页。

② 同上，第 93—94 页。

勒菲弗尔认为，从1789年起，贵族阴谋论就已经成了他所称的“革命的集体心态”的基本事实了。若更深入思考，为何阴谋论会产生、流行并为大众接受？实际上，在阴谋论背后，是一种非此即彼的二元思维模式作祟。将爱国主义的唯一方式确定为革命，凡不支持革命的就是叛国的，叛国者就是罪大恶极的，罪人罪该万死。早在大革命头几年，“爱国者”这个用语就已经指好公民、新社会秩序的拥护者。那时，凡被怀疑敌视新法国的个人或团体，就好像暗藏的阴谋家。而战争很快就把这些人变成所谓的叛徒，交给人民去法办。正如傅勒在论及罗伯斯庇尔之时所说的，罗氏与恐怖统治的关系并非心理学范畴的关系，“断头台之所以新鬼源源不断，是因为他那套好人与坏人的说教。这种说教给了他无比骇人的权力，可以规定由哪部分人民来填满监狱。”[①]

而且，阴谋论越来越成为革命专政合法化的支柱，欲罢不能。因为，一个显见的事实是：阴谋论重构了一种绝对权力的观念，这种绝对权力本是民主权力早就抛弃了的。掌权者为了向人民揭露另有一个不比他们弱的权力时时刻刻在威胁他们，不得不不断重申、强化阴谋的存在，阴谋的鬼影挥之不去，成了一种普遍的话语。

但是请注意，若从雅各宾派，尤其是罗伯斯庇尔的立场来说，阴谋论于他们并不是夺取政权的权宜之计，而是具有道德的内在必然性与合理性，这才是雅各宾恐怖之为悲剧的根源。

如前文所述，道德革命的内在逻辑必然首先要区分善与恶，定义道德标准。道德或不道德成为凌驾于合法或非法之上的规训

① 弗朗索瓦·傅勒：《思考法国大革命》，第90页。

与惩罚的依据，如罗伯斯庇尔所言："在法国大革命的制度下，凡是不道德的便是不得当的，凡是使人堕落的便是反革命的。"在不遗余力地造就道德新人的同时，雅各宾派对所谓"不道德"行为的惩治同样毫不留情，尤其当不道德被等同于反革命，敌我之间的决然对立使得镇压、屠杀等恐怖手段具有了合法性。尤其是罗伯斯庇尔，在丹东派质疑恐怖政策并遭到诛杀之后，罗伯斯庇尔的个案在革命者群体中凸显其特殊。傅勒曾提出一个重要观点，他认为政治是有两套话语的双键盘，一套是权力斗争话语，另一套是为人民谋利益话语。罗氏个案，其特殊之处在于："他对我们称之为'政治'的那种不可分割的双键盘的使用是一窍不通的，而比他稍早一点的米拉波倒是这方面最杰出的典范。正当米拉波和革命话语的另一高手丹东都成了擅长双语的行动多面手时，罗伯斯庇尔却成了先知。他对自己所说的一切深信不疑……没有一个同时代人能像他那样将革命现象的意识形态编码完全内心化了。也就是说，在他身上，权力斗争和为人民谋利益这两者之间没有任何距离。"[①]

至此，革命者自圆其说，恐怖合法化逻辑逐渐确定了。

在何种意义上，雅各宾统治可以与现代恐怖主义产生关联？现代恐怖主义的定义虽仍然存在争议而难以界定，但也产生了一些共识。比如，恐怖主义具有政治性。它只有在政治上具有切实可行的目标时才能被赋予政治的内容，否则，就与一般暴力行为等量齐观了。换言之，恐怖从一种单纯的威慑性手段摇身变为具有政治意义的价值。从这一角度看，雅各宾恐怖的突出特点是将恐怖意识形态化。雅各宾派专政提供了以道德之名行恐怖统治的经典版本，这正是现代意义上的恐怖意识形态化的开端。而当我

---

① 弗朗索瓦·傅勒：《思考法国大革命》，第88—89页。

们审视这段历史，又会发现，它同时也不自觉地提供了民族独立自由诉求与恐怖主义之间联系的一个最初版本，或者更为准确地说，雅各宾派专政向我们呈现了民族利益诉求转化为恐怖统治这一过程的机制。

国际关系的文化研究

——理论史的考察及其对国际关系研究的重建价值

赵 俊*

内容提要：二战后的国际关系研究经历了文化研究“缺失”与“回归”的过程。作者从理论史的角度剖析了国际关系研究中所谓的“科学分析”所掩盖的文化底蕴。文化研究为现有的国际关系研究加入更加多元的因素，国际关系研究不能仅从体系或“结构”中找原因，也需要从文化的角度上找。文化研究在民族主义、族群冲突/战争及对外政策等研究上有着重要的重建价值。

约瑟夫·拉彼德（Yosef Lapid）这样评价国际关系研究中的“文化之舟”，“没有明确的、停靠的目的地，我们只不过在海

* 赵俊，安庆师范学院政法学院讲师，中国社会科学院世界经济与政治研究所博士研究生。

上；我们最好认为，重要的不是岸上的固定点，而是我们是谁、去目的地时想要什么的自我感觉和文化之舟载着我们通过不确定波浪的能力，那么，这就是文化之舟能够提供给我们的最后服务。”[1] 这充分展示了国际关系研究中的文化分析的尴尬境地：一方面文化的解释力继续展现，另一方面文化路径的分析并无明晰的方向。

国际关系文化研究主要有两方面：一是把“文化”（规范、制度理念、正义、民族与民族认同、个人及其认知等要素）作为主要研究对象的路径；二是在物质—精神二元论基础上，作为对主流国际关系理论缺憾的弥补的方法论路径。本文基于这一认识对国际关系文化研究作简要的回顾，分析其中所反映的学科与历史背景，进而探讨文化对国际关系研究的建构价值（cultural construction of IRTs）。

一、国际关系研究的“文化缺位”

国际关系文化研究兴趣的缺失长期存在，这值得拷问，也需要在新的理论框架下进行再思考。[2] 基尔·克劳斯（Jill Krause）的评说主要针对的是二战期间及二战后美国的主流国际关系理论研究状况。第一次辩论中的理想主义注重规范、国际法、制度理

① ［美］约瑟夫·拉彼德著，金烨译：《文化和认同：国际关系回归理论》，杭州：浙江人民出版社，2003 年版，第 306 页。

② 参见 Jill Krause 对“*The return of culture and identity in IR theory*”一书所写的书评，*International Affairs*，Vol. 73，No. 1 (Jan.，1997)，pp. 153—154。

念以及道德因素，具有较强文化取向。[①] 对国际关系理论发展历程而言，出现所谓文化研究兴趣缺失的时期是从二战后到 80 年代，这一时期国际关系理论的实证主义从纷繁复杂的国际现象抽取了可检验实证的要素，基本上对文化、历史、国家个体的差异性等持排斥态度以使实证成为可能。

二战期间与二战后国际关系研究（主要指后来发展成西方主流的国际关系理论）过程中的方法论部分根植于美国学者对美国政府与政治的研究。20 世纪 20—40 年代，整个政治学科研究的方法论倾向深受芝加哥学派（Chicago School）查尔斯·梅里安（Charles Merriam）的科学理性信念影响。作为要求政治科学化的政治学家，查尔斯·梅里安坚持这样一种已成为美国政治研究主流的方法论信仰，即科学与科学方法具有至高无上的地位，任何问题都可以靠学术和理性加以解决。[②]

同源于政治学研究的比较政治学与国际关系学这两个子学科渐渐地走向不同的发展方向。其中，加布里埃尔·阿尔蒙德（Gabriel A. Almond）引领比较政治学走向政治文化分析，就此开创比较政治学中文化研究的“航标”。后查尔斯·梅里安时期的哈罗德·拉斯韦尔（Harold D. Lasswell）继续政治科学化研究路径。在这一路径中，威廉姆·福克斯（William T. R. Fox）推动国际关系研究走向权力互动的“台球理论”（billiard—ball theory）。其后，国际关系研究在科学理性与权力政治共同作用

---

① 关于这方面内容，国内外都有诸多介绍，如王逸舟的《西方国际政治学：历史与理论》（第二版）的第二章，上海：上海人民出版社，2006 年版。Torbjorn L. Knutsen, *A History of International Relations Theory*: *An Introduction*, Manchester: Manchester University Press, 1992. pp. 191—193.

② ［美］肯尼斯·W·汤普森著，梅仁、王羽译：《国际关系中的思想流派》，北京：北京大学出版社，2003 年版，第 11—25 页。

下，威廉姆·福克斯的方向在汉斯·摩根索（Hans Morgenthau）、肯尼思·沃尔兹（Kenneth Waltz）、莫顿·卡普兰（Morton Kaplan）、斯蒂芬·沃尔特（Stephen N. Walt）、约翰·米尔斯海默（John Mearsheimer）等人的著作中得到进一步的推进。①

二战期间移居美国的欧陆学者受欧洲政治哲学的熏陶，注重对国际关系史与人性的考察，在与美国国内政治科学研究的融合与交汇中，展现了深厚的欧陆传统思想文化底蕴。但在美国强势的政治科学化过程中，往往处于边缘与排挤状态，摩根索的早期研究也曾寻求英国学派的支持。沿着国际关系研究的发展进程，我们发现二战后至冷战结束前后，国际关系文化研究似乎是缺失的，而这一部分的缺失在比较政治学里可以得到补充，主流的国际关系理论确实把文化降至"低级政治"。这在政治科学化中，尤其是对沃尔兹等人来说是需要的，这种割舍会使国际关系研究更科学，更符合理论概念的标准。现实主义、新自由制度主义都以其科学理性的"硬性"奠定其在国际关系研究中的地位。但"人文"与"科学"的较量贯穿整个国际关系学科的发展，也没有因科学行为主义的出现而终结，也不意味着广义上的国际关系文化研究没有声音。②

① Lucian W. Pye, "Can Culture Save International Relations Theory in the Post-Cold War World?," *Mershon International Studies Review*, Vol. (42), 1998, pp. 154—156.

② 如1944年受美国政府委托，美国的文化人类学家鲁思·本尼迪克特（Ruth Benedict）的《菊与刀》根据文化类型理论，用文化人类学的方法来研究日本，对战后美国对日本的战略选择具有重要的参考意义。Nathan C. Leites, *A study of Bolshevism*, New York: Free Press, 1953. Alexander L. George, "The 'Operational Code': A Neglected Approach to the Study of Political Leaders and Decision Making," in *International Studies Quarterly*, Vol. 13, No. 2, Jun. 1969, pp. 190—222. Richard C.

英国学派与欧陆国际关系研究中，“文化”立场非常明显，且成为与美国国际关系理论相区别的主要特征之一。那么，拉彼德所说的“文化回归”、基尔·克劳斯所说的“文化缺失”就只能针对美国国际关系研究这一区域范围吗？或者可以设问，拉彼德和基尔·克劳斯是不是在“美国中心论”的集体无意识中做出的错误判断？英国学派、欧陆国际关系研究的总体文化语境与美国的国际关系研究是一致的，带有很浓厚的中心——边缘的单向文化投射，呈现某种帝国情结，表达出替全人类进行制度理性设计与文化规范选择的强烈欲望。相对于英美理论而言，欧陆对社会性与文化多元主义的倾向更为突出，这里有着欧陆国家对深厚的思想文化积淀的思考、对战争历史的反思与对和平的研究等原因。但是，以文化为主要研究对象的实体理论研究并不多见，从这个意义上说，西方国际关系文化研究总体上是缺失的，而冷战后出现的“文化回归”的判断也是可以成立的。

二、国际关系研究的“文化回归”

“文化回归”暗含着国际关系文化研究在一定时期内的中断或是飘移，意味着国际关系文化研究又一次的兴起。现实主义、国际政治经济学与外交政策分析家们在冷战后都开始转向“文化

Snyder, H. W. Bruck and Burton M. Sapin (ed), *Foreign Policy Decision Making*, New York, The Free Press of Glencoe 1962. Robert Jervis, *Perception and Misperception in International Politics*, *Princeton*, NJ: Princeton University Press, 1976. 严格意义上说，鲁思·本尼迪克特研究属于文化人类学的研究。其他的研究并不是置文化为主体位置的国际关系文化研究，从很大程度上它们是受到科学行为主义影响，在科学的整体语境下对心理、认知与外交政策关系进行的实证研究。

作用的研究”。①

冷战的两极对峙与科学实证主义的方法论导向构成了冷战期间国际关系的现实与理论研究的基本事实。作为整体的人的作用很大程度上被绑缚在国家间政治博弈、军事竞赛与战略对抗的战车上，结构观念及结构对行为体支配性作用是冷战期间国际关系研究的基本特色，也反映了这一期间国际关系基本史实。从意识形态、民族性上的研究国际关系在整个冷战时期并不能打破这种“结构”局面。②

真正推动国际关系文化研究的回归，来源于两个方面：一是人们在20世纪80年代开始的对科学实证主义方法论的全面而深刻的反思，不仅仅是停留在事实与价值二元论的辩论上，更重要的是对以科学实证主义为导向的主流国际关系理论的核心假设、命题的批判。二是冷战结束后，冷战时期国际关系长期积压的矛盾的释放，人们经历了解释的“困境”，努力重塑冷战后国际关系分析的“新范式”。亚历山大·温特的《国际政治的社会理论》与塞谬尔·亨廷顿的《文明的冲突与世界秩序的重建》分别从理论与现实角度，很大程度上印证了这种文化转向。

冷战后的“文化回归”是一个基本事实，③ 但更重要的是这一回归意味着什么？从理论本身来看，后现代主义、女性主义等理论流派对主流国际关系的冲击受到重视，但总体而言，这些理论“破”大于“立”，且囿于现实政治的剖析力，策论效应不大，

① ［美］约瑟夫·拉彼德著，金烨译：《文化和认同：国际关系回归理论》，杭州：浙江人民出版社，2003年版，第3页。

② ［日］平野健一郎：《国际文化理论》，载《国外社会科学》1997年第2期。

③ ［美］约瑟夫·拉彼德著，金烨译：《文化和认同：国际关系回归理论》，杭州：浙江人民出版社，2003年版，第3页。

很多时候是思想界的一种理论“把玩”，并没有提出具体的变革议程。[①] 另一方面，现实政治中文化因素的影响力不断上升。从全球化研究衍生出的文化全球化及其对区域文化、民族文化的影响、国家认同甚至公民自身的政治技能，日益成为国际政治与国内政治的重要关注。[②] 这种理论与现实的反差赋予了国际关系文化研究的潜力，也说明了国际关系文化研究的困难。

“文化回归”意味着“人”的回归，意味着国际关系的解释模式从“由外而内”到“由内而外”的转向。同时，这也可以反映国际关系中所涉及的两大哲学主题，即“生存”与“记忆”。“生存”主题包含人、国家的物质最低限度的存在。“记忆”主题包含历史认知及由此延续的未来规范引导，也就是要解决如何更好存在的问题。国际关系文化研究的回归更偏重于“记忆”主题，要解决的问题是国际关系的“进程”和克服现实政治不断重复的（recurrent）困境。

从这一角度出发，我们会发现国际关系研究中“文化回归”所带来的问题域：文化的同一性与特殊性、文化多元共存的可能性、文化与外交政策的关联性、来自文化土壤的规范与合法性、文化理解与文化误解、跨文化的“阅读”与“利用”和共有文化的生成机理及其应用等。对于这些衍生问题域的研究具有重大的现实意义。

---

① 王逸舟著：《西方国际政治学：历史与理论》（第二版），上海人民出版社，2006 年版，第 346 页。王逸舟主编：《中国国际关系研究：1995—2005》，北京：北京大学出版社，2006 年版，第 14—15 页。

② 王沪宁：《文化扩张与文化主权——对主权观念的挑战》，王缉思主编：《文明与国际政治》，上海人民出版社，1995 年版。赵俊：《文化全球化分析》，载《社会科学》2003 年第 3 期。

三、“科学分析”的文化内嵌

国际关系研究通过“自然状态”与“文化”、“理性主义”与“反思主义”、“物质主义”与“理念主义”等辩证组合得以展示其复杂性。在国际关系研究中，现实主义与自由制度主义均把理性主义模式作为出发点，依赖这一方法的大部分学者都把观念（文化）的作用看成是次要的。① 温特对这种把文化作为国际关系解释性因素并列排位中最后次序的观点提出了挑战，以社会建构方式重塑观念（文化）在国际关系研究中的价值。

在现实主义理论中，具体分析汉斯·摩根索、赫德利·布尔与肯尼思·沃尔兹的理论构建，我们会发现文化在现实主义者的“国际”概念塑造中的关键作用。首先，这些学者围绕国际与国内的分野展开讨论，而核心的问题是什么因素构成了国际缺乏而国内享有的稳定与秩序。三位学者的结论是相似的，这就是国内有政府的存在而国际社会没有。摩根索认为除了垄断性暴力，跨区域的效忠与民众对国家确保的正义的期待对于国内社会的稳定与秩序是同样重要的。② 对于沃尔兹来说，国家仅仅是稳定的条件，而不是稳定本身，很大程度上，最好的国家是建立在深度的民族化与广泛的民众认同基础上的国家。③ 布尔更强调文化的价

---

① ［美］朱迪斯·戈尔茨坦，罗伯特·O·基欧汉编：《观念与外交政策：信念、制度与政治变迁》，北京：北京大学出版社，2005年版，第5页。

② Hans J. Morgenthau, *Politics Among Nations: The Struggle for Power and Peace*, New York: McGraw-Hill, 1993, p. 334.

③ Kenneth N. Waltz, *Man, the State and War*, Columbia: Columbia University Press, 1959, p. 178.

值，对于一个国内社会来讲，它的典型特征是它的组成成员共享着一些最基本的价值观念。如果说存在一个国际社会，那也是国家间存在一些共同利益，分享一些共同文化，受到一定规范的制约的结果。[①] 正是因为人类缺乏文化统一，全球整体性社会没有形成，也没有世界政府，国际概念由于异质文化政治共同体的存在而得以构建起来，由此自然会推论出，文化间的冲突与合作的环境分析将会置于现实主义的国际关系理论核心，但是结果却是相反，现实主义者在构建理论的时候都尽量消除文化多样性的影响。[②]

现实主义者从这种文化多样性中寻求可控变量来构建理论，摩根索通过“以权力定义的利益”、沃尔兹通过“结构”、布尔通过“权力”得出国家在功能上都是相似的。之所以规避文化多样性的研究，试图遮掩国际政治的真正本质，是因为文化研究根植于“人性论”，难以为国际关系的“大理论”形成提供支撑。[③] 现实主义理论认为国家按自我利益并以广泛的理性的方式行事，却否认了文化意义的探讨方法。

自由主义理论从三个最主要的方面挑战了现实主义：一是经济的互相依赖会降低国家间使用武力；二是民主的扩展是国际和平的关键；三是制度能明确国家间交往的预期，减少国家的自利行为。与此相应的就是全球化、民主和平论与制度主义理论。[④] 这些方面反映了自由主义对世界“无政府状态”的立场，即世界

---

① ［英］赫德利·布尔著，张小明译：《无政府社会》，北京：世界知识出版社，2003 年版，第 11 页。

② Beate Yahn, *The Cultural Construction of International Relations*: *The Invention of the State of Nature*, New York: Palgrave, 2000, pp. 10—13.

③ Ibid., p. 15.

④ Stephen M. Walt, International Relations: One World, Many Theories, *Foreign Policy*, Vol. 10, No. 1, Spring, 1998.

并不像现实主义所得出结论那样，是冲突的、悲观的，在很多场景中是可以通过不同的途径走向合作的。

国际法、国际组织与国际制度等因素并不能确保世界和平，虽然可以部分消解由于缺乏共同文化、道德与全球正义而导致的文化多样性所引起的冲突基因，也不意味着冲突就是文化之间的分歧。但是与现实主义一样，自由主义在理论建构中依然是以文化的多样性与文化同一为依据，区分国际与国内这对国际关系理论中的重要概念。

值得注意的是自由主义对文化的立场与研究方法的取向。基欧汉等人在分析观念对外交政策的作用时，意识到国际关系研究中的理性主义分析中一些重要的理念假设——如利己主义是理论对于现实的一种有用的简化，而不是对现实的真实反映。有较强解释力的理论应是简洁的，它只用很少的、简洁排列的变量来解释这些变量所产生的作用。[①] 这种简化的结果必然会导致理论解释的空白地带，因为过于简化是以付出解释空间为代价的。在现实主义与自由制度主义理论中，都是坚持国家中心论、国家利益计算等理性主义立场，在宗教外交、意识形态、文化传播与国家形象的塑造等方面，这一立场就显得力不从心或是迂回到国家利益、权力争斗等理论的核心假设上，再加以理论解释。这种现象在科学哲学中可以得到解释，就是理论的硬核与保护带。一种理论要创造一些辅助性的假设作为自己的保护，以转移人们对理论硬核的攻击。[②] 针对现实主义与自由主义国际关系理论的硬核，真正发起挑战的是温特对无

---

① ［美］斯蒂芬·范埃弗拉著，陈琪译：《政治学研究方法指南》，北京：北京大学出版社，2006年版，第17页。

② Imre Lakatos, *The Methodology of Science Research Programmers*, London: Cambridge University Press, 1978, p. 48.

政府状态及其逻辑的解释。

现实主义从无政府状态这一核心假设出发，推论无政府状态下的国家都是自利的，在行为上是自助的，竞争与对抗是必然的逻辑结论；自由制度主义者同样从无政府状态的假设出发，也做了国家自利的理性主义假设，通过引进制度来弱化对抗，合作因而得以形成。对此，现实主义的反击很是简单，就是保护现实主义理论的硬核：合作的目的还是为增加国家的相对利益，合作是暂时性的妥协而已，即使是国家交往的增加，国际行为体的多样化，制度网络的存在，都没有改变现实主义的核心假设。从某种意义上说，自由制度主义还为现实主义做了佐证。温特并没有从无政府状态的逻辑出发，而是聚焦于无政府状态这一核心假设上，强调社会建构的价值，行为者的身份是由结构（三种体系文化）决定的，身份与利益判断导致行为，得出无政府状态是由国家造就的结论，而不是给定的，也否定了国际社会存在单一无政府逻辑的假说。

四、文化研究对国际关系研究的重建价值

诚然，将文化因素引入到国际关系理论是一件难度很大的工作。[①] 西方学者也做过一定的努力，如扬瑟克·查耶（Jonge-suk Chay）、贝娅塔·扬（Beate Yahn）、约瑟夫·拉彼德等人

① 王缉思著：《国际政治的理性思考》，北京：北京大学出版社，2006年版，第29页。

的著作，[①] 但总体而言，这些著作并不太成功。就其因，第一，国际关系理论中现实主义与自由制度主义的主导地位，它们的核心观点与理论体系构建的完整、清晰、有力，仅仅靠文化研究来突破难以颠覆；第二，文化研究如同对外政策研究一样，更多的是从具体国际关系行为体来解释，无论是国家的层次还是区域的层次，并没有从体系层次、整体主义的立场来构建大的理论框架；第三，撇开国际关系理论研究美国中心主义不谈，我们不能否认国际关系理论研究的重镇依然是美国，西方的学者难以突破自身的文化底蕴，很难寻找并深入地理解他域文化来冲击现有的国际关系理论，现有所做的分析更多的是从方法论的层次来展开批判，无法从更深层的核心假设上达到突破。

这些障碍不是一朝一夕就可以克服的，文化因素在国际关系中所扮演的作用在冷战后越来越明显，但文化的作用是潜在与长期的，也是有其内在结构的。正如有的学者所指出的那样，国际共同体与其说是一个共同体，不如说是个富国俱乐部，尤其表现在北美与西欧。如果不是建立在一种新的文化结构（这种文化结构能认识到所谓的全球政治不仅仅是国际政治的换一种说法）的话，国际共同体就会沦落为一个具有排他性的俱乐部或是一个沉溺于威斯特伐利亚体系的老古董。[②] 国际关系中的现实问题都具有一定时效限制，具体的现实问题很难想象在建立一种新的文化结构后才去解决。但是，我们必须明确，现实的困境并不妨碍深

① Jongesuk Chay, ed., *Culture and International Relations*, New York: Praeger Press, 1990. Beate Jahn, *The Cultural Construction of International Relations: The Invention of the State of Nature*, New York: Palgrave, 2000. ［美］约瑟夫·拉彼德著，金烨译：《文化和认同：国际关系回归理论》，杭州：浙江人民出版社，2003年版。

② Arjun Appadurai, *Broken Promises*, Foreign Policy, No. 132, (2002), pp. 42—44.

层次的理论思考，也不构成对国际关系理论分析者的障碍，不意味着我们不能从文化的角度来理解国际关系及国际关系理论。[①]

除了上文“科学分析的文化内嵌”中所分析的英美学者对国际关系主导理论的文化理解外；文化研究对整体的国际关系理论的重建价值而言，具体来说，至少有如下：

首先，文化研究的发展与注入无疑能为现有的国际关系理论加入更加多元的因素，对于美国在国际关系研究中的知识霸权是个很好突破。就美国现有的学术规模及对国际关系学科的理解而言，美国的国际关系研究确实体现出美国社会科学的特性，从很大程度上说，美国的国际关系及理论研究不是折中主义，而是更本土主义。[②] 它反映的不是真实的国际关系全貌，而更多的是美国人自己文化视野下的世界，并不能代表他域文化视野下的世界，以自己的文化视野来确定国际关系及理论研究的普适性，这在理论层次上讲是不完整的，在政策层次上讲也是危险的。

其次，文化研究与现有的国际关系理论的体系研究不同，它更多的是从具体的行为体（国家、区域和国际组织等）本身来研究，或者称之为还原主义。现有的体系研究是整体主义研究，这不仅仅是角度的问题，它引发的是对具体行为体的忽视。国际关系行为最后的执行者都是具体的“单元”，而不是“结构”，这个单元再进一步可以还原为具体的个人，而每个个人都是在特定的文化场景下生存并受其熏陶，社会化后的个人在行为的选择上，具体的分析就不能仅从体系或“结构”中找原因，更需要从文化

① [英] 斯蒂芬·陈、[英] 曹青：“文明秩序之辩：第三世界视角下的国际文化关系”，载《世界经济与政治》2008年第7期。

② Marijke Breuning, Joseph Bredehoft and Eugene Walton, “Promise and Performance: An Evaluation of Journals in International Relations,” *International Studies Perspectives*, Vol. 6, No. 4 (Dec., 2005), p. 448.

的层次上找。

第三，由第二点所带出的就是，从经世致用的角度，宏观的国际关系理论的理解并不能具体地解决问题，无论其是否带有文化的理解而使其更准确。对于具体的国家来说，不但要知悉国际体系层次的世界物质的/文化的结构，更要知道中观层次，甚至是微观层次的国际关系行为的根源。这或许能部分解释“对外政策研究”（The Study of Foreign Policy）与国际关系理论的脱节，而现有的整体理论体系无法包含对外政策研究。

从国际关系现实上来讲，文化研究至少对国际关系研究两个领域里同样具有重建价值：

第一，文化研究在民族主义、族群冲突与战争等方面具有其独到的理解。对于这些问题的研究，坚持理性主义的立场，单纯地从利益计算上研究肯定会无限地扩大理性主义的解释范围，会将一切难以用理性主义解释的对象诡辩地容纳到理性主义的立场，进而陷入循环论证的怪圈。“有限理性”的修正暗示了文化在起作用。① 核心的问题是国际关系研究中理解的和平的存在是在有限的范围内，我们无法期待具有“同一”特质的和平，而只能在“满意”的限度里谋求“多样性”共存。现当代的国际关系史提示我们追求一致性会造成矛盾甚至战争，即使是在全球化的进程中，我们也无法期待这一进程会带来文化理解的同一，这不仅仅是在器物层次上的无法满足，更是民族、族群文化的惯性使然。②

第二，文化在对外政策中的应用。传统对外政策分析主要包

① ［美］赫伯特·西蒙著，杨烁等译：《现代决策理论的基石》，北京：北京经济学院出版社，1989 年版，第 3—23、144 页。

② 赵俊：“文化全球化分析”，载《社会科学》2003 年第 3 期。

括的内容是具体国家具体情势下的对外政策分析，也就是以单一案例研究为核心，重点考察的是短时段、决策者、有限的研究范围以及对外政策实施后的反应。在战后初期，努力使对外政策分析更加系统化的学者，往往是聚焦于决策研究，也被称之为对外政策的决策研究（the decision-making approach to foreign policy），并且假定国家行为体是个抽象的存在。[①] 20 世纪 60 年代末 70 年代初的对外政策研究走向了"比较对外政策"，努力从比较的角度来探析对外政策的国内因素，其中重要的结论是国家实力、经济体制与政治体制三大核心因素对对外政策的影响最大。[②] 当代的对外政策研究深受结构现实主义的打击，[③] 对外政策研究长期滞后。随着对结构现实主义的批判，整个国际关系研究越来越关注"单元"层次的理解，尤其是新古典现实主义的观点，在对外政策研究中加入了国内因素的变量，使在文化层次上分析对外政策成为一种可能。

五、结语

国际关系及其理论研究经历了一个文化"缺位"与"回归"的历程，文化研究对国际关系及其理论研究有着重要的作用，从现有的国际关系及国际关系理论研究中，我们同样可以找到所谓

① James N. Rosenau, "Comparative Foreign Policy: Fad, Fantasy, or Field?" *International Studies Quarterly*, Vol. 12, No. 3, Sep., 1968, pp. 296—329.

② James N. Rosenau, "Pre-Theories and Theories of Foreign Policy," in R. Barry Farell, ed., *Approaches to Comparative and International Politics*, Evanson: Northwestern University Press, 1996, pp. 27—92.

③ 方柏华："'外交政策分析'述评"，载《中共浙江省委党校学报》2005 年第 6 期。

"科学分析"所掩盖的文化底蕴，无论是古典现实主义、结构现实主义、新古典现实主义、自由制度主义还是建构主义等理论流派。同时，文化在中观、微观的层次上都扮演着重要的角色。从理论本身来讲，我们不能为了理论本身的简化、解释力的拓展而忽视文化的作用，或者把文化作为一个"黑箱"来处理，毕竟我们的任务是理解、解释进而预测国际关系的事实，我们不能因为理论而扭曲事实，更不能因理论而改变事实。

专题探讨

美国对台政策中的思想库因素

——以卡内基国际和平基金会为例

宋 静*

内容提要：近年来，随着中国实力迅速上升和中美关系的密切发展，美国思想库的对华研究不断升温，特别是对台湾问题的学术关注成为各大思想库对华研究的焦点，对美国对台政策的制订具有重要的影响力。本文拟以卡内基国际和平基金会为例来考察思想库是如何参与和影响美国政府对台政策的制订和调整，旨在为今后研判美国对台政策的演变和发展趋势提供一个较为有效的分析框架和视角。

台湾问题是中美关系中最为敏感和最具挑战性质的议题。长期以来，美国对华实行阴奉阳违的“双轨制”：一方面承认“一个中国政策”，一方面又炮制《与台湾关系法》，保持与台湾当局

* 宋静，华东师范大学国际关系与地区发展研究院法学博士生。

的实质性接触，阻挠中国大陆对台湾的收复和统一。布什政府上台之初，美国政府受到新保守主义派（Neo-Conservatism）的极大影响而将中国视为“战略竞争对手”，对台政策严重右倾化，加大对陈水扁政权的扶持力度。但“9·11”事件后，美国政府根据台海局势变化以及在经济、反恐和地区安全三个战略支柱上有求于中国，对台政策进行纠偏和调整，打压台独分子，摒弃陈水扁，“从一个极端跳到另一个极端”。[①]

作为美国外交政策制订的重要影响因素和政策源头，思想库的政策建议和营销运作往往被视为研判美国外交政策走势的风向标。近年来，著名思想库卡内基国际和平基金会“兼容”保守主义和自由主义两大政治流派，且两大流派对美国政府对台政策均产生不同程度的影响，充分反映出以上美国政府对台政策的双重性和矛盾性。

一、基金会对台湾问题的关注与政策主张

自1910年成立以来，卡内基国际和平基金会（以下称“基金会”）标榜超脱党派，以“促进国家间合作以及美国的国际交往”为宗旨，重视研究成效，成为当今美国最具影响力的自由主义学派主流思想库之一。2003年，卡内基国际和平基金会设立了独立运作的中国项目，打造了一支在美国思想库当中最大规模的中国研究团队，创美国思想库历史之先河。对台政策是美国对

① 达娜·米尔班克、格伦·凯斯勒：“总统就独立问题警告台湾”，《华盛顿邮报》，2003年12月10日。

华政策中的核心组成部分，因此，卡内基基金会中国项目把台湾问题列为课题研究的焦点，广络台湾问题专家，与其他知名思想库学术往来频繁，研究成果斐然，并通过各种渠道和方式参与到美国对台决策进程当中，其政策影响力不断上升。该思想库涉及台湾问题的研究成员主要包括基金会欧亚研究副主席包道格，基金会中国项目部主任、首位进入美国外交政策圈智库的华裔学者裴敏欣，前兰德公司资深学者、台海安全问题专家史文、基金会全球政策项目“美国领导地位”课题负责人罗伯特·卡根、高级研究员艾西利·特利斯以及访问学者乔舒亚·科兰兹克。

受美国外交政策传统和两党制政治理念差异性影响，同一思想库内部的政策倾向往往不尽相同。冷战后，随着美国政治思潮右倾化和新保守主义色彩浓厚的布什政府的上台，一向定位为“自由主义中间派”的卡内基基金会“兼容”了保守主义和自由主义两大派别，其对台政策主张呈现出双雄并立，各执一词之格局。其中，自由主义派以包道格、裴敏欣、史文为首，奉行对华“接触＋遏制”战略，其对台政策主张立场相对中立：承认“一个中国”政策；赞成两岸对话和经济交流；对台军售限于防御性武器；有条件承诺保卫台湾；支持台湾加入非政府国际组织。新保守主义派的思想库成员以卡根与特利斯为代表，持“中国威胁论”观点，奉行对华“全面遏制”战略，强调台湾在亚太的战略重要性，其对台政策主张观点强硬：不承认“一个中国”政策原则；反对两岸关系改善和对话；支持军售升级并对台出售进攻性武器；明确承诺全力保卫台湾；支持台湾加入 WHO 等政府间国际组织。尽管政见不一，但无论是自由主义派还是新保守主义派，也达成了一些共识：即大陆对台构成威胁，支持对台军售；采取战略清晰政策；反对两岸任一方单方面改变现状；和平解决台湾；支持台湾“拓展国际空间”；坚持《对台湾关系法》，批评大陆出台《反分裂国家法》。

二、基金会对台政策的影响机制

思想库参与和影响政府决策的渠道众多，方式迥异。根据希尔斯曼（Hilsman）的权力分层理论，影响美国政府决策可分为三个层面：权力的内层、第二层以及外层。权力内层包括总统、国会议员、行政官员等；第二层为其他精英阶层，如利益集团、传媒、大学、思想库等；权力外层则是普通大众及公众舆论、选民力量等。[①] 因此，考察思想库对美国外交政策的影响机制也遵循这一权力架构。

（一）对权力内层的对台决策影响

对权力内层的决策影响是思想库试图影响政策所采取的最直接、最有效的途径。思想库可以利用"旋转门"机制或者通过建立与政策决策机构的沟通渠道，如举办各种研讨会、研究班、演讲等活动，邀请白宫官员、国会议员以及各党派领导人等政界人士，直接将研究成果呈现给政策决策者，使决策者理解并采纳自己的政策主张，具体如下：

1. 利用"旋转门"机制，传递政策建议。很多思想库专家曾担任过美国政府要职及政策顾问，既有丰富的从政经验，又有厚实的学术功底，这样，一方面能够促使政策建议合理化、专业化、科学化，另一方面可以利用广泛的人脉关系和固定、成熟的

① 罗杰·希尔斯曼：《防务与外交决策中的政治：概念模式与官僚政治》，曹大鹏译，商务印书馆，2000年版。

渠道，将政策建议迅速传输到决策中枢。当前成员中，基金会欧亚研究副主席包道格有着深厚的政界背景，早年曾担任里根时期安全事务顾问和老布什时期国家安全委员会亚太事务主任，此外，他还曾在国务院、中央情报局以及美驻华使馆任职。在2002—2006年间，包道格任美驻台协会台北办事处处长。在其任期内，陈水扁不断滋惹事端的冒险言行对美国维持台海现状的政策构成了威胁，包道格多次在两岸及公投议题上对陈水扁施压，与持亲台立场的前美在台协会理事主席夏馨在台海政策上立场分歧，最终促成了美国政府对民进党的不信任与摒弃，被认为是美国政界中的“红军”。

2. 向白宫政府提交政策简报，为总统候选人献计献策。政策简报是思想库不定期提交给政府高层的正式书面研究报告，对总统与白宫行政部门制订外交政策具有重要的参考价值。在卡内基基金会递交的政策报告中，涉及台湾问题的主要有《塑造亚洲的未来》、《战略角度看中国反卫星武器》、《重新平衡中美关系》以及史文撰写的《台湾安全、防务政策与获取武器的进程》、《台湾外交与防御政策》、《进程反转了吗？美中关系的脆弱扭转》。其中，在《进程反转了吗?》一文中，史文指出，支持台独是“危险的游戏”。“9·11”事件后，美中紧张关系大幅缓解，但“台湾内部政党纷争、大陆军力持续增长，这些因素增加了未来5到7年间两岸冲突的可能性”，要避免冲突，“美国政府必须促使两岸军备降低，展开外交谈判”。①

总统选举与更替是设置未来外交政策议程的理想时机。思想库往往利用总统换届时机，参加竞选班子，为新总统候选人

① Swaine Michael, “Reverse Course? The Fragile Turnaround in US-China Relations”, *Policy Brief*, No. 22, Feb., 2003.

提供执政思想与施政方案，谋求未来领导人采纳其政见。在2008年美国总统大选期间，包道格在基金会《政策简报》中发表了对美国新总统的亚洲政策建言书。他强调亚洲崛起对美国战略和安全政策有重大影响，建议新总统应尽早明确对华政策与合作方向，对台问题要“站稳立场”，“在不牺牲台湾自治和民主制度”的条件下，“在《与台湾关系法》框架下维持对台的安全承诺”。[①] 凭借其与台北打交道的丰富经验和与马英九多年的私人交情，包道格对未来台海事务的局势研判和政策建议具有极高的可信度和权威性，在奥巴马政府对台政策的制订中享有一定的发言权。

3. 结交国会领袖及议员，出席国会听证会，直接影响立法。根据美国宪法和制衡原则，外交决策权由行政部门与国会共享。而国会是美国保守势力影响对台政策的主要舞台。以罗伯特·卡根为代表的新保守主义派同坚持反华立场的参院对外关系委员会主席赫尔姆斯等亲台议员沆瀣一气，利用国会立法为美对台军售升级提供“法理依据”。他们督促国会在2000年2月通过《加强台湾安全法》，以法律形式确保美台军事合作全面提升，并利用中美撞机事件联名82名众议员在2001年4月初致函布什总统要求批准向台湾出售“宙斯盾”驱逐舰，在国会山以立法修正案、两院决议或联名信形式为对台军售升级营造政治气氛，最终推动美国政府在4月24日公布价值高达40亿美元的对台军售清单。翌日，布什总统在接受美国ABC广播公司采访时明确声称，“大

① Douglas H. Paal，“Asia-Shaping the Future”，June 2008，*Policy Brief*，No. 26， p. 5. http：//www.carnegieendowment.org/programs/china/chinese/PDF/Security%20and%20Foreign%20Policy/pb62_paal_final.pdf.

陆如对台动武，美将使用一切必要手段保卫台湾。”[①] 这一宣示抛弃了克林顿政府的“三不”承诺[②]，打破了历届美国政府对台的“战略模糊”，导致中美关系大幅倒退。

美国国会的立法程序中，专门委员会的审议阶段最为关键。这个阶段中，最明显影响立法内容的渠道即在委员会或者小组委员会的听证会上作证。[③] 2004 年 4 月 21 日，国会众议院外交委员会就《与台湾关系法：未来 25 年》举行听证会，史文出席听证并做发言。他肯定了《与台湾关系法》的“历史地位”，同时提醒支持“台独”的国会议员，该国内法并不能“提供对台湾的绝对安全保障”。他向国会建议，要确保台海稳定，华盛顿必须采取积极的“平衡威慑”，同时，促进中国政治改革，以增加大陆对台湾民众的吸引力，鼓励两岸对话。在听取史文和其他谏言者的政策建议后，美国国务院和国防部官员在听证会上表示，“美将继续根据《与台湾关系法》向台出售防御性而非进攻性武器。”[④] 此次听证对美国政府在 2008 年再次抛出对台军售案埋下了伏笔。

4. 在国会山举行辩论会，塑造政界对台政策共识。为扩大对政界的影响，基金会抽调精兵强将，联合各大思想库，把一场更大规模、题为“重塑中国政策”的系列辩论会开到了国会山，自 2006 年 10 月 5 日起，为期 18 个月。2008 年 3 月 26

---

① 郝雨凡：《白宫决策——从杜鲁门到克林顿的对华决策内幕》，东方出版社，2002 年版，第 676 页。

② 即不支持台湾独立，不支持两个中国或一中一台，不支持台湾加入联合国和以主权国家为主体的国际组织。

③ 孙大雄：《宪政体制下的第三种分权》，北京：中国社会科学出版社，2004 年 5 月，第 70 页。

④ 刘明：《博弈：冷战后的美国与中国》，北京：中国传媒大学出版社，2005 年 8 月，第 182 页。

日，系列辩论会第八场就“台湾选举、台海形势及对美国政策的影响”举行了专场。四位台湾问题的权威专家分别进行了发言，他们是传统基金会高级研究员彼得·布鲁克斯、卡内基基金会欧亚副主席包道格、亨利·史汀生中心东亚项目主任容安澜，以及战略与国际问题研究中心研究员薛福瑞。此次辩论会受到国会的支持和政界的普遍关注。据统计，与会观众席中，国会议员及其助手（如行政助理、办公厅主任和法律顾问等）占到30％到40％，20％左右观众来自行政当局，如国务院、国防部、商务部、财政部等。辩论会以面对面的形式直接对主导外交政策的高层决策官员灌输理念，提供对台政策咨询和分析，影响积极而深远。

（二）对权力第二层的对台政策影响

思想库对权力第二层的影响是通过在学术刊物上发表论文、出版著作、召开研讨会等方式，说服社会精英赞同和支持其观点，同时联合其他思想库、研究机构一起倡导其对台政策主张，为两岸和美国官方层面的沟通交流铺设“第二管道”，从而间接地影响政府的对台决策行为。

1. 在专业性学术期刊上发表文章。专业性期刊是美国学者进行学术探讨的主战场，许多新政策理念均系于此首先提出。基金会对台研究文章被广泛发表在美国知名专业性学术期刊上，如《外交政策》、《外交》以及新保守派把持下的《华盛顿季刊》、《旗帜周刊》、《新共和》、《国家利益》等。其中，研究员罗伯特·卡根担任美国新保守主义运动的先锋杂志《旗帜周刊》与《新共和》的编辑和《华盛顿邮报》的专栏作家。他多次发表支持“台独”的言论，曾在“现代化中国的背后”一文中，危言耸听地提醒西方，中国并非“民主国家”，“强大的经济实力只能给台湾带来更大的军事威胁。"[①] 另外，美国政治类权威期刊《外交》在2004年第2期刊登史文所著的文章"台湾的麻烦"。文中言及，面对"由台湾大选及扁政府造势公投而紧张拉升的台海局势"，对美国来说，"正确的政策选择应该是迅速纠正台湾误认美国会无条件保护台湾的想法，明确反对公投，减少美中冲突可能性。"[②] 该文对美国各大思想库和学界精英阶层造成普遍影响，鼓励与支持了布什政府对陈水扁政权态度的进一步转变。

2. 出版涉及台湾问题的相关书籍。近年来，卡内基基金会有关台湾问题的著作问世不少，以研究员史文的成果最为突出。他是当今美国最具权威影响力的台湾问题专家之一，著有十余部涉及台湾问题的书籍，代表作有《台湾外交与防御政策：未来及其决定性因素》、《中美关系中的危机管理》、《台湾的国家安全、国防政策与武器购买》和《威胁评估：中国军事与台湾安全》等。其中，《威胁评估》一书囊括多位美国政界和学界专家在2004—2006年专门研讨会上发表的重要论文，内容包括中、美、台的军事实力对比、台海危机与冲突升级的军事平衡以及地区安全环境，该书成为一本全面客观地了解大陆军事现代化及台湾安全的权威参考，得到了美国五角大楼和军界的重视。另外，访问学者科兰兹克在2007年撰写《魅力攻势：中国软实力如何改变世界》一书首次系统地梳理了中国的软实力如何对亚洲及整个世界发展产生重要影响，利用软实力的杠杆作用鼓励和换取东南亚国家对"一个中国政策"的支持，以及以"怀柔政策来亲和"台

---

① http://www.washingtonpost.com/wp — dyn/content/article/2008/03/21/AR2008032102552.html.

② Swaine, "Trouble in Taiwan," *Foreign Affairs*, no. 2 (March/April 2004): 39—49. http://www.foreignaffairs.org/20040301faessay83205/michael-d-swaine/trouble-in-taiwan.html.

湾，提示美国政府必须正视中国软实力提升的现实。该书引起美国思想库与学界的广泛关注，并获得美国外交关系委员会专为国际关系外交领域设立的“亚瑟·罗斯图书奖项”2008年度提名。

3. 邀请其他思想库、学术机构专家，进行广泛的学术交流和合作。卡内基基金会非常重视与其他思想库的横向交流与合作，经常联合其他知名智库，就台湾问题召开研讨会，以扩大在学术圈的知名度，提高权威性。自2003年起，基金会每年都会举办数场台湾问题研讨会。就中国通过《反分裂国家法》，在2005年12月基金会与中亚—高加索研究所、乌普萨拉大学联合举办研讨会。史文指出，该法既是用来“警告台独的预防性手段”，也包含“妥协成分”。[①] 而卡根解读“这部充满挑战意味的法律”实质是大陆在胁迫台湾，他告诫白宫“不要忽略北京日益增长的好战情绪，要联合澳大利亚和日本盟友一起履行对台防卫义务。”[②] 2008年5月12日，基金会还举办了主题为“马英九及台湾新政府：展望未来”的研讨会。会上，包道格评价马英九“坚持原则并具有务实风范”，具有促进海峡两岸经济发展所需的“灵活性”，马的胜选有助于海峡两岸稳定和对话。裴敏欣提出了具体可行的建议，这些建议包括采取灵活态度以实现两岸通航，促使北京削减对台军事部署，以及放弃反对台湾以观察员身份参加世界卫生大会的态度。

4. 发挥“二轨”功能，拓宽对话渠道。近年来，基金会在对中国大陆、香港和台湾两岸三方的学术交流活动中，表现格外活跃，积极扮演中、美、台三方“第二管道”的角色，也为美国

---

① The Return of China Threat: Michael Swaine's Interview on Current U. S.-Taiwan-China Relations. http://www.silkroadstudies.org/new/docs/conferences/2005/CMinNEA/papers/Zhao%20Quansheng%20paper.pdf, p. 33.

② Kagan, "Those Subtle Chinese," *Washington Post*, March 10, 2005, p. 21.

政府调查、了解两岸舆情收集信息，并为三方官方层次开展正式外交活动提供了技术支持和对话渠道。2005年4月6日，基金会与具有官方性质的中国改革开放论坛合作主办“防止和解决台海冲突”国际研讨会。研究员艾西利·特利斯在会上发言，从地区视角来探寻亚洲国家对台海军事冲突的态度及其影响；史文递交论文《非军事考虑：美国、中国和台湾的趋势和政策演进》，对加紧台海局势和冲突的主要现象做政策评估，并考察了避免台海冲突的各种可能手段。与此同时，基金会也与台湾智库积极互动：一方面为白宫决策层“观察台湾”和“聆听来自台湾的声音”提供通道，另一方面可向台北传递来自华盛顿的意志。自1992年起，由卡耐基基金会、兰德公司和台北高级政策研究委员会联合发起的关于大陆军事与台湾安全研讨会每年都在台湾举办。2008年10月12日，包道格出席了由欧亚基金会与美国国际战略研究中心（CSIS）合办的“台美中关系：共同议程”研讨会。他就“两岸外交休兵与台湾的国际空间”为题作了主题发言，暗示台湾不必计较“建交国”的数量，而应以参加国际组织（诸如APEC）为取向拓展“国际空间”。①

（三）对权力外层的对台舆论影响

美国奉行三权分立与民主政治，普通大众对政策的理解与支持程度是影响权力外层的重要因素。而美国媒体对公众舆论具有强大的导向能力。卡内基基金会研究人员长期活跃在各种大众传媒当中，诸如在报刊、网络上发表文章，接受广播、电视媒体采访，就时事热点进行分析评论，进行知识和政见的大众营销，以

---

① 环球时报网站，详见：http：//taiwan.huanqiu.com/news/2008－10/249962_2.html。

塑造社会公共意志来间接影响政府决策和为政策出台进行舆论造势。

思想库专家大多兼有“媒体人”身份。比如，中国项目部主任裴敏欣常为《纽约时报》、《华尔街时报》、《基督教科学箴言报》以及英国《金融时报》、新加坡《海峡时报》等各大报刊撰写评论。他曾在2008年3月26日的《金融时报》上撰文“台湾选举为中国带来和平希望”，表明对国民党重新执政看好，并视此为“台海局势走向稳定的一个重要时间点。”[①] 新保守主义派学者艾西利·特利斯长期致力于对亚洲安全和中国军事实力增长的研究，曾多次出席国会有关亚太安全的听证会。他在《华尔街日报》刊登题为“布什应当在台湾问题上信守诺言”的评论。文章说，布什总统在2001年上台之初曾批准的对台军售至今未果，“冻结对台军售损害了马英九以强势总统的面孔与北京打交道的能力”，且增加了“美国可能在未来台海两岸对抗中进行军事干预的成本”。因此，他建议“布什政府应采取紧急行动，向台湾提供有能力对付中国日益增长的导弹、空中和海上威胁的军事装备。”[②] 包道格也在7月23日接受《华盛顿观察》周刊采访时披露，“海峡两岸并不具备军事战略平衡……军售案已被批准，只是在等待机会告知国会。”[③] 他们的发言得到了布什政府后期行为的验证。2008年10月3日，美国政府做出“大胆而有原则

---

① http://www.carnegieendowment.org/publications/index.cfm?fa=view&id=20012&prog=zch，zeu.

② Bush Should Keep His Word on Taiwan, *The Wall Street Journal*, July 19, 2008. http://www.carnegieendowment.org/publications/index.cfm?fa=view&id=20312&prog=zch.

③ 陈雅莉：“美对台军售政策现拐点?”，《华盛顿观察》周刊，2008年7月第29期，详见：http://www.washingtonobserver.org/international_perspective_show.aspx?id=2474。

性”的决定，抛出一笔总价值高达64.63亿美元的巨额对台军售清单，包括潜射鱼叉飞弹、爱国者飞弹、E2早期预警机升级、阿帕奇攻击直升机等6项先进武器系统。这是美国自1992年以来最大规模的对台军售案，引起中国大陆与美国各界舆论哗然。此事件表明，作为政府对台决策内幕的知情人士，特利斯与包道格不过是在为美国政府对台军售案的出台实施放风策略，以“有言在先”的方式掌控舆论氛围，以减少外交风波。

三、评述与展望

通过考察卡内基基金会对美国政府对台政策制定的影响机制，不难发现，在近年来美国对台政策的演化轨迹上，无论是国会对《台湾关系法》的重审和听证，还是白宫在对台军售升级的决策中，无论从对陈水扁政权的摒弃，还是对马英九政权的认可，都可以看出卡内基基金会两派学者对台政策主张的影子。

卡内基基金会的对台政策影响力有其独特之处。从专家团队背景上看，有政界精英、学界权威、华裔新星，阵容强大，观点相得益彰，兼容并蓄；从政策倾向上看，新保守主义派和自由主义学派看似“政见分歧”，实则“经世致用”，使政府政策选择更有余地和灵活性，其政见更容易被采纳；从作用路径上看，其“二轨”功能发挥较充分，在大陆和台湾的政界、学界有相当的影响力，利于促进两岸积极对话；从学术风格上看，卡内基基金会更注重学术可信度而非单纯追求游说权力核心，因此对美国对台政策的影响将是中长期的。

根本而言，卡内基基金会属自由主义流派思想库，而自由主义派思想影响下的政策主张尤其是在民主党控制国会、总统职位或者同时控制二者时更容易得到决策者的重视与采纳。当前，马英九执政的台湾国民党新政权认可“九二共识”，主张“两岸和解”，两岸对话出现转机；美国尚未从反恐战争走出，又陷金融危机之泥潭，安全和经济领域有求于中国甚多，形势有利，前景可期。不妨展望，以卡内基国际和平基金会为代表的学术派思想库还将不断提升其献谏建言的能量，更深程度地参与和影响到新一届美国政府对台政策的制订进程当中。

改革开放30年上海对外开放的回顾与展望

赵蓓文*

内容提要：通过回顾改革开放30年来上海对外开放的三个阶段，即突破体制束缚的初步探索（1979—1990）、浦东开发开放的重大机遇（1991—2001）和加入WTO以后上海的历史跨越（2002—2008），论文总结了上海对外开放从改革起步到全方位开放再到以开放促改革的整个过程。提出上海对外开放取得成功的基本经验在于：坚定不移地执行党的方针和政策、坚定不移地提高对外开放的质量和水平、坚持对外开放以浦东开发开放为旗帜、坚持对外开放服从和服务于全国的发展大局、坚持“引进来”和“走出去”和谐共赢发展。论文指出，在新的发展阶段中，上海要紧紧围绕中央对上海发展的战略定位，放眼全国发展的大格局和国际经济形势发展的大趋势，深入贯彻落实科学发展观，加快推

* 赵蓓文，上海社会科学院世界经济研究所研究员。

进上海对外贸易增长方式的转变、进一步提高上海利用外资的质量和水平、积极实施“走出去”战略，在对外开放中不断提升自主创新的能力。

一、改革开放30年上海对外开放的历史回顾

1978 年十一届三中全会的胜利召开，标志着中国进入了改革开放的历史新时期。30 年来，上海在党中央的正确领导下，在我国改革开放不断发展的大好形势下，抓住浦东开发开放的重大机遇，以科学发展观为指导，坚持“引进来”与“走出去”和谐共赢发展，在对外开放方面取得了巨大的历史成就。

（一）从改革起步：突破体制束缚的初步探索（1979—1990）

1979 年 8 月 13 日，国务院颁发《关于大力发展对外贸易、增加外汇收入若干问题的规定》，为上海外经贸事业的发展注入了新的活力。上海在逐步确立发展外向型经济战略的基础上，开始实施以“简政放权”为中心的改革，率先进行突破体制束缚的探索。

首先，推进外贸管理体制改革。1983 年底，上海市政府撤消市进出口办、市外贸局和市外经局，成立上海市对外经济贸易委员会。1984 年，市外经贸委给外贸公司放权，推行经理负责制。同时，一批工贸结合的进出口公司如玩具、手帕、仪表、电子等以及一批综合性地方贸易公司先后成立，推动了上海外贸出口的主体逐步走向多元化。1988 年 2 月，国务院发布了《关于加快和深化对外贸易体制改革若干问题的决定》。上海进入推行

以全面实行外贸承包经营责任制为主要内容的体制改革新阶段。

其次，探索利用外资的管理和服务体制。1986 年 6 月，上海市人大通过了《上海市中外合资经营企业、中外合作经营企业、外资企业的申请和审批规定》，这是上海市制定的第一个有关外资的地方性法规。此后，一系列吸引外资的法规和优惠政策相继出台，1988 年市政府还专门成立了上海市外国投资工作委员会，以提高上海利用外资的规模和效率。1990 年，上海实际利用外资 1.7719 亿美元，签订合同项目 203 个。[①]

最后，"走出去"悄然起步。1979 年，中共中央、国务院颁发《关于经援工作几个问题请示报告》，第一次确立了以"走出去"为重点的对外工程承包和技术合作指导方针。在中央政策的指引下，上海迅速调整了对外开放的重点。1984 年，上海在《政府工作报告》中指出，"1984 年上海发挥口岸作用的主要方法是发展以进带出、易货贸易和对外承包工程、劳务合作等多种方式"。1990 年，上海对外承包工程 12 个，实际营业额 4083 万美元。[②]

（二）全方位开放：浦东开发开放的重大机遇（1991—2001）

1990 年 4 月 18 日，党中央、国务院做出开发开放上海浦东的重大决策，上海按照中央的战略部署，制定了"开发浦东、振兴上海、服务全国、面向世界"的开发方针。浦东开放成为上海对外开放的重大机遇和历史转折。

首先，浦东开发开放成为上海外经贸发展的重要突破口。为了实现浦东的高起点开发，上海利用浦东新区先行先试的政策优

---

① 上海市统计局编：《上海统计年鉴 1991》，中国统计出版社，1991 年版。

② 上海市统计局编：《上海统计年鉴 1991》，中国统计出版社，1991 年版。

势，提出“金融贸易先行、基础设施先行、高新技术产业先行”的开发开放战略，进行了包括扩大授信方式、进行资产负债比例管理试点以及外资银行在浦东进行经营人民币业务试点等一系列金融贸易改革。同时，上海在浦东还进行了大规模的基础开发，先后创建了陆家嘴金融贸易区、金桥出口加工区、张江高科技园区等几个重点小区，进一步完善了浦东新区的现代化功能。

其次，大外经贸战略实施促进上海外经贸经济增长方式转变。邓小平同志南巡讲话后，上海明确了对外经贸是上海经济发展主动力的战略地位，提出“发展大外贸、大外经”的思路以及“发展海外经济，服务上海经济”、“五外联动”的战略目标。在实际运作过程中，上海利用浦东先行先试的优势，允许国内外贸公司在浦东新区设立子公司，并进行组建中外合资外贸公司的试点。1997 年，我国首批试点的 3 家中外合资外贸公司在浦东新区成立。2001 年，浦东全年完成外贸出口总额 110 亿美元，占全市外贸出口总额的 40%。①

最后，“引进来”与“走出去”相结合提升上海开放型经济水平。党的十四大、十五大的胜利召开，为上海贯彻落实“引进来”与“走出去”相结合的对外开放战略提供了完善的制度保障。上海吸收外资的金额和项目数不断创出新高，一大批世界 500 强跨国公司如美国通用汽车、Intel 半导体、德国克虏伯不锈钢等相继落户上海，一些新的投资领域也异军突起，成为上海吸收外资的新亮点。同时，上海在 1998 年出台《关于本市进一步扩大企业对外投资加快拓展国外市场的若干意见》，明确了“走出去”的工作思路，鼓励本地企业“走出去”。截至 2001 年底，

① 上海市外经贸委课题组：《改革开放 30 年上海对外开放研究》，研究报告，2008 年 6 月。

上海已有海外企业611个，累计投资金额5.1605亿美元。[①]

（三）以开放促改革：加入WTO以后上海的历史跨越（2002—2008）

改革为开放创造了条件，开放又成为改革的动力。中国加入WTO标志着我国经济将在更大范围、更广领域和更高层次上参与经济全球化进程。入世以后，上海进一步深化对外开放的实践，不断构建对外开放的新平台。

首先，入世承诺成为上海外经贸战略转变的内部推动力。入世以后，上海利用浦东先行先试的优势，进一步推进外贸体制改革，进行了降低外贸经营权门槛等一系列政策试点，形成了《关于进一步深化本市“大通关”工作的若干意见》。2005年，上海提出吸收外资要力争做到“四个进一步”，外贸增长要以“四个大力促进”为抓手，“走出去”要力求体现“三个结合”，并提出了“四个重点、一个优先”的鼓励本地企业积极“走出去”的十六字方针。通过以上措施，上海逐渐实现了外贸进出口持续增长、结构优化，吸收外资规模扩大、水平提高，外经规模跳跃式增长、对外经济合作市场多元化的新格局。

其次，吸收外资围绕“四个中心”，从规模扩大向多层次、多形式、多领域转化。为了加快实现“四个中心”、“四个率先”和“四个着力”的战略目标，上海不断调整吸收外资的产业结构，创新利用外资的方式，扩大利用外资的领域，完善上海吸收外资的投资环境。随着中国对外开放的领域逐步从制造业扩大到服务业，上海吸引外资的结构和层次也有了较大幅度提高。2002

① 数据来源：上海市外经贸委。

年3月，上海跨国采购促进中心和上海跨国采购服务有限公司揭牌成立。2007年2月，上海现代服务业联合会“服务外包专业委员会”宣布成立，并开通“上海服务外包网”，从而为上海顺利承接国际软件、物流、研发、金融和人力资源等服务业外包项目提供了条件。

最后，全方位开拓优化上海国际市场进入策略。入世以后，上海不断创新对外投资的方式，通过强强联手、多元化投资等方式，推动上海企业与有实力的中央企业、外省市企业和外国承包商联合投标，主动探索“走出去”的新渠道和新方式。同时，鼓励一些本地著名的国有和国有控股企业如上海广电、医药、轻工、纺织、上海实业、华源等集团，积极开拓境外投资的渠道和产品，带动本地相关企业共同实施“走出去”战略，以进一步调整和提升上海的产业结构。

二、改革开放30年上海对外开放的基本经验

改革开放30年来，上海以邓小平理论和党的基本路线方针为指导，全面贯彻落实科学发展观，坚定不移地扩大对外开放，坚定不移地提高对外开放的质量和水平，并获得了令人瞩目的成绩。上海对外开放的基本经验主要有以下几点。

（一）坚定不移地执行党中央对外开放的方针和政策

十一届三中全会以后，中央明确了对外开放的方针政策，先后制定了“沿海与内地分步对外开放”、“引进来”与“走出去”相结合以及“互利共赢的开放战略”，为上海对外开放的发展指

明了前进的道路。

1979年7月，国务院宣布深圳、珠海、汕头和厦门创办综合性经济特区，成为中国对外开放的“窗口”。1984年，国务院决定进一步开放包括上海在内的14个沿海城市。1988年，邓小平同志进一步提出沿海与内地分步对外开放的战略思想，从而为上海在改革开放的实践中领先一步奠定了基础。

1992年邓小平同志南方讲话以后，在邓小平同志“引进来”战略的基础上，江泽民同志进一步提出实施“引进来”和“走出去”相结合的开放战略，并提出要利用加入世界贸易组织的机会，主动参与国际竞争。

入世以后，上海在党中央“引进来”与“走出去”相结合，“互利共赢开放战略”的指引下，根据国际国内形势发展的需要，先后提出了“五个并举”的外贸战略，“十六字方针”的外资战略，以及“四个重点、一个优先”的外经战略，在对外开放的实践中取得了丰硕的成果。

（二）坚定不移地提高上海对外开放的质量和水平

改革开放以来，上海从突破垄断经营体制到放开经营权，从实施“大外经贸”战略到大力发展服务贸易，不断提高利用外资的质量，加快“走出去”步伐，坚定不移地提高对外开放的水平。

首先，切实转变对外贸易方式。发展对外贸易的核心是转变增长方式。上海市委、市政府提出，上海要从加大外贸自主品牌培育力度、加快服务贸易发展、提升上海口岸城市功能和积极发展进口贸易、大力发展会展业等几个方面入手，着力推进贸易增长方式的转变。

其次，实施利用外资从“量”到“质”的转变。从2002年开始，上海相继出台了《上海市鼓励外国跨国公司设立地区总部的暂行规定》、《上海市关于鼓励外商投资设立研究开发机构的若干意见》等鼓励性政策法规，不断完善吸收外资的投资环境，积极吸收先进制造业和现代服务业的外资。

最后，在扩大开放中推进自主创新。提高自主创新能力，建设创新型国家。这是国家发展战略的核心，是提高综合国力的关键。上海按照党的十六大、十七大提出的要求，全面贯彻落实"技术自主创新"的战略，通过引进、消化、吸收和再创新，在利用外资的过程中逐步实现技术进步和结构提升。同时，积极构建产、学、研一体化的新平台，不断深化中外资企业之间的联系，充分发挥外资研发中心在科教兴市主战略中的作用，进一步提高外资对上海国民经济增长的贡献。

（三）坚持上海对外开放以浦东开发开放为旗帜

浦东开发是上海对外开放的重大转折，是全国先试先行的示范区。上海外经贸改革开放的实践证明，浦东的开发开放和浦西的经济发展是相互影响、相互依存的。浦东是上海对外开放的排头兵，是上海经济发展的"龙头"；浦西的产业基础和综合实力又是浦东开发开放的坚强后盾和成功保证。只有东西联动，互为促进，才能更好地实施党的十四大提出的"一个龙头、三个中心"的战略定位。

首先，综合配套改革促进上海全方位、多层次、宽领域对外开放。2005 年 6 月，国务院正式批准上海浦东新区成为首个国家综合配套改革试点区。此后，中央各部委在浦东进行了 20 多项，70 多个具体事项的改革试点。如 2005 年 8 月中国人民银行上海总部在浦东成立，10 月国家外汇管理局宣布在上海浦东先行试点"外汇 9 条"，2006 年 10 月上海张江创新学院被批准成为国家级服务外包人才培训基地等，逐步树立了浦东新区全国先试先行示范区、跨国公司“总部经济”引领区、金融改革试点的新形象，促进了上海全方位、多层次、宽领域对外开放格局的形成。

其次，“先试效应”助推欧、美、日大型跨国公司进入上海。1991年，浦东外商投资实际到位金额仅0.68亿美元，1999年达到7.57亿美元，而2007年又快速增长到33.06亿美元，占全市总量的41.7%。累计至2007年末，浦东陆家嘴金融中心已有超过490家中外金融机构，占全市总数的57.1%。此外，浦东历年率先全国进行第一家外商投资新领域试点项目累计70个，占全市同类试验项目总数的81%。[①]

最后，跨国公司“总部经济”成为长三角乃至全国的经济辐射源。2002年上海市和浦东相继出台了支持跨国公司地区总部设立的政策和相关配套政策。到目前为止，浦东新区地区总部已有83家，占全市总数53.9%。“总部经济”不仅提高了上海吸收外资的经济效益，而且对长三角乃至全国都产生了相当大的经济辐射。特别是一些投资性公司，由于其所投资企业大多不在上海，其增资扩股从另一个侧面体现了上海对长三角地区乃至全国的经济辐射和经济融合，体现了上海“前店后厂”的新特色，凸显跨国公司总部“溢出效应”和上海作为长三角跨国公司投资经营平台的新动力、新趋势。

（四）坚持对外开放服从和服务于全国的发展大局

上海坚持对外开放要服从和服务于全国的发展大局。市委领

① 上海市外经贸委课题组：《改革开放30年上海对外开放研究》，研究报告，2008年6月。

导一再指出，不能就上海论上海，必须从经济全球化大趋势和世界经济大环境看中国经济发展，从中国特色社会主义事业全局看上海发展。

浦东开发正是中央和市委这一精神的体现。早在浦东开发之初，上海市委就明确提出要实行“依托浦西、以东带西、东西联动”的发展方针，形成浦东与浦西“联动发展、协调发展、全面发展”的新格局。

作为连接长三角腹地和国际市场的重要通道，浦东独特的地理位置对整个长三角乃至全国的经济发展都产生了重要的辐射作用。作为全国首个“区港联动”试点，浦东设立外高桥保税物流园区，实现了外高桥保税区和外高桥港区的联动发展。同时，浦东新区在上海经济发展中的引领作用又为整个长三角地区的经济发展提供了先试先行的典范，使上海“一个龙头，三个中心”的建设为长三角区域经济一体化的发展奠定了扎实的产业基础和综合实力。目前正在着力实施的长三角通关一体化，更是为整个长三角地区对外贸易的发展提供了便利条件。

(五) 坚持“引进来”和“走出去”和谐共赢发展

党中央“引进来”与“走出去”相结合战略以及“互利共赢开放战略”的提出，为上海坚持“引进来”和“走出去”和谐共赢发展提供了政策保障。

在中央政策的指引下，上海制定了“三、二、一”的产业发展方针，吸收外资以推动先进制造业为中心，以促进现代服务业为重点，逐步实现引资结构的优化。近年来，上海第三产业吸引外资的比例平稳上升，“三、二、一”产业吸引外资比例发生质的变化。据统计，2001 年第三产业吸引合同外资金额为 18.45 亿美元，占全市当年外资总金额的 25%。2007 年，第三产业吸引外资 95.87 亿美元，所占比例已经达到 64.5%。[①]

在“引进来”的同时，上海不断鼓励、支持有条件的本地企业“走出去”，进一步深化“大外经”的发展格局。截至 2007 年，上海具有对外工程承包或对外设计咨询经营资格的企业有 112 家；具有对外劳务合作经营资格的企业 27 家；对外直接投资的国家和地区达到 101 个，涉及制造业、资源开发、文化传播等诸多领域。[②] 对外投资的规模和程度在全国首屈一指。

三、上海进一步扩大对外开放的前景展望

从上海在全国的战略定位看，上海的经济发展必须服务于长三角，服务于全国。因此，在新的发展阶段中，上海的对外开放要紧紧围绕中央对上海发展的战略定位，对长三角地区要有总体部署，放眼全国发展的大格局和国际经济形势发展的大趋势，深入贯彻落实科学发展观，坚定不移地扩大对外开放。

（一）加快推进上海对外贸易增长方式的转变

30 年来，上海的对外开放从探索外贸管理体制改革起步，在大规模吸引外资，提高吸引外资的质量和水平中得到深化。因此，对外贸易增长方式的转变不仅仅对贸易本身，对整个上海经济的发展都具有十分重要的意义。十七大报告强调，要加快转变

① 数据来源：上海市外经贸委。

② 上海市外经贸委课题组：《改革开放 30 年上海对外开放研究》，研究报告，2008 年 6 月。

外贸增长方式，调整进出口结构，促进加工贸易转型升级。[①]上海必须以党中央的方针、政策为指导，加强对出口产品的研发，提高对外贸易的技术含量，进一步扩大自主品牌产品的出口。同时，贸易投资一体化的发展也为上海大量承接国际服务外包提供了可能，为上海贸易增长方式的转变提供了重大契机。上海要把握好这一历史机遇，加快发展服务贸易，提高通信服务、销售服务、教育服务、金融服务、健康与社会服务、旅游服务、娱乐文化和体育服务、运输服务等服务贸易的发展水平，争取早日把上海建设成为“国家级服务贸易示范区”，尽快实现贸易增长方式的转变。

（二）进一步提高上海利用外资的质量和水平

在新的发展阶段，上海要按照中国国民经济和社会发展第十一个五年规划（简称“十一五”规划）的要求，“抓住国际产业转移机遇，继续积极有效利用外资，重点通过利用外资引进国外先进技术、管理经验和高素质人才，把利用外资同提升国内产业结构、技术水平结合起来”。[②]具体来说，就是要在中央政策的指导下，实施互利共赢的开放战略，大力引进技术含量高、产业关联度高、附加值高、符合国家《外商投资产业指导目录》的外资项目，提高外资企业的技术溢出；扩大现代服务业吸收外资，促进国际服务外包和生产性服务业的发展；大力发展总部经济，重点引进跨国公司营运中心，进一步完善上海跨国采购促进中心的功能和作用；鼓励外资参与国有企业改组改造，在新一轮国有

① 胡锦涛：《高举中国特色社会主义伟大旗帜，为夺取全面建设小康社会新胜利而奋斗——在中国共产党第十七次全国代表大会上的报告》，2007年10月15日。

② 中华人民共和国：《中华人民共和国国民经济和社会发展第十一个五年规划纲要》，2006年3月16日。

资产改组过程中，对部分行业的国营企业进行合资和并购。

（三）积极实施“走出去”战略

“十一五”规划强调，“支持有条件的企业对外直接投资和跨国经营。以优势产业为重点，引导企业开展境外加工贸易，促进产品原产地多元化。通过跨国并购、参股、上市、重组联合等方式，培育和发展我国的跨国公司。按照优势互补、平等互利的原则扩大境外资源合作开发。”[①] 目前，适逢全球产业新一轮大转移以及高新技术产业跨国公司进行全球新一轮价值链与供应链布局的机遇，中国是这两轮转移的重要目标地，这为上海探索实施“双承接”提供了良好条件，也为上海吸收跨国公司先进技术、管理方法和管理理念，培育本土跨国公司提供了难得的战略机遇。因此，上海必须把握国际投资新增长周期所赋予我们的这两大机遇，实现企业国际竞争力的再提升。具体来说，就是要以提升技术吸收能力为原则，发挥外资的技术溢出效应；以加强自主品牌、自主知识产权和自主营销为原则，引导企业增强综合竞争力；以互利共赢为原则，引导国内企业同世界跨国公司开展多种形式的合作；以实现发展互动为原则，支持有条件的企业对外直接投资和实施全球化经营。

（四）在对外开放中不断提升自主创新的能力

上海要全面贯彻落实党的十七大精神，以科学发展观为指导，以加快实现“四个率先”和建设“四个中心”为目标，不断扩大利用外资的规模，优化利用外资的结构，创新利用外资的方

---

① 中华人民共和国：《中华人民共和国国民经济和社会发展第十一个五年规划纲要》，2006年3月16日。

式，通过引进、模仿、消化吸收和再创新等方式，对引进跨国公司的先进技术进行二次开发，以自主创新提升国内的产业技术发展水平；进一步提高外资在上海城市创新体系中的作用，在实践中不断拓宽上海对外开放的广度和深度。同时，坚持“引进来”与“走出去”相结合，在党中央“互利共赢开放战略”的指引下，加快培育本土的跨国公司，打造我们自己的国际知名品牌，鼓励和支持有条件的企业以多种形式“走出去”，实施企业国际竞争力的再提升，形成上海外经贸国际竞争的新优势、新格局。

融入·回望·互动[*]

——日本新华侨华人群体跨国关系研究

吴前进[*]

内容提要： 本文以国际关系研究中的跨国关系理论为脉络，以日本新华侨华人群体为视点，探讨在民族主义和跨国主义互为激荡的背景中，移民之于民族国家关系走向呈现一种怎样状态和趋势？他们的心理认同和家国情感在何种程度上传达出时代信息和个人追求？全文以融入、回望和互动三个层次说明新华侨华人群体之于居住国、祖籍国以及双边互动中的不同心理趋向、行为选择和动态进程。文章认为，作为全球化时代独立于（祖籍国）民族国家控制之外的跨国行为体之一，新华侨华人群体的行为目标、关系倾向和利益追求，折射出

* 本项研究受“上海市浦江人才计划”资助。本文为提交暨南大学、俄亥俄大学联合举办的“第四届海外华人研究与文献收藏机构国际会议”（2009 年 5 月 9 日—11 日）论文。

* 吴前进，上海社会科学院亚洲太平洋研究所研究员。

国家利益、地区安全的现实推动，正在重新把移民群体和国家关系凝聚并提升到一个新阶段——双边友好与地区稳定需要跨国行为体的民间推动。

一、引言

21世纪以来，随着全球化进程深入，民族国家虽构成国际关系主要研究对象和国际社会重要行为主体，但民族国家及其行为不再构成当今国际社会发展的全部内容。① 更多学者认识到，跨国互动的深入和跨国关系的多元，令跨国移民在国际社会中的作用日益瞩目。

在现有国际关系研究中，根据行为主体不同，一国对外关系可分为两方面：一是国家间关系，包括本国政府与外国政府关系及本国政府与政府间国际组织关系；二是跨国关系，指"越过国家边界有规律的互动，至少一方为非国家代理人或不代表国家政府或政府间国际组织的运作。"② 如今，跨国关系构成国家对外关系中具有战略意义的内容，即多个国家利益的存在、多个政府控制的现实，才有了其他行为主体特殊利益和相对独立性存在的必要。③ 跨国关系发展成为当代国际体系根本特点之一。在这种跨国关系中，跨国公司、国际非政府组织均为跨国关系制度化的

---

① 苏长和：《非国家行为体与当代国际政治》，《欧洲》1998年第1期，第4页。

② Thomas Risse-Kappen, "Bringing Transnational Relations back in: Introduction," Thomas Risse-Kappen, *Bringing Transnational Relations back in: Non-states Actors, Domestic Structures and International Institutions*. Cambridge University Press, 1995, p. 3. 引自辛平：《跨国关系与国家大战略》，《教学与研究》2005年第9期，第67页。

③ 辛平：《跨国关系与国家大战略》，《教学与研究》2005年第9期，第70页。

最高形式。[①] 相对而言，由国际移民运动构成的跨国关系以及随之而来的社会运动，则处于跨国关系制度化的最低形式。换言之，经济和权力资源的不足与缺乏，导致移民族群共同体未能在居住国、祖籍国以及全球发展出具有宏大责任目标或特定号召力和相应影响力的跨国界社会组织。[②] 因此在全球移民时代，拥有双文化或多文化背景的跨国移民，如何在国家利益和地区关系格局中，推进人类共同价值观的落实，发挥族群共同体的责任，愈益为政府、媒体和学界人士所关注。

本文以日本新华侨华人群体[③]为视点，以国际关系研究中的“跨国关系”为脉络，探讨在民族主义和跨国主义互为激荡的背景中，移民群体之于民族国家关系走向呈现一种怎样状态和趋势。他们的心理认同和家国情感在何种程度上传达出时代信息和个人追求。进而言之，作为族群共同体或认知共同体，他们如何实践跨国关系，并在此过程中体现移民族群（跨国行

---

① Thomas Risse-Kappen, “Bringing Transnational Relations back in: Introduction,” Thomas Risse-Kappen, *Bringing Transnational Relations back in: Non-states Actors, Domestic Structures and International Institutions*. Cambridge University Press, 1995, p. 10. 引自辛平：《跨国关系与国家大战略》，《教学与研究》2005 年第 9 期，第 67 页。

② 虽然非正式的移民跨国网络和全球宗亲组织已然成形，但就其制度化形式而言，其能够发挥的影响和作用依然有限。

③ 此处的日本新华侨华人群体，指各类合法的赴日学习、结婚和居留的中国大陆人士，包括尚未获得居留身份的留学生（潜在的新华侨华人）和已获得合法居留资格的新华侨华人。需要指出的是，海外留学生群体，可能在学业结束后，留居当地国，成为新华侨华人；也可能在学业结束后，返回祖国。正因为留学生群体未来选择的不确定性，故在行文上，时而把他们并入到新华侨华人群体的概念中，视作新华侨华人的一部分；时而又予以单独分列，把他们视作一个相对独立的海外中国人群体。这一点，请读者留意二者的合用与分别。

为体[1]）的角色作用，成为全文关注所在。本项研究以融入、回望和互动三个层次说明日本新华侨华人群体之于居住国、祖籍国以及双边（居住国—祖籍国）关系之间的心理趋向、行为选择和动态进程。籍此阐明，作为独立于（祖籍国）民族国家控制之外的跨国行为体之一，新华侨华人群体的行为目标、关系倾向和利益追求，折射出国家利益、地区安全的现实推动，正在重新把移民群体和国家关系凝聚并提升到一个新阶段——双边友好与地区稳定需要跨国移民的民间推动。

在阐述本文之前，需要厘清两个相关概念。

第一，“跨国移民”（Transnational Migration），跨国主义移民研究的一个主要术语，用于解释当代移民的跨边界现象以及移民个人和群体的社会互动。在这里，所谓“跨国主义”，指的是“移民形成与维系的多重的联结原籍地与定居地之间的社会关系的进程”。它强调当代移民建立了跨越地理、文化和政治边界的社会场（social fields）。跨国主义因此成为“将民族国家疆界之外的人民与机构连接起来的多重关系和互动”。[2] 20 世纪 90 年代

① “跨国行为体”（Transnational Actors），指独立于政府组织之外的由两个国家以上私人或私团体所组成的利益谋求者。其目标追求不包括取得国家政权和领土，其利益实现需要跨越国界。此项概念，将民族解放运动、跨政府联盟、政府间国际组织等非国家行为体排除在外。引自辛平：《跨国行为主体的概念辨析》，北京《国际关系学院学报》2005 年第 5 期，第 8 页。另，有关“跨国行为主体”与“非国家行为主体”（Non-state Actors）的概念辨析，参见苏长和：《非国家行为体与当代国际政治》，《欧洲》1998 年第 1 期，第 5—6 页。

② See Linda G. Basch, Nina Glick Schillier, and Christina Blanc-Szanton, *Nation Unbound: Transnational Projects, Post-colonial Predicaments, and De-terrirorialized Nation-States*. (Langhorne, PA: Gordon and Breach, 1994) p. 9; Alejandro Portes, Luis E. Guarnizo and Patricia Landolt, “The Study of Transnationalism: Pitfalls and Promise of an Emergent Research Field,” *Ethnic and Racial Studies*. Vol. 22, No. 2 (1999), pp. 217－237.

后，随着移民知识层次的普遍提高，现代交通和通讯技术的便利与发达，越来越多的移民倾向于在居住国从事有关祖籍国政治、经济、文化和社会的活动。对此，移民居住国政府和人民采取了较以往更为宽容的政策和态度，移民可以在融入居住国同时，保留祖籍国传统，且被允许在多种文化之间实现个人抱负和推进族群利益。跨国主义的移民研究由于适时解释了当代移民的跨国现象和互动特征而成为一种有用范式。跨国移民的概念因此成为全球化时代移民向往的一种身份目标。

第二，“跨国关系”（Transnational Relations），指不受中央决策机构控制的跨边界接触、联盟以及互动。[①] 跨国关系从属于民族国家体系，并与之互补，其主体通常为国际组织、跨国公司、革命运动组织、贸易联合会、科技网络、宗教组织、种族集团等。[②] 移民群体，当其作为跨国行为体之一时，指来自一个国家并与另一个国家的任何一个行为体或国际组织有关系的非政府行为体。[③] 其活动、目标，既可以在一国领土之内，也可以不局限于一国领土之内，特别在全球化时代，移民在居住国边界内或

---

① Josephy S. Nye, Jr., and Robert O. Keohane, “Transnational Relations and World Politics: An Introduction,” *International Organization*, Volume 25, No. 3 (Sum, 1971), p. 331. 引自季玲：《权力的含义与软权力理论》，秦亚青主编：《理性与国际合作：自由主义国际关系理论研究》，世界知识出版社，2008 年 1 月第 1 版，第 172 页。

② Robert Keohane and Joseph Nye (eds.), *Transnational Relations and World Politics*, Cambridge, MA., Harvard University Press, 1970，以及辛平：《跨国关系与国家大战略》，《教学与研究》2005 年第 9 期，第 71 页。

③ Peter Willetts, “*Transnational Actors and International Organizations in Global Politics*,” pp. 358—359; John Baylis, Steve Smith, “The Globalization of World Politics: An Introduction to International Relations,” (2nd edition) Oxford University Press, 2001, p. 376. 见辛平：《跨国行为主体的概念辨析》，《国际关系学院学报》2005 年第 5 期，第 6 页。

越过居住国边界，展开和从事有关促进祖籍国利益或影响祖籍国的目标活动时，其跨国的行为能力和关系特征便愈益鲜明；同样，移民回返祖籍国后维系并加强和原居住国的社会联系，从事和原居住国相关活动，其跨国关系的能力和特征也得以加强。在这种双向（移民居住国和移民祖籍国内外的）交互进程中，跨国移民和民族国家及其地区关系的时代特征由此奠定。

本文把移民研究与国际关系研究视域结合起来，用以说明全球化时代跨国移民的路径选择：融入（居住国）、回望（祖籍国）、互动（居住国—祖籍国之间）——既是移民个体和群体的心理脉动和行为取向，更是其实践跨国关系的逻辑前提和最终结果。日本新华侨华人群体为我们提供了这种共性中的典型性。

二、融入：跨国关系的实践前提

融入，就移民个人而言，属于一种积极主动的意识和作为；就移民接受国而言，属于主流社会实现社会团结的一种既定文化政策。20 世纪 80 年代中期后，以留学、探亲或就业等形式赴日，获得定住、永住居留权资格及入籍的新华侨华人构成融入日本社会的主体和对象。日本学者山下清海认为，日本的中国人（Chinese people in Japan），指华侨（Chinese sojourners）或在日中国人（Chinese people resident in Japan），可分四代：第一代截止到二战前。明治维新后，一批中国人以横滨、神户等为中心居住下来，构成初期的“老华侨”时代。第二代从二战结束后到中日邦交正常化。这个时候主要是旅居日本的台湾人时代，他们较易融入日本社会。与他们相比，广东人多居住在中华街。第三代从 1972 年到 20 世纪 80 年代中期。伴随着中日邦交正常化，一批优秀中国留学生来到日本。他们中许多人活跃在当今的日本学界、传媒界和经济界。第四代从20世纪80年代中期持续到现在，尤其是获取“研修生签证”到日语学校学习的中国研修生人数猛增。[①] 有学者认为，选择持有学生签证到日本留学是中国大陆赴日移民的主要策略。20世纪80年代，由中国留学生组成的日本华人移民网络开始形成并迅速扩展到中国各大城市，先有上海，后有北京，之后为东北的沈阳或大连，再之后为福建省。日本司法部移民局年度报告显示，1999年，在日中国人分布如下：41，041来自上海（15.1%），38，524来自台湾（14.2%），33，750来自黑龙江（12.4%），25，750来自辽宁（9.5%），23，554来自福建（8.7%），18，548来自北京（6.8%），以及17，522来自吉林（6.4%）。2003年的数据则显示，来自东北三省（黑龙江、辽宁和吉林）人数显著增加，占在日中国居留者36%，上海退居第二位，台湾居第五位，福建居第六位，广东则远在其后。至20世纪90年代中期，赴日的中国人已大部分在日本就业，75%为以前的留学生。这些在日就业的新华侨华人不断拓展职业活动空间，开设小型公司，为各种有需要的人士提供翻译服务，从中国招募技术工人或在中日之间提供婚介服务等等。更多的中等跨国企业则经常在两国之间从事商贸活动。对于这些华人跨国企业而言，日常生活空间不再是国家的，而是区域的。许多华人新移民给人印象是生活在中国和日本的跨国空间内。[②] 中

① 《在日新华人生存调查》，上海《东方早报》2008年5月6日。又，日本著名的华人问题研究者安井三吉教授曾感慨，若没有20世纪80年代新华侨的补充，日本华侨社会将渐趋式微，“华侨”一词也成“死语”。

② Hélène Le Bail，“ The New Chinese Immigration to Japan ：Between mobility and integration，” *China Perspectives*，No. 61，2005，http：//chinaperspectives. revues. org/document521. html.

日两国地理上的邻近，令新华侨华人更方便地穿梭于两地之间。他们的空间概念不断扩大，身份认同更趋灵活。尽管如此，作为居住国的外来移民和少数族群，他们仍然面临着以融入居住国为第一要务的社会化过程。本文依其融入程度，划为三个主要类别。

1. 基本融入者：留学生、新华侨华人中的大多数。据日本法务省入境管理局2007年5月统计显示，在日新华侨华人人口达70万（包括逾期滞留与非法入境者），其中90%为中国大陆改革开放后赴日的新华侨华人。① 同期，法务省入国管理局发表的外国人登录者统计表明，截至2006年底，在日外国人达208.5万人，占日本总人口1.63%。其中，中国人登录者达56.0741万人，比上一年增长7.9%。到2006年止，取得日本国籍的中国人总数达10.1073万人，加上非法滞留中国人（包括台湾人）3.4045万人，还有5208名文化意义上的中国人（归国残留孤儿），在日华人可统计人口首次突破70万大关，达70.1067万人。内中，稳定型定居人口持续增长，近40万人。② 一个以融入居住国社会为目标的华人移民社会初步形成，其标志是入籍和通婚人数大幅增加：(1) 新华侨入籍人数增多。新华侨和老华侨一个重要区别在于，国际和平大势与国家关系发展，决定了新华侨较之老华侨更愿意认同居住国政治身份，阐述作为移民归化

---

① 日本华人学者廖赤阳教授把在日中国人人口波动趋势归纳为以下阶段：从1959—1974年的15年间，人口基本持平，约为45000人。此为老华侨基本数字。其间的大变动是1972年中日建交，影响不少台湾系华侨选择“归化”日本国籍或无国籍。10年后的1984年，上升到近7万人，它构成新华侨预备军的留学、就学生开始进入日本的时期。泡沫经济最盛期的1988年首次突破10万大关，5年后突破20万，2000年度突破30万，2000年后突破40万。

② 《日本法务省统计显示：在日华人人口首次突破70万》，中国侨网，2007年5月25日。

族群的观点和主张。(2) 中日通婚新生儿人数增多。在中日通婚家庭中，女性占70%。1987年，中日婚姻新生儿仅1010人，但自1987年到2001年统计总数已达38927人，2006年达60779人。[①] 政治身份的承认和文化意义的接纳，无疑成为移民融入居住国的切实途径。它有助于两国民间关系的友好发展与深入。

2. 深度融入者：各行各业的专业人员和精英人士。新华侨华人，特别是专业技术人员、商贸经营人士和文化传媒工作者，他们从容优雅地散居在日本社会各个职业领域，赢得业界信任和社会敬重。他们在改变日本华人社会结构同时，改变着日本人对中国和中国人的偏见。在日新华侨华人中，大学毕业以上者占68%，属新型华人知识型群体。据统计，近年日本研究机构中华人人数猛增，由过去几百人上升到现在2000多人。[②] 在日本大学里任教授和副教授的华人有700人以上，华人开办的高科技企业超过500家。[③] 新华侨中除了一部分从事贸易和餐饮业外，绝大多数在公司就职或集中于教学与科研领域，且普遍拥有良好收入和稳定事业基础。[④] 据日本华文报抽样调查显示，定居华人中，收入在1000万日元以上者为12.1%，此类人士多为经营者、收入较高的大学教授、高级白领阶层等。家庭年收入在600万日元至999万日元的中等经济状况者，占新华侨华人大多数，他们均由大学教师、永住者和定居者构成。华人学者何彬教授曾

---

① 最近20年里，中日婚姻所生儿童数一直呈大幅增加趋势，2000年增加3953人，2001年增加3876人，2002年增加4199人，2003年增加3966人，2004年增加4383人，2005年为4430人，2006年为4874人。《调查显示：中日国际婚姻二十年所生子女突破六万》，日本，《中文导报》2007年10月11日。

② 《日本的华侨、华人概况》，《河北外事与侨务》2002年8月21日。

③ 《在日华人层次越来越高》，《环球时报》2005年4月5日。

④ 《在日华侨华人突破60万　很多人面临就业困难》，《环球时报》2005年1月7日。

根据新华侨华人在留资格、职业种类和生活形态，将其归纳为“文化型群体”和“经营型群体”两大类。所谓“文化型群体”，指在日本取得高学位的原中国留学人员，他们多半在学校、研究所或公司研究部门工作，属被雇佣性质。特点是：生活安定、居住分散、工作独立、收入中等。而“经营型群体”，指在日本各行各业中取得一定经济实力的新华侨华人。他们在居住国多半无留学经历，属自我雇佣型。其特征为：个体移动性频繁、区位集中性突出、团体互助性紧密、经济行为能力显著。① 如今这两大群体中多数人在教学、科研、传媒、经商、投资、捐赠等领域，致力于居住国和祖籍国之间互利合作，奠定并扩大着两国政府之间和人民之间友好往来的基础。他们属于跨国关系的实践主体。尤为突出的是，在这个群体中，人文和社会科学领域人才荟萃，② 当年赴日的中国留学生经过若干年学习、培训后留居当地，不断致力于文化担当的角色功用，如新华侨华人作者撰写出版的各类日文单行本，已达2000余册，发行的报刊杂志达40余种。此外，更有许多人精于气功、中医、武术、民乐、书法而深得日本各界人士喜爱和欣赏。专业技术人员和知识精英人士的多方融入，为两国民间关系的深入互动增添了血脉和活力。

3. 高度融入者：居住地社会名流和华人社团领袖。除了基本融入者和深度融入者之外，能够在日本社会发出声音，和当地政界、学界、商界和媒体人士对话的新华侨华人就属高度融入者

① 何彬：《生活表象与文化认同——日本新华侨华人群体试析》，《中山大学学报》（社会科学版）2007年第3期，第13—18页。

② 赴日本留学的中国学生，学习技术的比例极低，主要偏重于文科。据2004年法务省调查，中国留学生达9万人，其中，理科比例不到40%。从中国留学生在日本企业就职的工种比例看，有将近70%偏重于文科。《日本教授解读：日本留不住中国留学生的缘由》，时事网，http://www.zhoucc.com/news，2006年10月27日。

了。这些人士包括社团领袖、学界精英和华商阶层，他们凭借个人影响、社会地位，能够在中日之间，代表华人社会与祖籍国、居住国政府互动，适时地表达华人族群对于国家政策的看法和建言，深受祖籍国政府和居住国政府重视。其突出例子是“日本华人教授会议”[①] 的学者，他们在中日两国政府间的智囊作用被赋予许多期待。在此之外，华人社团领袖则担当起整合和团结华人社会的作用。2003 年 5 月“留日华侨联合总会”改名“日本华侨华人联合总会”。同年 9 月，象征着新、老华侨社会进一步整合的“日本新华侨华人会”宣告成立，它标志着日本华人社会的团结进入了一个新时期。与此同时，华社领袖和华商人士通常是祖籍国政府领导人和各类经贸代表团到访时的欢迎组织者和商贸洽谈者。尽管这些高度融入者在日本华人社会中人数有限，但作为和影响却与日俱增。近年来，随着新华侨华人人数增多，华社领袖在推动华人社团更新和壮大方面，作用彰显。至于新华商，则看准了中日两国经贸发展的有利时机，不断加强相互间的投资和贸易。目前日本中华总商会的 230 多家会员企业中，约 70% 为中国改革开放后赴日的新华侨创办。总商会中所有会员企业都和中国有着千丝万缕的经贸联系。[②] 2007 年第九届世界华商大会在日本举行，标志着借助中国发展而崛起的新华商正在为日本华人经济开出一片新天地。

① “日本华人教授会议”，2003 年 1 月 26 日在东京成立。目的在于促进日本华侨华人教授、学者之间的交流，提升学术研究水平；提高华侨华人在日本社会的地位，维护其正当权利；通过广泛学术交流，为中国发展，为海峡两岸相互理解和最终统一做贡献；与日本各界广泛交流，促进中日友好和信赖关系；与各国各地区的学术和文化界广泛对话，从全球化的视点出发，做出新的学术文化创造。大会推东洋学园大学朱建荣教授为会议代表。《日本华人教授会议在东京成立》，《华声报》2003 年 1 月 30 日。

② 《舞蹈一生 颜安：在日华商的“领舞者”》，《四川日报》2008 年 10 月 19 日。

上述三个类别互有交叉，特别就深度融入者和高度融入者而言，他们本身亦属于基本融入者范畴，只是基于专业地位和社会声望缘故，决定了他们和日本各阶层的互动更深入、更有影响而予以突出分类。此外，深度融入者和高度融入者在某些层面上也有涵义迭加的成分。笔者之所以把日本华侨华人社会复杂多样的融入过程予以简单的模式区划，目的在于把握移民融入居住国的大体类型和基本结构，借此说明，移民融入的深浅固然决定他们实践跨国关系的能力和范围，但更重要的是，无论这种实践能力是强或弱。范围是大或小，都是移民各阶层之于居住国和祖籍国关系互动的必然反应，是跨国移民时代的总体特征。

二、回望：跨国关系的自然依归

回望，乃新华侨华人之于祖籍国情感依归的自然之态。它包含三种心理成分和行为取向：（1）感情上依恋，此为华侨华人社会整体状况。举凡有关过往中国的一切经验都会成为移民们的域外怀想，尤其表现在文化行为和生活方式上，他们是跨国关系的文化体验者。（2）批判性省察，此为华人知识精英的观念体悟。即以居住国或西方价值标准衡量和评价中国政府政策和民间现象，同时又以当地或西方话语体系传递中国历史观念和文化价值。他们属于把握各方观点并及时阐述个人主张的新锐者，是跨国关系的政治实践者。（3）惠助性介入，此为华人社会各阶层的集体反馈。即凭借拥有的科技资本、文化资本、社会资本和经济资本，华人社会各阶层在祖籍国有需要时候，随时反馈并贡献个人的智力和财力，这是历史上华侨华人与祖籍国的传统感情和行为方式。他们是跨国关系的身体力行者。故此，跨国行为体的种种回望之举，无论是文化怀想者、体验者，还是制度维护者、分析者和批判者，亦或经济、科技和文化的贡献者与反馈者，新华侨华人都在以各自方式接续起个人与祖籍国方方面面的联系。移民的跨国活动和跨国关系由此形成。

1. 情感性依恋，维系移民和祖籍国的现实脉动。侨校、侨报和侨社，是华人社会传统“三宝”，尤其是侨校和侨报因负有文化传承和传播功能而在华人社会中拥有广泛影响力。在新的历史条件下，侨校的教学方式和侨报的形式内容都发生了显著改变，但惟一不变的是，传承、传播中华文明的使命依然如故。正因此，华侨华人对于中华文化教育念兹在兹，永不言弃。如今，在日华侨华人总数已达70多万人，其中中国国籍的中小学适龄儿童人数为2.4万人，但可实施全日制教育的华文学校[①]仍为50年前的5所[②]，就读总人数约2000人。也就是说，适龄儿童的92%（京滨地区为88%）没有能够在华文学校就读，华侨华人子女教育问题成为在日新华侨华人的一个最大忧虑。21世纪初

① 日本政府没有在法律上承认华文学校的合法地位。全日制华文学校同其他在日外国人学校一样，未被纳入日本义务教育体系，仅属一般职业学校（如烹饪、保育、美容等）。故此，学校法律地位、学历等得不到承认，学校在教育补助、学生升学、纳税等方面无法享受与日本学校同等待遇。虽然华文学校的教学质量在当地学校中属中上水平，但难有较大发展。自2003年起，日本教育主管部门文部科学省开始承认欧、美系全日制学校学历，但亚洲系（中国、韩国和朝鲜为主）学校的处境未有改善。学校资格成为阻碍学校发展的瓶颈。《恐吓日本华侨学校男子被警方抓捕归案》，《法制晚报》2005年7月27日。

② 由于历史原因，目前日本的5所华文学校，分为“大陆系”和“台湾系”，其教育方针、教学大纲、选用课本都大相径庭，给学生造成很大困惑。这5所全日制华文学校包括：横滨山手中华学校、神户中华同文学校、东京中华学校、横滨中华学院及大阪中华学校。其中，横滨山手中华学校、神户中华同文学校，属大陆背景；其余3所，由台湾“教育部”控制。

以来，一些在日新华侨华人为了他们在日本出生的孩子能够不忘中华文化的根本，也为了增强孩子们今后的竞争力，开始送子女回中国接受教育。[①] 可事实上回中国学习的孩子毕竟不会太多。[②] 大多数新华侨华人子女需要通过居住国的华文教育来完成他们早年阶段的语言和文化学习。对此，华人社团领袖也在从各个渠道寻求对应之策和解决之道。相对日本华文学校教育的艰难而言，华文媒体在旅日新华侨华人的努力下得以持续扩展。过去日本华文报刊以月报为主，现今则发展到以周报、双周报为主，还出现了每周发行5次的日刊大报，华文报刊版面也得以扩展，《中文导报》以每周对开32版发行，这在日本华文新闻史上前所未有。在内容方面，华文报刊已由过去帮助中国人适应日本生活的信息报刊发展为反映中日两国政治、经济、文化、社会等多方面情况的综合性报纸。[③] 侨校、侨报，作为承担移民故国之思和家园之念的文化载体，在跨国移民时代依然有其生生不息的社会功能。它寄托和承载着海外游子的内心眷恋和回望梦想！

2. 批判性省察，表达沟通中日双方的新主张。海外的华裔教授和知识精英，在面对有关中国的知识时，会形成新的省思和判别。石之瑜教授把这类中国身份的海外中国研究者在面对不同

---

① 其主要类型有二：一为回中国读高中，之后再回日本上大学；二为在日高中毕业后或高中时期回中国，参加留学生考试以进入名校读书。《教育国际化吸引在日华人子女“回国留学”》，http：//www.eol.cn，国际在线，2006年6月9日。

② 2003年，留学中国的日本学生为1.3万人，此中，华人子弟占10%。《汉语崛起：10年内必学2050占互联网语文40%》，http：//www.66wz.com，2004年9月7日。

③ 目前在日本发行的华文报纸（包含周报、月报、半月报、旬报）约有30家，其中最大三家为《中文导报》、《东方时报》和《华人周报》。另有杂志10余家、电子杂志6家、有线电视台3家。这些媒体由当地华人自行兴办，没有政府背景介入。段跃中：《日本华文媒体进入“战国时代”》，金羊网，2005年8月23日。

对话群体时产生的焦虑和不安予以了揭示。他认为，中国身份的海外中国研究者有两个对话对象：一是他们在居住国的同行专家、政府官员、媒体人士和普通民众；另一是他们在祖籍国的圈内人士、政府官员、媒体人士和诸多乡亲。这些海外知识精英游移在不同社会角色之间所造成的知识内涵差异，导致了他们重新省察自己的中国知识和生活实践。[①] 20世纪末期赴日学习后就业的日本华裔教授和知识精英在有关中国知识方面同样遭遇了困境与反省，特别在进入21世纪后，中日关系一再面对困顿压抑局面时，在日华裔精英作为独立于祖籍国控制之外的移民个人，正在有意识地摆脱固有立场和思维限制，自觉地以华人“知日派”身份为中日双方沟通与交流做贡献。所谓“知日派”，按段跃中博士[②]的理解是，以日本人的思维方式、语言方式，表达中国政府和人民的立场和观点，与日本政府人士和各界人民进行直接有效的沟通和交流。为此，在日新华侨华人借助电视、广播、报纸和网络等现代传媒，主动阐述有关中日关系的各自关切和共同利益。在此过程中，新华侨华人寄望中国政府的是：对“活跃在日本，以促进中日交流、改善中日关系为己任的积极分子，多一些理解和支持，特别是对于他们发自日本的自由言论，多一些重视和采纳。”[③] 此言可视作华人知识精英之于中日关系的体悟和对中国政府的谏言。

3. 惠助性介入，连接移民和祖籍国之间互动。生活在海外

---

① 石之瑜：《中国知识的归类：脉络的拼凑、累读与开展》，石之瑜：《社会科学知识新论——文化研究立场十评》，北京大学出版社，2005年11月第1版，第159—160页。

② 段跃中博士，旅日华侨，曾任中国青年报记者、编辑。1991年赴日自费留学，获新泻大学博士学位。目前为日中交流研究所所长，《日本侨报》出版社总编辑。

③ 段跃中：《旅日华人“知日派”的作用：创对日宣传新局面》，日本《中文导报》2005年7月29日。

的留学生和新华侨华人与故乡的联系，除了日常生活中（返回祖籍地、和亲人通讯、汇款等）的情感表达外，更有实际行动来促成故国之念的转化和落实。这方面，以祖籍国关怀和利益为旨归的社团组织担当了主要角色。如，1996 年“全日本中国人博士协会”在东京成立后，就参与中国科学技术政策的起案和中国高新科学技术的开发，为中日两国科技研究和学术交流建立平台。在中国成为 WTO 正式成员前，日本中国人博士协会在东京举办首届“中国入世与中日经贸关系国际论坛”，讨论利用 WTO 的各种规章制度为中国经济建设服务。他们还经常回中国各地大学和研究机构兼职或做短期访问讲学，以支持中国科学技术研究发展。与此类似的还有“支援中国东北振兴委员会”①。这种透过人员往来、技术交流和知识贡献的跨国活动在连接移民和祖籍国关系时所表达的个人关怀、群体自觉和责任意识，凸显了当今跨国华人的集体作为和价值取向。

4. 选择性回归，扩展个人和社会的跨国资本②。中国经济近年的迅速发展，吸引着海外留学生逐渐回国，尤其从日本学成回国的博士超过从美、英、法、德、俄等国家学成回国博士的总和，成为国家建设的一支重要力量。据中国大使馆教育处资料显

---

① 2004 年 3 月 16 日，旅日新华侨华人会在东京成立“支持中国东北振兴委员会”，以实际行动支援中国振兴东北老工业基地的发展战略。他们还组成第一个支持东北振兴考察团，直接为故国发展出谋献策。

② “跨国资本”（transnational capital），指移民通过他们在海外的时间跨度、增值于个人人力资本的价值。这种价值包括海外知识、技术、网络和资源，所有这一切相对于那些不曾出国的人而言，海外经历者无疑具有特别的优势和能力。有关跨国资本的测量，涉及海外教育背景，即获得海外博士或硕士学位，以及国内博士但在海外从事博士后研究，或短期的海外培训项目等。Wilfried R. Vanhonacker，David Zweig and Siu Fung Chung，“*Transnational or Social Capital? Returnee Versus Local Entrepreneurs*，” Center on China's Transnational Relations，Working Paper No. 7，The Hong Kong University of Science and Technology，Revised：May 2005.

示，2000年，在东京开具留学回国人员证明数为1335份，2003年达到1945份，比2000年增长了45%。2004年，到中国驻日本使领馆办理回国工作手续者超过5000人。[①] 2005年2月初《日本经济新闻》调查表明，在日中国留学生中，毕业后想回国者占总人数40%以上，这一比例属历年最高。[②] 据不完全统计，在日本完成学业后回国的留学人员至少超过3万人。现在，每年在海外取得博士学位并返回中国工作的留学人员约有6000人，内中从日本归国者占总数50%。[③] 这些归国学人中的一部分会选择有日本背景的公司和企业工作，或直接从事双边经贸活动；另一部分会开办或任教语言学校，致力于日语教学和人才培养；还有一部分会到大学或研究所从事日本问题研究。所有这些与留学背景相关的职业选择，决定了他们自动担当起跨国关系的沟通者和维护者的角色。海外经历和跨国资本对于回归者的重要性不言而喻。知识、技术、资金和关系都是由人带回来的。跨国资本加强了个人与企业的工作绩效。许多现实的例子验证了这一假设。[④]

纵观来看，回望之于新华侨华人群体有一个起承转合过程：一方面，华侨华人只有在抵达居住国之后，才有充分理由回望，无论是文化情感，政治判别，还是社会贡献，只有在他们历经居住国生活历练之后，才可能体悟和反省内心的故国之思；另一方

---

① 《在日华侨华人突破60万 很多人面临就业困难》，《环球时报》2005年1月7日。

② 《在日中国留学生纷纷选择回国》，《环球时报》2005年3月28日。

③ 《中日互派留学生已达25万 三万留日中国学生回国》，《世界新闻报》2007年12月19日。

④ Wilfried R. Vanhonacker, David Zweig and Siu Fung Chung, "*Transnational or Social Capital? Returnee Versus Local Entrepreneurs*," Center on China's Transnational Relations, Working Paper No. 7, The Hong Kong University of Science and Technology, Revised: May 2005.

面，这种落地之后的随时回望，游走之间的不时回望，反映在行为趋向上是，故乡作为他们的根源地和出发地，是他们在海外奋斗和发展的原动力。所有的反馈和贡献都是为了实践移民心中永远的梦——个人成就、社会奉献和国家认同，构成第一代跨国移民的价值取向和情感归宿。

三、互动：跨国关系的利益追求

1972 年中日实现邦交正常化后，两国的经贸合作和文化、科技交流得到了全面发展。20 世纪 70 年代末期以后，随着中国的改革开放，一大批年轻人以各种名义赴日留学，开启了中日民间交往的新时代。此时，日本人民对于赴日的中国留学生印象良好，态度友善，但自 90 年代起，由于新到的留学生犯罪率上升，媒体报道中的负面因素增加，严重影响到当地人民对于中国赴日留学生的看法。进入 21 世纪，日本首相小泉纯一郎上任后，多次参拜靖国神社，极大地伤害了中国人民乃至亚洲各国受害人民的感情，中日关系受到重大损害。此后，日本方面在教科书问题、台湾问题、东海划界问题，以及“中国威胁论”等一系列议题上，一再令两国关系（官方和民间）陷入低潮。在这个过程中，中国方面即使在中日政治关系最为低谷的时期，即使在国内民族主义情绪上升的情况下，仍对民意加以疏导，及时化解各种民间的敌对情绪。正因此，尽快改善双边关系，推动中日友好，构成中国政府对日政策的基本态度。[①] 2006 年 10 月，中国国家

① 张智新：《民族主义、官民互动与中日关系》，《学习时报》，http://www.studytimes.com.cn，2006 年 12 月 18 日。

主席胡锦涛对到访的安倍首相提出了处理和发展中日关系的四项主张，[1] 处于低迷时期的中日关系开始向新的方向发展。

毋庸讳言，中日两国关系的暗流，既有日本“走入战后、建设正常国家”的转型需要，也有中国改革开放以来出现的消极和积极因素影响所致。[2] 2008 年 12 月 6 日，日本内阁发表了外交舆论调查结果，显示大多数日本人对中国没有好感，认为中日关系不好的达 66.6%，此比例创下历史最高。调查中，“对中国有好感”的日本人只有 31.8%，较 2007 年下降 2.2%，创 1978 年调查以来的最低点。而回答“没有好感”者则比 2007 年增长 3.1%，以 66.6%达到历史最高。另外，有 71.9%的调查对象认为，当前日中关系“不好”，较上次调查增加 3.9%，同样成为历史最高值；认为双方关系“良好”者减少 2.7%至 23.7%。而

---

① 2006 年 10 月 8 日，中国国家主席胡锦涛在会见日本首相安倍晋三时说，实现中日关系长期健康稳定发展需要从多方面着手。首先，要加强政治互信。要恪守《中日联合声明》等三个政治文件的原则。本着“以史为鉴、面向未来”的精神，正确认识和对待历史问题。不再发生伤害战争受害国人民感情的事。坚持一个中国原则，妥善处理台湾问题。不断巩固和加强两国关系的政治基础。其次，要深化互利合作。采取切实措施，扩大双方在贸易、投资、科技等领域的合作，尤其要加强能源、环保、信息通信技术、金融等领域的合作，实现互利互惠、共同发展。第三，要扩大人员交往。进一步加强两国政府、议会、政党、团体、文教、青年等方面的往来与合作，不断增进两国人民的了解和友好感情。第四，要加强两国在地区和国际事务中的沟通与协调，共同构筑全方位、宽领域、多层次的中日友好和互利合作的新格局。《胡锦涛会见安倍 就中日关系健康发展提 4 项主张》，新华网 2006 年 10 月 8 日。

② 从中、日两国实力对比看，自改革开放政策全方位实施以来，中国综合国力持续增长，而 20 世纪 90 年代却是日本“失去的十年”。当前，中国在东亚的战略地位、对国际资本的吸引力、在东亚地区的影响力乃至东亚对中国经济的需求都在逐步增强。但日本却相反，泡沫经济破碎后，日本经济至今难见起色，潜在竞争力大幅下降。据推算，在经合组织及亚洲的 31 个国家中，日本在上世纪 80 年代的潜在竞争力居第四位，2000 年下降到第 16 位，2002 年又下降到第 17 位。这样，“中国威胁论”在日本政界少数人中就很有市场，参与遏制中国成为其对华政策的一部分。韦弦：《中日关系要与时俱进》，新加坡《联合早报》2003 年 6 月 10 日。

对中国的好感度在1980年达到最高峰78.6%，之后一直下降。共同社指出，尽管日中两国正以“战略互惠”改善关系，但日本一般市民的对华好感度没有上升。有分析认为，造成这种情况的根本原因在于日本政治和舆论的右倾化。虽然日本右翼并非主流，但他们中一些人在政界和民间有不小影响，迫使政府和舆论“向右转”，进而影响到官方立场和民间态度。[①] 此外，2008年在日本发生的“中国产饺子致人中毒事件”等中国食品安全问题同样影响到日本国民的对华态度。该次调查于2008年10月以日本各地3000名成人男女为对象实施，回答率为60.9%。[②] 中日官方关系和民间关系显然都面临沉重困境。

值得指出的是，中日两国政治互信陷入低潮时，双方的民间合作、贸易投资仍保持强劲势头。中日关系36年来（1972—2008年），人员交流从每年不足千人到超过480万人次（2006年），经贸往来从11亿美元到2360.2亿美元（2007年），对华实际投资累计金额为607.8亿美元（截至2007年10月）。日本是中国的第三大贸易伙伴和第二大外资来源国。[③] 这种积极态势表明，民间互动支撑着中日关系不断向前发展。此中，既有政府之间的理解与合作，也有国民之间的了解和信任。中日之间的友好发展仍是两国关系的主流。而在日留学生和新华侨华人在促进祖籍国和居住国官方关系改善和民间态度转变等方面，无疑具有更为独特的作用。

1. 促进中日民间交流，新华侨华人责无旁贷。“中日友好，

---

① 《日本人到底怎么看中国》，《环球时报》2007年3月17日。

② 《民调：日本人反华情绪创新高》，星岛环球网，2008年12月7日。

③ 日本拓殖大学教授王曙光：《我看中日关系35年》，在上海社会科学院的讲演，2007年2月6日。又，见李光辉：《在曲折中前行的中日经贸关系》，原载《中国金融》，引自新华网，2008年5月4日。

归根结底是民间友好。”1996年，段跃中博士创立了《日本侨报社》，致力于推进中日间的友好工作。为此，透过《侨报社》，他推出了一系列书籍。如，与日本右派势力抗争，为日本社会留下真实历史的“8·15”[①]系列图书；为中日人民之间友谊作记录的图书；改变日本官僚对在日中国人偏见的图书；向日本人介绍如何与中国人打交道的图书；以及向日本主流社会推介新华侨华人学者学术成果的图书。[②] 2005年，侨报社设立了日中交流研究所，专门集结两国优秀青年研究者，就中日交流展开切磋，并举办“中国人日语作文比赛”和“日本人汉语作文比赛”，增强青少年间的相互了解。[③] 2007年，为了帮助日本年轻人和在日华人子弟学习汉语，段博士在东京西池袋公园创办了“星期日汉语角”。[④] 此举受到中国留学生的认同和支持，他们主动前往担任志愿者，旨在以行动帮助日本年轻人了解中国文化，认识中国社会。

除个人推动之外，华人社团的工作值得瞩目。2001年7月14日，日本华人教科书问题思考会（现改名为亚洲历史问题恳

---

① 1945年8月15日，日本宣布无条件投降纪念日。每年这一天，在供奉着东条英机等14名甲级战犯的东京靖国神社内，一些日本右翼分子会前往参拜。对此，2000年始，作为“日本侨报”负责人，段跃中博士在每年的8月15日都会顶住日本右翼集团压力，出版“8·15”系列图书，意在揭露日本侵华历史真相，教育日本年轻一代。他希望此举能够对日中交流有所推动和帮助，能够用事实唤起日本人的良知。《中日间存在“相互不信”的基础——专访日中交流研究所所长、日本侨报出版社总编辑段跃中博士》，《新快报》2005年8月23日。

② 段跃中：《为促进中日两国的相互理解而努力——2007年世界华文传媒大会上的发言》，《日本侨报》2007年12月，第114号。第18页。

③ 段跃中：《为促进中日两国的相互理解而努力——2007年世界华文传媒大会上的发言》，《日本侨报》2007年12月，第114号。第18页。

④ 《在日华人教授谈中国留学生问题和中日教育的差异》，人民网日本版，2008年2月20日。

谈会）在东京成立。思考会宗旨是反对日本右翼势力美化侵略战争，敦促日本政府正视历史。主要发起人之一的朱建荣教授认为，正确认识历史问题构成日本同亚洲邻国保持友好关系的基础。① 早在2001年4月，日本新历史教科书出笼之际，旅日华人学者即在早稻田大学举行学术讨论会，针对新历史教科书的错误，阐明看法。会后论文汇编出版，反响甚巨。四年之后，日本历史教科书问题再次浮现，旅日华人学者亦再次在电视上展开辩论，其高度理性的认知水平受到日本国民的广泛好评。同时，针对石原慎太郎等人的反华、反在日中国人言论，旅日华侨学者撰写了《致石原慎太郎君的公开信》，用中日两种语言对译形式出版。日本读者看后，深感心悦诚服。石原看完此书，也复信作者。这种摆事实、讲道理的对话和交流，对于澄清日本国民的认识误区，纠正右翼分子混淆言论，维护中日关系发展大局，具有重要意义。② 跨国华人与国家关系、民间关系和地区稳定的意义于此凸显——为民族大义、国家正义和东亚稳定，体现跨国移民的时代价值和利益追求。

2. 促进中日关系改善，新华侨华人有所作为。2003年1月26日成立的日本华人教授会议，在政界、学界和媒体眼里是一个有助于加强两国高层沟通和了解且具有独特价值的社团。《朝日新闻》发表文章介绍“日本华人教授会”时说，日本华人教授会代表在上海经济界以及北京政府机构都有熟人。

---

① 2001年4月3日，日本文部科学省批准了在“新历史教科书编撰会”主导下编写的初中历史教科书，内中充斥宣扬皇国史观、美化侵略战争和殖民统治、蔑视亚洲、敌视中国等内容，严重伤害了韩国、中国等邻近国家和地区人民的感情。面对这种事态，日本华人学者决定组成教科书思考会，与日本各界有识之士携手阻止这一倒行逆施的发展。《日本华人教科书问题思考会在东京成立》，人民网，2001年7月15日。

② 日本《中文导报》2005年7月29日。

对于小泉参拜靖国神社，中国当局心里想什么，要做什么，都了如指掌。

2007年1月29日，笔者在东京拜会日本华人教授协会一位非常出色学者时，他就此解释说："华人教授会议工作主要是：第一，致力于文化交流，如在中国举办日语会话演讲比赛，优胜者可获得日本大学奖学金赴日学习，同时也在日本开设中国语演讲和写作，促进两国青年之间交流和学习。第二，经济上，给日本政界讲解有关中国金融政策和经济形势分析报告，便于日本政府了解中国经济最新发展动态。第三，政治上，给两国政府领导人提供决策咨询，以有利于双方关系发展。如温家宝总理访日，大使馆专门邀请学者提供意见。"至于外界对他们所作所为的一些误解，称其是中国政府的第三管道或民间表达方式。他纠正道："我们只是在做学者应该做的事情。"但很明显，新华侨华人的作为得到了中国政府的肯定和支持。确切地说，不仅中国政府对于这些华人精英予以期待和重视，日本政府对于这些华人精英也高度倚重。2007年12月27日上午，即将启程访华的福田康夫首相专门会见"教授会"12名代表，显示他对日中关系的重视以及对华人教授会议的信任。[①] 的确，新华侨华人学者早年的中国背景和当下的日本环境，有助于他们在学术思考和政策提供方面产生综合优势和研判自信，他们乐意在居住国扮演沟通中日双方的角色，特别当他们面对不同对话群体时，这种内在自信使他们意识到，海外身份的优势有助于落实作为跨国移民的功用——服务于中日两国的共同利益。同样，许多华人学者也在大学讲坛上，以

① 《福田康夫会见在日华人教授代表 对访华充满期待》，新华网，2007年12月28日。

其专业精神、渊博知识，表达致力于中日友好的历史情怀和现实关切，从而赢得两国年轻学子的敬意和爱戴，许多学生因此表示要做中日友好关系的使者，而不是相反。因此，“运用移民的跨国力量为国家战略目标服务，从而加强各自国家在国际体系中的竞争实力，正在成为各移民输出国和接受国的实际选择。”① 移民跨国力量之于国家关系的积极效果正在显现。

作为跨国关系的实践者和推进者，新华侨华人既感悟到国家力量之于移民的决定作用，又意识到移民力量反馈于居住国和祖籍国双方的能动作用。故而他们以两种文化承载者的身份，在多个领域、不同场合，塑造着在日新华侨华人之于国家关系和地区关系的现实功用——站在居住国和祖籍国共同利益的立场上，去促成人类共同价值观的推进和落实，从而为地区稳定与持久和平显示跨国行为体的目标追求和利益选择。

四、结语

值此全球移民时代，落地生根和落叶归根虽不再构成移民运动的主要目标和最后结果，却依然成为移民进程的一个重要选项，哪怕是经过不断移民和再移民之后，大多数人仍会在“此地”与“彼地”之间做出取舍，或落脚居住国或回归祖籍国，了却心中梦想。故而，在不断的跨国迁移中，全球化时代的移民，会“从心出发”（把家乡情怀、国家认同蕴含心中），随时调整和变更人生旅途的终极梦想而不舍故国之念，无论为生存，还是为发展，跨国移民的第一代历来备受两种或多种文

① 辛平：《跨国关系与国家大战略》，《教学与研究》2005年第9期，第71页。

化的煎熬而勇敢地做出符合时代的选择——家在心中，因梦而动；国在念中，因时而为。中国的发展、东亚的稳定、地区的合作，需要跨国移民在居住国和祖籍国的多重作用下推展民间作为的可能途径。

会议综述 · 书评

“国际体系转型与中国的国际责任”研讨会综述

苏　宁*

2008年12月16日，上海社会科学院世界经济研究所主办了“国际体系转型与中国的国际责任”研讨会。社科院世经所刘杰研究员主持了会议，上海外国语大学苏长和教授，复旦大学唐贤兴教授、信强教授，上海政法学院郭学堂教授，上海国际问题研究院副院长杨剑副研究员以及上海社科院伍贻康研究员、刘鸣研究员、刘阿明副研究员等十余位学者与会进行了讨论。

一、关于国际体系转型背景下中国国际责任的内涵

在当前国际体系发生重大变化的背景下，中国国际责任包含的内容是学界关注的焦点。上海社会科学院世界经济研究所刘杰

* 苏宁，上海社会科学院世界经济研究所助理研究员，博士。

研究员认为，首先应当明确中国的责任与西方的“中国责任论”之间的关系，应当看到西方的“中国责任论”有对中国设“圈套”的一面；另一方面，也应看到我国领导人、学界都承认中国要承担更多国际责任的总趋势。

关于中国国际责任的内涵，刘杰研究员认为有如下构成要素：

1. 中国应当承担怎样的国际责任。承担的范围是有限的还是无限的，还是有限度、有选择的，责任的限度在何处。

2. 中国应着眼于什么样的目标来承担国际责任。在承担国际责任之前，应当考虑基于什么样的目标，是成为替代美国的霸权大国，还是满足于成为一个一般的大国。目标不同，产生的结果也不同。

3. 中国应承担哪些国际责任。目前，各方更多涉及的是中国在经济方面承担的国际责任。还应关注的是国际政治、安全方面的国际责任，以及复杂的、而又必须面对的“人权”方面的国际责任。以人权问题为例，西方常常以“人权”问题指责、攻击中国。而事实上，中国在“人权”方面做出了很大的努力，中国政府已经签署了25份人权方面的国际公约，这比美国政府签署的还要多。中国的第一部“人权行动计划”也在制订中，它涉及到公民在政治、经济、文化、卫生、教育等各方面的权益。中国在人权问题上应积极地承担自己的责任。

4. 中国应以什么样的方式承担国际责任。提供经济援助、提供公共产品只是承担国际责任的一种方式，还有其他方式。如，在解决地区冲突中，中国积极推动的“六方会谈”，为朝鲜半岛的无核化进程、朝鲜半岛的安全与和平做出了积极的贡献。而在全球性的冲突中，中国是否有责任推动这类冲突的解决。中国在承担国际责任时，应做国际制度和规范的积极倡导者，而不仅仅只做现行规则的接受者。

5. 如何做到承担能力与国际收益之间的平衡。关于中国的能力，西方认为已达到中等发达国家的水平，而中国坚持自身发展中国家的定位。过多的承担国际责任可能会给国内的发展带来负面影响，因此，中国在承担国际责任时应考虑收益的问题。

6. 从普世价值的角度上看，在国家利益之外，还有追求人类共同进步的崇高目标。中国提出了"和谐世界"的理念，这是否意味着不计收益，甚至损害国家利益去承担国际义务？

7. 如何协调国际责任与国内责任的关系。在承担国际责任时应协调好国内责任，作为一个负责任的大国，在国际上承担的责任不应损害承担国内责任。

8. 承担国际责任对中国的国家形象有何帮助。中国在承担国际责任时应有提升国家形象的考量。

9. 中国承担的国际责任对中国的下一步崛起有什么内在联系。中国在承担国际责任时，是否会被认为是干预别国事务；中国影响力的增大，是否会引起其他国家对中国的发展设置障碍。阻碍中国的下一步崛起。

10. 在当前金融危机下，中国的国际责任发生哪些新的变化。在这场金融危机中，中国有没有能力拯救全球经济，今天中国的国际责任有何调整，中国和西方各有什么样的打算。

二、中国国际责任的发展变化

改革开放30年来，中国在政治、经济、文化等诸多个方面都发生了巨大的变化，这种变化也同时使中国在承担国际责任的条件与需求方面发生相应的改变。上海外国语大学苏长和教授指出，1979 年以前，中国基本上处在一种封闭、孤立的状态；1979 年以后，中国与国际社会的相互依赖日益加强。当前，国际一体化程度加强，政府、企业、公民等通过全球联系产生了利益。而这些利益是在我国主权范围之外的，多是合约形式的海外利益。今天，维护、保护海外利益更加紧迫，要求我们考虑下一步如何做。

保护海外利益可能会与我国的“不干涉”原则相冲突。如在非洲一些地区中国公民的利益受到侵害，需要我们进行干预。在承担国际责任时，应注重国家利益与国际利益的协调，不可忽视国际社会的共同利益。为维护共同利益可能还要损害一部分国家利益。

从国际领导地位的角度看，苏长和教授认为：中国目前在领导国际事务方面还有所欠缺，其重点仍是放在国内。1. 从文化上讲，中国人有长期与外族打交道的经验，但中国是一个“熟人”关系的社会，缺少一种“爱人”、“爱陌生人”的精神。同时，在处理相互关系的制度上还存在一些欠缺。2. 对国际社会的了解还不够。中国将对外交往和研究的重点放在欧、美、日等西方国家，而对非洲、拉美地区、伊斯兰世界的研究还很少，知识储备不足。而美国二战后，其比较政治研究、区域研究等方面则很发达。

同时，应当关注目前国内出现的三种思潮：1. 狂妄自大的民族主义情绪；2. 关门主义；3. 战略冒进主义。

三、美国霸权的衰落与“中国责任论”的新变化

美国霸权的衰落不仅对国际体系有着重要的影响作用，也带

来了中国国际责任担当方面的变化。同济大学郭学堂教授认为，对于美国霸权的衰落，当前学界主要有三种意见：1. 美国霸权是否衰落的问题。学界基本的结论是，美国霸权已经衰落。2. 中国是否真的崛起。这一问题自2003年以来一直在争论。3. 中美合霸与中美共治的问题。目前中美还未走到一起，缺少共同的价值基础。

郭学堂教授进一步指出，当前西方的“中国责任论”论调与2003年时已有较大不同。

第一，当前西方的“中国责任论”更多是一时所需。若没有金融危机，西方国家仍会继续指责中国在拉美、非洲的投资活动。金融危机爆发后，西方遇到了困难，需要中国帮助，其并非真心实意要把中国推到领导的第一线，自己退居二线。二战后欧洲把领导权转让给美国的情况在当前是不可能出现的。

对中国而言，此次金融危机的机遇所在，关键是利用这次机会，进一步维护“核心国家利益”，而不是承担西方无力承担的责任真空。例如，在台湾问题上，我们可以要求美国给予明确的承诺；在西藏问题上，要求西方正视中国的主权利益。现在承诺国际责任还需谨慎，在这个问题上要明确划分，不要被西方利用。

第二，中西方之间的根本冲突并未解决。在政治、军事、地缘政治等方面，整体态势没有发生根本性变化。我们必须接受现实主义在国际政治中仍占主导地位的情况。

第三，中国的实力还不能承担全面的国际责任。以美国为例，一战后，美国经济实力已是全球第一，但美国并没有急于称霸，而是隐居二线。因为美国还不成熟，硬实力不足，尚无法取代英国。直到二战后，美国才重拾全球主义。这主要有以下两个因素：1. 美国的价值观基本上与欧洲国家重合。对于中国而言，要做一个领导国，要与各国认可的价值观重合，而且越多越好。今天，我们发展的“孔子学院”，还不是文化输出，更多的只是文字输出而已。我们提出的和谐世界的理念还有待更多的国家接受。2. 二战后，欧洲的战败国欢迎美国的领导，而今天中国却没有这种优势。拉美地区、非洲是美欧的传统势力范围，不容他国染指。只是由于西方目前在经济上需要中国，而暂时不提这些问题而已。

目前，中国成为世界的领导国家尚缺乏实力，也缺乏条件。总体来看，美国的衰落是一个长期的过程，不可能立刻倒下，其身后还有众多唯其马首是瞻的国家，接受其领导。中国正在崛起，但还不够强大。

上海社会科学院刘鸣研究员认为，随着中国的崛起，中国面临的压力越来越大。西方认为中国实力的增长与承担的国际责任不相匹配，因而要求中国发挥更大的作用，而不是只搭便车。对中国而言，我们应有选择地承担责任，但作为最大的发展中国家，中国崛起后应当主动承担更多的国际责任，扩大领导的责任。

“9·11”事件后，佐利克提出中美共同承担责任。近期关于承担国际责任有几个方面的变化需要引起注意：

1. 关于国际责任的观念、理念上发生变化。

2. 在重要的热点问题上，如朝核问题、伊核问题、金融危机等，中国需要有所反应。如召开“六方会谈”，积极参与救市等行动。

3. 扩大权力的影响，但要按国际通行规则办事。如劳工标准不能低于一般的国际标准。西方指责中国无条件、无限制地贷款，助长了一些国家政府的腐败。扶持腐败政府，将严重损害国家形象。

4. 利益的冲撞。中国商品的进入，使欧洲国家部分利益受损，其经济秩序受到影响，这说明中国模式已进入欧洲国家。但这种进入不应造成破坏，利益应当共享。

在策略方面，对于中国而言，关于国际热点的选择不一定要按西方的方式，但劝说、柔软外交的发展趋势已经确定。

上海社会科学院胡键研究员认为，在当前金融危机的条件下，中国的责任是帮助美国走出危机。美国并不是彻底衰落，其自身有着强大的自我调节能力。近期美国兰德公司的一份报告指出：不要低估美国的实力。20 世纪 60 年代就有人开始唱衰美国，但 90 年代美国却出现了“克林顿盛世”。今天即便美国衰落，其他大国尚未做好替代美国的准备。

关于金融危机下中国对美投资问题，苏长和教授认为存在三种可能：1. 战略性投资。虽然有损失，但还是要投资，以延缓美国的衰落。这符合中国的国家利益。2. 中美利益结合体。中美在巨大的经济利益面前，形成利益联盟。3. 补仓行为。从目前来看，第三种情况的可能性不大，第一种情况的可能性较大。

四、中国承担国际责任的基础与现实要求

承担国际责任需要中国实力的支撑，也需要现实需求的牵引。与会学者围绕中国承担国际责任的实力基础与现实需求的关系问题进行了深入探讨。复旦大学唐贤兴教授认为，当前中国提出如何履行责任与义务，是有现实基础的，主要体现在以下几个方面。

首先，中国的国家实力在增强。改革开放 30 年来的发展成果，为承担国际责任提供了现实的基础。其次，现实的国内背

景。随着政治结构的变化，承担国际责任的意愿和能力也在变化。第三，中国的国际责任反映了民众的心理和期望。中国期望扮演一个怎样的角色，当前的状况如何，未来的发展会怎样。这些都需要在特定的时间段内思考。其中，对自身期望的判断，要考虑是否具有能力，是否只是外部的期望，要协调好自我认识与外部期望的平衡。

同时，承担国际责任有三个现实的需要：1. 国内转型的需要。履行国际责任有利于促进国内的转型。2. 国家的成长，有拓展国际空间的需要。经过改革开放 30 年的成长，中国实力有了很大的提升，但还未实现现代化，仍然需要从国际社会中整合国内发展所需的资源。今后 10 年、20 年内，这种发展制约还会存在，中国新的成长需要整合国际资源，需要更好的承担国际责任。3. 国际体系转型的需要。尽管当前国际体系还没有结构性的变化，但中国自身实力的变化对国际体系的转型不是毫无意义的。中国因素的作用可能是巨大的，保证和平的发展，促进国际体系的转型，需要中国承担更多的国际责任。

唐贤兴教授认为，从总体上来看，中国承担更多责任的时机已经成熟。通过承担国际责任，能够促进国内制度的转型、改革，解决现实问题。其中需要注意三个因素：1. 中国无法回避国际压力。一些国际组织或其他机构对中国仍有不友好态度。2. 中国正在自觉地改变自己，承担国际责任的自觉性在提高。3. 中国驾驭国际大事的能力在提高。中国的外交手段不断增加，外交能力持续提高。

在承担国际责任时，应改进的一些方面包括：1. 防止“宣言化”倾向。象征性的承担责任的效果不佳。2. 在对外经济投资中，应注重形象塑造。不应单纯考虑经济利益，损害国家形象。3. 防止单一化。不应主要以经济援助为主，随着公共财政制度的完善，中国需要更加多元化的手段承担国际责任。

上海国际问题研究院杨剑研究员以互联网地址管理机构的产权问题为例，分析了中国承担国际责任对于公共产品和共享产品应持有的态度。杨剑指出，在当前的国际事务处理中，应重视公共产品与共享产品的区别，拥有国家产权的是共享产品，而交由国际社会支配的是公共产品。在承担国际责任时，中国应考虑将公共产品与共享产品加以区别。

五、中国承担国际责任与自身能力问题

如何实现承担国际责任与自身能力的匹配，寻求最大利益边界，是各界关注的问题。上海社会科学院胡键研究员认为，中国承担国际责任应是利益与能力相协调的结果。为保护海外利益，必然要求中国承担国际责任。若世界其他地区出现重大事件，中国首先会考虑是否有中国人、华人利益受损。但从能力要素上来看，我们现在仅仅是经济实力的增长，综合实力还十分有限，当前不能有"中国式的傲慢"情绪。

胡键研究员认为，中国承担国际责任关键在于承担国内责任。当前，任何一个国内问题都可能被外界说成是国际责任。在国际责任方面，中国必然要迫切地追求国家利益，但眼界不应狭隘。中国应更多关注全球利益。如在各类自然灾害救助、维和行动上，中国应当承担自己的责任。

同时，应当看到中国责任论的两面性。中国责任论积极的一面，是中国已成为国际社会的重要成员，应承担国际责任。消极的一面，是西方有些国家意图掌控中国，用责任论捧杀、拖垮中国。甚至有美国学者指出，应根据美国的利益来确定中国应当承

担的责任。

上海社会科学院何曜博士认为，在中国承担国际责任时，需要平衡能力与意愿之间的关系。重点需要关注以下三点：

1. 关于中国责任界定的问题。仅考虑国际主体的说法，或者单纯依据中国自身的看法，都是不可取的。

2. 在主观意愿上，不宜提“拯救”的概念。在当前金融危机仍处在混沌状态的情况下，中国的能力和作为方向仍然模糊，贸然提出拯救他人的看法是不现实的。

3. 平衡能力与利益的关系。在承担国际责任时，应当考虑哪些领域有最迫切的短期收益，同时也要有远期收益的考量，而不应以先验的价值判断为基础。

上海社科院孙伊然博士认为，从经济学的角度上看，承担国际责任首先需要考虑成本。经济学强调的是效率，任何一个行为体都应考虑成本与收益的平衡，其他的因素是锦上添花。世界许多国家希望中国多提供公共产品，对于中国而言，只有先考虑能获取什么，才能更好地承担责任。

复旦大学信强教授认为，总结历史，盲目承担与国力不相当的责任，是不理智的。在 1997 年亚洲金融危机后，中国已初步树立了一个负责任的形象，但处于一个地区性大国的层次。随着中国经济的发展，有人提出中美双引擎的概念，炒作中国发挥全球性作用。中国责任的一个重要问题是：所谓的责任是一个什么样的责任。责任与权力应当相对应，在中国承担国际责任时应扩大自身在国际组织中的地位。

同时，还存在一个对谁负责的问题。美国要求一个负责任的角色，中国应有自己的考虑，应关注的主要方面包括：

1. 不应盲目承担责任，要有所选择。

2. 负责的对象。是对国内负责高于对外负责，还是对外负责高于对内负责？反观美国，其承担责任的基点是：国家利益高于一切。

3. 负责的层次。西方认为中国已经成为一个全球性大国，而事实上中国仍只是一个有一定全球影响的地区性大国。对于中国而言，周边地区有着根本利益，因此，应投更多的资源于周边地区。

4. 防止成为美国的工具。美国自身的实力、地位在下降，因此拉拢欧洲、日本、澳大利亚等国来分担责任，协助美国的领导。中国不应盲目接受美国的要求。

5. 必须主张权利与责任同步。国际上没有乐善好施的原则。

6. 在与美国的交往中，美国担忧的是一个对其构成挑战的地缘大国，不应造成挑战美国的形象。在策略上，一定程度上协助美国，但不应被美国牵着走。在处理责任问题上，要坚持中国自身的判断，始终做到有理、有利、有节。

六、中国对国际体系变化的应对

中国对于当前国际体系变化的态度和举措，是研究中国国际责任问题的重要环节。上海社科院伍贻康研究员指出，讨论国际责任问题时，应当注意国际格局、力量分配的前提。美国的衰落是一个漫长的过程，这与国际格局向多极化转型不协调、不匹配。

中国应当参与、融入到当前的国际体系，应当维护一些基本的、有利于国际关系走向民主化、平等化的因素；而对那些不合理的，应调整、改善，但不一定要推倒重来。在这次金融危机中，法国总统萨科齐提出要彻底推翻当前的国际金融秩序，建立第二个“布雷顿森林体系”，但应者寥寥。

在参与国际体系调整的过程中，应注意外部势力有通过“中国责任论”和平演变中国的意图。中国应重视从“中国威胁论”到“中国责任论”的变化，不要忘了其只是为“中国崩溃论”做注脚，目的是促使中国根本制度的彻底转变。中国需要的是保持基本制度，获得平稳的发展，

在中国承担国际责任的问题上，伍贻康研究员认为：1. 积极对待，不应抵制。但要与中国的实力相匹配，与主要目标相符合。2. 更为谨慎。中国承担责任不应给外界的“和平演变”提供口实，应长期坚持“韬光养晦”的政策。即使在中国真正崛起之后，在如何处理对外关系上，“韬光养晦”仍是最基本的原则。

上海社会科学院张茗博士认为，国际体系的转型，在各国呈现出不同速度的转型特征。中国的经济实力已经占到世界的6%，但中国的话语权远低于6%。这或许意味着国际体系的转型是多速度的体系转型，而不是线性变化。

在话语权问题上，视角决定立场。中国相对于西方、相对于自身要形成独特的视角和话语权。话语，既是一种权利，也是一种责任。这种责任不是被外部要求的，而是应当主动承担。中国应当加强自己的话语权建设，发出自己的声音。

孙伊然博士认为，在国际体系转型方面，有一个标志性事件——苏联解体值得关注。苏联由于国内问题没解决好，而最终崩溃，在国际社会中被除名。因此，在国际体系转换的大背景下，一国政府首先应对国民负责，要得到国内的政治支持。同时，还有一个细节需要关注，即规模效益递减的问题。当一国在国际体系中的参与达到一定程度后，再进一步融入这个体系并不带来更多的国内收益。

七、中国国际责任的认定

在中国国际责任的主要界定角色和界定内容方面，与会学者进行了深入的分析和讨论。上海社会科学院盛文沁博士认为，对于中国责任的命题，应关注国际责任背后的逻辑。一般而言，大国理应承担更多的国际责任。西方的理论逻辑是：第一，存在国际责任问题；第二，大国应当承担更多的国际责任。这是西方发达国家的“正名”逻辑。中国一直强调自身的发展中国家地位，认为西方发达国家应承担更多的国际责任。这样就带来两个问题：1. 中国的国力在上升，国际责任无法回避。2. 中国自己定义“中国的国际责任”不完全可行，国际责任指向的是整个国际体系。

在国际责任的“受施方”问题上，唐贤兴教授认为，受施方只是一个途径，还有国际条约、国际组织义务等形式，另有很多可能是道义上的责任。国家的责任往往是自我界定的。国际责任在多大程度上受外力影响需要进行深入研究。刘杰研究员指出，在现实中，一个国家常常根据自己的意愿来界定国际责任。如对于国际法的规定，很多国家往往根据自己的利益决定承担哪些责任。美国签署各类国际公约时，常有一个保留条款：公约的适用性不能高于美国的宪法，这使得美国可以用“与宪法抵触”来推卸所有责任。

上海社科院刘阿明副研究员认为，中国的国际责任是一个中性的概念。如果认为中国是一个发展中国家，其责任的指向就更多转向国内；如果认为中国是一个发达国家，就倾向于更多的承担国际责任。而对于中国国际责任的内涵可以从几个维度来分析：1. 世界性责任。中国在国际经济、金融体系中的作用。2. 全球化中遇到的问题。如全球气候变暖、环境污染等问题。3. 非传统安全领域。对于中国而言，周边外交仍是最主要的作用范围。4. 国内政治、经济政策问题。这也是国际责任论要求的一个方面。

此外，关于中国责任论，是否根据提出的主体来划分是友好建议还是阴谋，如何定义这一诉求的目的，也是值得研究的问题。

从联盟理论到准联盟理论

——评孙德刚著《多元平衡与“准联盟理论”研究》

张全义*

联盟是国际安全合作的重要模式，联盟理论也是国际安全合作研究的重要对象。孙德刚副研究员所著《多元平衡与“准联盟”理论研究》（北京：时事出版社，2007 年版）在系统考察了西方联盟理论的基础上，发现国际行为体之间的安全合作除依靠联盟关系得以维系外，常常还依靠另一类特殊的安全管理机制。国际行为体参与了各种形式的安全合作，却不能够、或不愿意为具体的安全合作签订具有法律效力的军事盟约。按照主流联盟理论的界定标准，这类特殊的安全合作模式不属于联盟，也有别于中立，这些未正式结盟国家的安全合作现象难以用传统的联盟范式加以解读。作者将这类介于联盟和中立之间的“灰色地带”与

* 张全义，法学博士，浙江万里学院政治学系副教授，浙江大学非传统安全与和平发展研究中心客座研究员。

"第三条道路"界定为"准联盟"，亦即"两个或两个以上国际实体在次级安全合作方针而非军事盟约之上形成的持久性或临时性安全管理模式"。简言之，联盟是"联"而又"盟"，准联盟就是"联"而不"盟"。

该书提出了"准联盟"这一核心概念后，进一步分析了准联盟关系的六个基本特征。1. 从参与方的多少来看，准联盟可分为双边和多边准联盟；2. 从构成来看，准联盟的成员不仅包括主权国家，而且包括其他非主权政治实体；3. 从形成的标识来看，准联盟关系的构建首先是不同成员体的决策者在心理上达成了某种程度的默契；4. 从合作期限来看，准联盟可分为持久性与临时性准联盟；5. 从表现形式来看，准联盟的载体往往是非正式协定，包括外交公报、联合声明、备忘录、友好合作条约、联合记者招待会、国内法或联合国决议，而不是正式军事盟约；6. 从合作内容来看，准联盟关系主要是国际实体之间针对第三方的军事与安全合作关系，而非经济、社会与文化合作关系。

该书认为，西方联盟理论可以用权力平衡、威胁平衡和利益平衡假设加以解读，但是上述三种理论假设均难以解释准联盟关系是如何构建的。准联盟与联盟虽在安全合作上存在相似之处，但却在安全管理层面存在类别上的差异，这主要是因为准联盟关系的构建受四个促进因素和四个制约因素的影响，其中促进因素包括：共同的安全威胁和发展利益、一致的意识形态和文化认同。在这四个变量中，安全威胁和发展利益是构建准联盟关系的硬基础，意识形态和文化认同是准联盟关系构建的软基础。硬基础和软基础单独或共同影响准联盟关系的构建。同时，准联盟关系的构建与发展还受成员体之间的分歧与联盟安全困境的制约，其主要表现为四个制约变量——分歧、牵连、抛弃和挑衅。准联盟的实质是安全合作关系，而后者最重要内容就是国际实体付出一定成本，以图获得回报。对外决策者必须在获得利益回报与付出成本之间进行权衡，以求收益的最大化。在国际安全领域，决策者会在安全合作的促进因素——安全威胁、发展利益、意识形态和文化认同中的若干变量与安全合作的制约因素——分歧、牵连、抛弃和挑衅中的若干变量之间进行成本核算。如果决策者认为只有避免纷争才能保全自己从而实现收益最大化，他们就宁可不参与国际安全合作而倾向于选择中立政策，并可能通过提高自身实力来解决面临的问题；如果决策者认为只有结盟才能实现收益最大化，他们就会不顾联盟安全困境和成员之间的差异而倾向于选择结盟政策；如果决策者认为只有兼顾结盟带来的收益并降低结盟所需的成本才能实现收益最大化，他们就会倾向于选择准结盟政策，具有相同关切的国家就会建立准联盟关系。在准联盟状态下，促进准联盟关系构建的变量（安全威胁、发展利益、意识形态和文化认同中若干项）和制约准联盟关系的变量（分歧、牵连、抛弃和挑衅中若干项）便会在决策者心里形成一组“多元平衡”，多元平衡是准联盟关系构建的原动力。当国际实体选择中立政策时，它们多表现为超脱政策与逃避政策；当国际实体选择结盟政策时，它们多表现为制衡与追随政策；当国际实体选择准联盟关系时，它们多表现为准制衡政策与准追随政策。权力平衡、威胁平衡与利益平衡均属静态平衡，而多元平衡则属动态平衡；联盟属一种静态的安全合作，准联盟则属一种动态的安全合作。

同联盟相比，准联盟的优点主要体现在它的隐蔽性、便利性和灵活性，准联盟成员拥有更多的行动自由。联盟构建的内在逻辑是通过减少自己的行动自由来限制盟友的对外政策选项，它使国家付出的成本大大增加，却能限制盟友采取机会主义行为的可能，从而使其行为更具确定性；准联盟试图以扩大自己的外交政策选项来减少交易成本，但同时扩大了准盟友的行动自由，使之有采取机会主义的潜在可能，从而给安全合作增加了不确定性。

为检验准联盟理论假设及其构建准联盟关系的多元平衡假设，该书选取了20世纪60年代美以准联盟、20世纪70年代中美准联盟、20世纪70—80年代美国与中国台湾准联盟、20世纪90年代美国领导下的反伊拉克准联盟和2003年美国组建的“倒萨”准联盟5个案例，利用新近解密的档案文献与政府文件，检验上述理论假设的真伪。实证研究结果表明：1. 在联盟与中立之外，国际安全研究还存在准联盟这一特殊的安全合作形式；2. 权力平衡、威胁平衡与利益平衡是联盟关系构建的基础，多元平衡是准联盟关系构建的基础；3. 制衡与追随是联盟外交的表现形式，准制衡与准追随是准联盟外交的表现形式；4. 当代美国支配世界依靠的不仅是区域性双边和多边联盟机制，而且是遍布世界的双边和多边准联盟机制，美国的世界霸权基于联盟与准联盟的制度霸权。

该书结论部分提出了21世纪中国的准联盟战略，认为西方的联盟战略不符合当今中国的国情，但由于中国对外依存度的增加和融入国际体系的程度加深，准联盟战略是中国安全战略的重要手段之一。第一，与冷战时期美苏壁垒分明的两极对峙相比，中国与其他大国的竞争关系具有战略模糊性，各国之间利益相互融合，辅车相依，利害攸关。第二，准联盟战略与中国独立自主的和平外交政策是兼容的。准联盟战略并非要求中国牺牲独立自主，而是让中国更好地独立自主，准联盟是独立自主外交政策的有益补充，二者是兼容的。第三，历史上大国的崛起都离不开与他国建立战略合作关系。第四，准联盟可以最大限度地保证中国在国际安全合作中的行动自由。联盟构建的内在逻辑是通过减少自己的行动自由来限制盟友的对外政策选项，它使国家付出的成本大大增加，却能限制盟友采取机会主义行为的可能，从而使其行为更具确定性。第五，准联盟思想与中国传统的思想文化——中庸——有异曲同工之处，为中国政治文化所接受。该书还认为，中国的准联盟战略主要针对以下几种安全威胁：1. 构建“反恐”准联盟；2. 构建反“台独”准联盟；3. 构建危机处理多边准联盟；4. 构建能源安全准联盟；5. 构建南海安全多边准联盟，为共同开发南海、扩大对话、防范外来势力干预南海地区建立长期有效机制；6. 构建南亚多重准联盟，利用上海合作组织构建中国——巴基斯坦准联盟和中国、俄罗斯与印度准联盟等。

当然，该书似乎还存在以下不足之处。首先，该书尽管探讨了准联盟关系的形成，却忽略了准联盟关系是如何管理的，准联盟的管理理论应当与准联盟的形成理论一样重要；其次，该书尽管从国际安全角度探讨了准联盟理论，却未能从外交的层面探讨准联盟外交的运作模式；最后，该书似乎对美国的准联盟战略情有独钟，却忽视了俄罗斯、英国、法国、中国和日本等国的准联盟战略，也忽略了中小国家的准联盟战略。一国的政治属性与核心价值观是如何影响准联盟关系的？大国与小国的准联盟战略存在哪些共同点与差异？这些重要的研究议题在该书中似乎都没有涉及。

为完成此论著，孙德刚副研究员前后共花了七年心血，其硕士和博士论文均重点研究准联盟理论，该书实际上是他在博士论文基础上修订和润色后出版的。此外，该书属上海市社会科学“十五”青年课题研究成果和上海外国语大学中东研究所基地丛书，受教育部人文社会科学中东研究基地资金资助。《多元平衡与“准联盟”理论研究》深化了当代联盟理论研究，提出了准联盟理论，并对美国的准联盟实践进行了深入考察，提出了21世纪中国安全战略中的准联盟选项。无论从理论层面还是从政策层面来看，该书都具有重要的研究和参考价值。